U0573449

　　上海高水平地方高校创新团队（中国特色社会主义涉外法治体系研究）项目资助；

　　司法部2021年度法治建设与法学理论研究部级科研项目《葡语国家产业立法趋势与对策研判》阶段性成果。

ECUPL Institute of BRICS Legal Studies

BRICS

金砖国家法律研究

第六卷

BRICS LEGAL STUDIES （VOL VI）

华东政法大学金砖国家法律研究院主办

杜　涛　赵懿先 ◎ 主编

光明日报出版社

图书在版编目（CIP）数据

金砖国家法律研究．第六卷 / 杜涛，赵懿先主编
．－－北京：光明日报出版社，2024.3
ISBN 978－7－5194－7418－8

Ⅰ．①金…　Ⅱ．①杜…　②赵…　Ⅲ．①法律—研究—
世界　Ⅳ．①D910.4

中国国家版本馆 CIP 数据核字（2023）第 158251 号

金砖国家法律研究．第六卷
JINZHUAN GUOJIA FALÜ YANJIU. DILIUJUAN

主　　编：杜　涛　赵懿先

责任编辑：李　倩　　　　　　　　责任校对：李壬杰　贾丹
封面设计：中联华文　　　　　　　责任印制：曹　净

出版发行：光明日报出版社
地　　址：北京市西城区永安路 106 号，100050
电　　话：010-63169890（咨询），010-63131930（邮购）
传　　真：010-63131930
网　　址：http://book.gmw.cn
E － mail：gmrbcbs@gmw.cn
法律顾问：北京市兰台律师事务所龚柳方律师

印　　刷：三河市华东印刷有限公司
装　　订：三河市华东印刷有限公司
本书如有破损、缺页、装订错误，请与本社联系调换，电话：010-63131930

开　　本：170mm×240mm
字　　数：265 千字　　　　　　　印　　张：14
版　　次：2024 年 3 月第 1 版　　　印　　次：2024 年 3 月第 1 次印刷
书　　号：ISBN 978－7－5194－7418－8
定　　价：89.00 元

卷首语

从区域国别学的视角看金砖国家法律研究

赵懿先

区域国别研究是近三年来我国社会科学研究的热门话题。自 2021 年 2 月，国务院学位委员会将"区域国别学"列为"交叉学科"门类下的新一级学科以来，学术界掀起了新一轮的研究和学科建设的热潮。目前，我国已建立了数量可观、覆盖面广泛的区域国别研究机构。① 从传统的大国研究、大区研究，如欧洲研究、美国研究，到对不为百姓熟知的太平洋小岛国东帝汶②等的研究，均有涉猎。从研究内容来看，目前区域国别研究中以外国语言文学、国际关系、历史学、政治学等为主，社会学、经济学、人类学也有所涉猎，然而法学却在区域国别学的学科建设中发声甚微。一方面，欲精通某一国家的外国语、熟悉该国人文历史，最好要求研究者能在当地进行中长期田野调查③，这使得传统优势学科如外国语言文学、国际关系、外交学等人才更容易转轨到区域国别学领域；另一方面，无论大国小国，现代社会的特征之一便是法律制度纷繁复杂，即便是法律人才也只是精通某一部门法。鉴于本身的复杂精妙设计，法律又可分为民商法、国际法、刑法、行政法、诉讼法、宪法，以及立法、司法制度等，熟知或深耕任何一个部门法领域已实属难得，更何况研究对象是某一国别。因此，近几年来方兴未艾的区域国别学科建设的各种大会，鲜有法学专家发声或参与。

然而，新增设为一级学科的区域国别学是带着使命而来的，特别是在百年未有之大变局下，在梳理、构建社会学科知识体系的同时，区域国别学非常强调服务于国家外交大战略，通过扎实的学科理论和地方性知识，满足国家对外

① 任晓. 今天我们如何开展区域国别研究 [J]. 国际关系研究，2022 (4).
② 赵懿先. "一带一路"国别法律研究·东帝汶 [M]. 北京：新华出版社，2019.
③ 北京大学区域国别研究院公众号：钱乘旦.《区域国别学科建设任重而道远》.

政策的智库和咨政需求。因此，区域国别学作为交叉学科，离不开国别法学研究的支持。法律制度，特别是法治，是现代文明的基石之一，因而对研究对象国的法律不能不了解。一国国内法如何制定、变迁，法律与政策的互动，相关利益团体的博弈与妥协，均有其特点和规律。特别是在"一带一路"倡议扎实推进的历史背景下，只有掌握某一国家、某一区域的法律制度，才能更为有效地维护我国的海外利益。①

改革开放以来，我国法学研究主流非常关注外国法律制度，开展了大量比较法研究，特别是对英美法系、大陆法系中的典型国家，如美国、英国、日本、德国等。许多法学家不仅对这些国家某一具体法律制度如数家珍，对其法学理论的沿革、法学理念的发展、案例审判的实践更是熟稔于心。长久以来，西方法律制度、法治思想代表着先进的立法技术、现代化的理念。比较法研究是以西方为模板的，并以普遍性规律的形象出现在我国学者眼中，我们学习、跟随、模仿，甚至进行大规模的法律移植，希望通过法律制度的改革使之成为现代化建设的制度保障。如果说哪些制度不一样，我们的研究更容易将自身国情解读为验证特殊性的过程，主要工作仍是如何借鉴学习西方发达国家的普遍性。类似的，国际法研究中也有差不多的现象，全面充分地学习国际法理论，并以遵循、学习、运用国际规则为主线，将自身作为地方性知识来解释。

然而，正如习近平总书记在2018年6月中央外事工作会议上指出的，世界正处于百年未有之大变局。② "新冠肺炎疫情全球大流行使这个大变局加速变化，保护主义、单边主义上升，世界经济低迷，全球产业链供应链因非经济因素而面临冲击，国际经济、科技、文化、安全、政治等格局都在发生深刻调整。世界进入动荡变革期。"③ 百年以来，由经济基础决定，整个20世纪全球政治、经济、文化、社会格局，国际法的立法权和规则的订立均由以八国集团为首的发达工业化国家主导。中国作为新兴大国，一方面，要在错综复杂的国际环境中安身立命，面对新的矛盾和新的挑战，经济全球化呈收缩态势；另一方面，

---

① 赵懿先．海外利益安全治理发展演进及以东道国为视角的因应之策．上海市法学会第三届国家安全法治征文一等奖．

② 宋微．中国对非援助70年——理念与实践创新［J］．国际展望，2019，11（05）：73-93，155-156．

③ 习近平．2020年8月24日在经济社会领域专家座谈会上的讲话．求是网，2021-08-27；2022年6月17日访问。习近平总书记关于百年未有之大变局的重要论述有很多，例如，《2021年7月6日在中国共产党与世界政党领导人峰会上的主旨讲话》《2021年1月25日在世界经济论坛"达沃斯议程"对话会上的特别致辞》《2020年11月19日在亚太经合组织工商领导人对话会上的主旨演讲》等。

要积极参与和改善全球治理，加强与各国间相互联系、依存、影响的紧密关系。①

深度交叉区域国别学，将国际法研究、比较法研究，以及近年来强调的涉外法治研究，整合在区域国别学的领域下，融会贯通地运用国际关系理论，社会学、政治学、史学的治学方法，将外国法律研究置于了解他者的理论高度。只有跳出简单的对制度史、法律规则现状描述的初级阶段，才能将"一带一路"倡议走得更深更实，积累关于其他国家的制度性知识，为维护我国海外利益和安全治理建言献策。

在这一理念的指引下，本卷《金砖国家法律研究》以"金砖国家产业法律风险研判和投资法律实务"为主题，突出金砖国家投资、运营企业的实务操作及法律服务。在开篇栏目，开宗明义地介绍了金砖国家未来发展战略，阐明在多极世界格局下，哪些领域是需要优先合作的，才能将金砖国家合作机制效用最大化，赢得更大的话语权。随后，开篇栏目介绍了近些年非常热门的金砖国家大数据相关法律研究，总结、梳理了 2022 年夏天召开的华东政法大学第一届中巴法律论坛的会议综述，为读者带来最新的法律资讯。

随后，本卷以关注金砖国家基础设施建设、外国直接投资为主题展开，首先介绍了 RCEP 争端解决机制，在规则导向下的法律进路，用以观察在逆全球化低潮下，以"东盟方式"的制度渊源带来的创新效果。其次，本卷介绍了近些年来中国在非洲可再生能源投资的情况，说明我国在平衡投资收益的同时，如何与非洲共同达成经济共同利益，承担大国责任。如果说这一篇着眼于区域研究，那么下一篇通过评述、探索非洲东道国加强外国直接投资规则内容，则是将研究聚焦在了国别：以刚果为例，观察东道国如何在吸引外国直接投资和加强管制之间达到平衡，而投资者又是如何选择、互动的。接下来，我们将目光转向了拉美，通过介绍以巴西为例的拉美国家如何在公私合作协议中通过重新谈判的模式为本国争取利益最大化。接下来的一篇聚焦在双边协定、条约中的非贸易条款，探讨了非贸易条款中优惠贸易协定的法律化程度对双边绿地外国直接投资流动的影响。无论是与经济和社会权利、环境保护还是公民和政治权利相关的条款均成为了投资流动性的影响要素。本专题的最后，是年轻的法律实务界新锐的《浅析巴西投资解纷新机制及对我国的启示》，通过介绍梳理巴西投资争端预防与解决的新机制，并与中国《外商投资企业投诉工作办法》等

---

① 新华社. 习主席历次 G20 论述，为完善全球经济治理提供重要指引 [EB/OL]. (2021-10-29) [2022-09-03]. https://china. huanqiu. com/article/45MkN3r3VTe.

国内实践做比较，展现了金砖国家在对待投资和投资者上的多元模式。

第三部分实务专栏，在上一专题对宏大的制度性、结构因素进行充分讨论的基础上，将关注点转为更为微观的法律服务领域，即中资企业在巴西设立子公司时授权本地法代的风险，如何应对印度"不友善"政策，以及在"一带一路"国际投资视角下如何完善国际税收争议解决机制，国有企业在国际投资中存在哪些法律问题等热点话题。最后，在金砖国家成功扩容之际，本书收录了近五年来金砖国家领导人会晤宣言，通过回溯历年宣言内容的重点，展现金砖国家成员国合作发展的脉络和未来趋势的研判。

总体而言，本卷以金砖国家国际合作制度建设为开篇，随后充分讨论了在区域和国别视角下的基础设施建设，以及如何保护我国直接投资者的合法权益，最后以微观企业在金砖国家的法律实务收尾。全书关注并探讨法律与社会的关系，而非单纯的法律规则的介绍，关注东道国与投资母国各方利益团体如何在制度这一平台背景下进行博弈、互动，旨在为我国了解他国的法律知识并从更深层次研究金砖国家法律制度打下良好基础，为区域国别学与法学的交叉创新作出有益的探索。

目　录
CONTENTS

实务专栏：金砖国家的企业合规与发展

开篇：金砖国家发展战略与新领域

金砖国家发展新趋势

——《金砖国家发展战略：为在多极世界秩序中站稳脚跟而需要优先合作的领域》评述

叶胤铄*

21 世纪以来，世界秩序不断变化。各种现代思潮影响着整个国际关系体系，形成了多极世界。新冠疫情大流行揭示了在全球危机发生时，各国更倾向于关闭边境，为其公民提供保护（即使其经济会受到影响）。针对这一变化，埃卡·霍尔巴拉泽（Eka Khorbaladze）② 提出，"一些区域性组织，如欧盟（European Union，简称 EU）、欧亚经济联盟（Eurasian Economic Union，简称 EAEU）、东南亚国家联盟（Association of Southeast Asian Nations，简称 ASEAN）、上海合作组织（Shanghai Cooperation Organization，简称 SCO）和金砖国家（BRICS）将在后疫情时代重塑世界秩序方面发挥重要作用。"③ 其中，金砖国家可作为跨洲维度上的一个例子，展示亚洲、非洲、欧洲和南美洲四大洲在两个半球之间的互动。因其是联合五个国家的经济联合体，其成员国都是其所在地区的大国。④

2023 年 8 月，金砖国家领导人第十五次会晤在南非约翰内斯堡举行。这是 3 年来金砖领导人首次线下会晤，也是见证了金砖国家首次扩员的历史性峰会。⑤ 习近平主席在金砖国家工商论坛闭幕式发表的致辞中指出，"当今时代，以金砖国家为代表的新兴市场国家和发展中国家群体性崛起，正在从根本上改变世界

* 叶胤铄，华东政法大学翻译专业硕士生。

② 埃卡·霍尔巴拉泽（Eka Khorbaladze），莫斯科国立大学政治学院国际关系与一体化进程专业博士生（Lomonosov Moscow State University at the Faculty of Political Science, in the Department of International Relations and Integration Processes）。

③ KHORBALADZE E. BRICS Development Strategy-Priority Areas of Cooperation for Gaining a Foothold in a Multipolar World Order [J]. BRICS Law Journal, 2021: 8 (4): 4-30.

④ Роль БРИКС в мировой экономике [EB/OL]. TV BRICS, 2019-05-06.

⑤ 孙忆. 金砖合作为世界和平与发展注入更多正能量 [N]. 光明日报，2023-09-06 (2).

版图。""无论有多少阻力，金砖国家这支积极、稳定、向善的力量都将蓬勃发展"①。在共同开启金砖国家合作的新征程中，既需要各国领导人的政治智慧，也需要学术界的智力支撑。因此，如何研究金砖国家合作，已成为我国学术界亟待认真思考的重要问题。② 基于此，本文将对埃卡·霍尔巴拉泽（以下简称原文作者）在《金砖国家法律杂志》（*BRICS Law Journal*）上发表的文章《金砖国家发展战略：为在多极世界秩序中站稳脚跟而需要优先合作的领域》（以下简称《金砖国家发展战略》）进行介绍，希望以此为我国在金砖国家方面的研究提供一些思路和参考。《金砖国家发展战略》一文共分为九大部分，其中包括：一、金砖国家合作的政治维度；二、金砖国家制度化；三、金砖国家扩员；四、学术界的作用；五、互动级别；六、金砖国家议程的范围；七、在国际关系体系中的地位；八、金砖国家获得成功的要素；九、新发展战略中金砖国家的优先合作领域。下文将对这些部分的内容进行介绍。

在介绍《金砖国家发展战略》的主要内容之前，笔者将简要总结金砖国家的由来和发展。2001 年，高盛公司首席经济师吉姆·奥尼尔（Jim O'Neill）首次提出"金砖四国"（BRIC，由巴西、俄罗斯、印度和中国这四个国家的英文名称首字母组成）这一概念。经俄罗斯倡议，2006 年 9 月联合国大会期间，金砖四国以"BRIC"的形式举行了首次外长会议，开启金砖国家合作序幕。2009 年 6 月，金砖国家领导人在俄罗斯叶卡捷琳堡举行首次会晤，推动金砖合作升级至峰会级别。2010 年 11 月在首尔举行的二十国集团峰会（G20 SUMMIT）上，南非正式申请加入"金砖国家"合作机制，随后"金砖四国"（BRIC）成为"金砖国家"（BRICS）。

在《金砖国家发展战略》的第一部分，原文作者展开了对金砖国家在政治领域合作的论述。首先，文章指出金砖国家扩大合作范围是一大趋势（虽然金砖国家目前主攻经济合作与发展），且各成员国也在努力实现这一目标。目前，其最大成果便是在国际舞台上加强互动和相互理解，这有助于金砖各国在激烈的国际竞争中维护和争取利益。原文作者强调，金砖国家作为一个联合体，其实力不仅体现在眼前的合作成果，更在于其长期应对不断变化的全球挑战的韧性。

其次，文章提到金砖国家领导人展现政治意愿的必要性。文章举例，金砖

---

① 习近平. 深化团结合作 应对风险挑战 共建更加美好的世界 [N]. 人民日报，2023-08-23 (2).

② 江时学. 金砖国家合作的研究旨向 [N]. 中国社会科学报，2023-09-28 (7).

各国在燃料和能源综合体、国防工业等关键领域进行协调和安排时会遇到困难，可能涉及双方之间的贸易关系发展。从客观上而言，这些困难很难避免，需要领导人层面的积极参与并加以解决。因此，通过明确表达政治意愿，金砖国家能够更好地推动在关键战略领域的有效合作，从而促进各国之间的经济和贸易关系的顺利发展。

此外，提升金砖国家在国际社会中的形象也是十分重要的。因为金砖国家在形成和发展的过程中，不仅存在着与西方发达国家在实际项目上的对抗，而且也包含了在不同意识形态、价值观方面的较量。在这样的背景下，金砖国家迫切需要提高对其他国家的吸引力，并向国际社会展示其积极形象。为此，金砖国家采取了多种手段，从媒体宣传到以"外展"形式（巴西、俄罗斯、印度、中国和南非邀请各自地区的国家开展合作）举行会议。并且，原文作者提出，"外展"形式的前提条件是在政治进程中增强对目标国家代表的吸引力。

与此同时，将政治议题纳入议程是一个循序渐进的过程。文章列举了金砖国家在政治合作中的一些主要方向，包括解决严重的地方政治危机、信息安全（尤其是打击网络犯罪）、反恐和禁毒合作，以及防止外空军备竞赛。原文作者还特别指出，金砖国家在政治合作方面有许多形成共同立场的方式，其中包括峰会、工作组、论坛等。在"金砖国家合作的政治维度"这一部分的末尾，原文作者提出，目前在以下两个方面的讨论具有特殊意义：一是金砖国家制度化的必要性；二是金砖国家扩员的前景。

由此，《金砖国家发展战略》展开第二部分"金砖国家制度化"的讨论。总体来说，金砖国家在被视为一个正式的国际组织方面仍存在挑战。由于缺乏创始协议、法定文件和正式结构，政治学家和官员们难以将金砖国家完全视为一个组织。同时，原文作者提到，对于金砖国家发展成为国际组织的评价存在矛盾，有人表示怀疑，有人则看到了积极的因素，特别是，他们认为得益于新开发银行（New Development Bank），制度化进程已经启动。

随后，原文作者对金砖国家制度化的进展与不足这两个方面进行了介绍。首先，金砖国家在制度化方面取得了一些进展。原文作者指出，一定程度的规范化保证了金砖国家作为一个国际论坛而存在。比如，经过多年合作，金砖国家确立了举行年度峰会的程序，会上通过了进一步发展金砖国家的重要决定，并将其体现在最终文件中。此外，金砖各国都设有负责这一外交政策领域的协调人（Sherpa）和副协调人（Sous-Sherpa），这也可视为金砖国家制度化的标志之一。原文作者还建议，应考虑定期举行金砖国家部委和部门负责人级别的会议，以促进制度化的落实。原文作者强调了在2014年建立的经济机构（尤其是新开发银行和有条件的外汇储备库）对制度化的重要性。

其次，金砖国家制度化存在不足，其没有涵盖金砖国家内所有的合作"轨道"。原文作者提出，在国际舞台上共同发展和保护共同利益（包括政治利益）的需要可以成为制度化继续发展的先决条件之一。紧接着，原文作者指出了其所认为的金砖国家制度化进一步发展的两大方向。一是金砖国家主持下的各机构的规范化。这将有助于五个成员国更有效地巩固其努力成果（包括在政治领域的成果）。二是金砖国家法律地位的巩固。这将有助于合法化峰会上所作出的决定，让这些规范在国际法上具有强制性。此外，对于金砖国家法律地位的巩固，原文作者指出，其中一个解决方案似乎是，基于权宜之计的原则（the principle of expediency），将金砖国家的运作原则编纂成法律，而这些原则已经不止一次地体现在各国领导人的联合声明中。另外，金砖国家在法律层面上的问题是较为复杂的，其既涉及金砖国家间合作的法律原则（是否应将其置于国际法原则的框架内），又关乎金砖国家的法律基础（尚不明确）。

在探讨第三部分"金砖国家扩员"时，原文作者从金砖国家扩员的可行性、潜在的好处、新加入者的特点，谈到可能存在的问题。首先，金砖国家扩员是可行的，因为金砖国家活动所依据的原则具有普遍性，能够吸引到国际舞台上的其他参与者。其次，从潜在的好处来看，金砖国家扩员不仅能成为引起他国关注金砖国家的另一大信息性理由，还能成为增加其在全球舞台上真正分量的机会。同时，潜在的新加入者不仅符合一定的经济标准，而且认同金砖国家的政治价值观的，特别是载入《福塔莱萨宣言》（*Fortaleza Declaration*）中的政治价值观。此外，原文作者提出，可能存在的问题是哪些国家应优先加入金砖国家。虽然金砖国家已拥有成功的"外展"形式（该形式是在2013年南非德班峰会上启动的），但其不可能同时在所有可以施加影响的区域开展扩员。原文作者在阅读文献的过程中注意到一些是可以联合的潜在新成员。例如，薄荷四国［墨西哥（Mexico）、印度尼西亚（Indonesia）、尼日利亚（Nigeria）、土耳其（Turkey），简称MINT］。

目前，金砖国家扩员已成现实。2023年8月24日，金砖国家领导人第十五次会晤特别记者会宣布，邀请沙特、埃及、阿联酋、阿根廷、伊朗、埃塞俄比亚正式成为金砖大家庭成员。此外，共有40多个国家（包括上述加入金砖大家庭的6国在内）不同程度地表达了加入的愿望，20多个国家提交了正式申请。这突显出金砖合作机制的国际影响力越来越大。①

---

① 杨雪.《金砖+》更具包容力和竞争力［N］.中国社会科学报，2023-10-10（3）.

由上述内容可知，金砖国家制度化和扩员不仅取得了一些进展，还有一些亟待解决的问题。就此，原文作者引出了第四部分关于"学术界的作用"的讨论，试图以此来强调金砖国家要想在国际舞台上发展得更加成熟离不开学术界的努力。这一部分还特别介绍了金砖国家专家轨道的形成和发展。

第五部分"互动级别"则关注了金砖国家建立起的合作框架。这一框架以领导人峰会为中心，以全面和"分层"的方式涵盖了广泛的议题。金砖国家之间的互动共分为四大级别，从高到低分别是年度领导人峰会、高级别会议、金砖国家的高级官员会议和工作组会议，以及金砖国家公民通过金砖国家青年科学家论坛（The Forum of Young Scientists of BRICS Countries）、金砖国家中小企业会议（the Conference of Small and Medium Enterprises of BRICS Countries）、金砖国家旅游会议（BRICS Conference on Tourism）、金砖国家友好城市论坛（BRICS Cities Friendship Forum）、金砖国家电影节（BRICS Film Festival）、金砖国家17岁以下少年足球赛（BRICS under-17 Football Championship）等平台进行的直接接触。

这四大级别互动的作用各有不同。第一级别互动的年度领导人峰会是金砖合作机制中级别最高、意义最重大的活动，为金砖国家所有合作指明了政治和战略方向。第二级别的互动的高级别会议是落实金砖国家领导人决策的重要工具。第三级别的互动（包括金砖国家的高级官员会议和工作组会议）为合作提供技术支持。第四级别的互动则体现了文化交流的重要性，提供了开展合作的相关机会。这种互动旨在扩大金砖国家人文交流的范围，从而为长期合作创造有利条件，扩大金砖国家议程的范围。

第六部分则指出，在过去的几年里，金砖国家议程的范围明显扩大。其主要是围绕经济、政治与安全、人道主义交流这三大主题而展开的。具体而言，首先，金砖国家合作机制的首要任务仍然是经济金融合作，这一领域的合作成果最为显著。其可概括为四大方面：一是金砖国家经济合作不断深化；二是相应机制的建立标志着金砖国家金融合作进入新阶段；三是金砖国家推进国际金融制度改革，新兴市场国家和发展中国家的代表性有所提高；四是金砖国家的联盟为反洗钱、反腐败合作、气候变化、粮食安全和能源等全球问题提供了有效的解决方案，有助于增强金砖国家在全球治理中所发挥的作用。其次，政治与安全问题在金砖国家议程中占有重要地位。在重大国际和地区问题上，金砖国家坚持新兴市场国家和发展中国家的立场，呼吁相关各方遵守《联合国宪章》要求、国际法和国际关系基本原则，努力通过政治和外交手段解决冲突。金砖国家正在开展联合反恐活动，并致力于在联合国大会框架下完成关于缔结《全面反恐公约》（*Comprehensive Convention on International Terrorism*）的谈判。此外，金砖国家就探索和利用外层空间、打击盗版和网络犯罪等问题达成共识。金砖国家致力于加强可再生能源生产、和平利用核能、气候变化、粮食安全等领域的务实合作和信息交流。再次，金砖国家在社会和人道主义问题上的合作不断加强，其中包括诸多方面，如熟悉彼此习俗、中小企业合作、性别平等合作、青年政策、教育、文化、卫生保健和加强友城关系等。

第七部分"在国际关系体系中的地位"则指出了金砖国家对国际事务的贡献。其作为一个多边外交机构，能够作为解决各种国际问题的工具，而这些问题是双边关系所无法解决的。然而，金砖各国还要保持警惕。原文作者指出，经济快速增长的金砖各国在其区域经济中发挥着重要作用，其经济实力与发达国家不相上下。这会引起发达国家的关注并被其视作异己而提防。因此，金砖各国需要联合起来维护其在国家关系体系中的地位，并捍卫自己在国际社会中的核心利益。

虽然金砖国家面临着许多挑战，但其也取得了许多令人瞩目的成果。第八部分总结了金砖国家获得成功的要素。其中共有九点：（1）金砖各国在现有国际关系结构中的地位相似；（2）对多极化、多种形式的现代国际秩序的共同期望，以及在国际事务中提高其重要性的愿望；（3）解决对抗性问题的方法相似；（4）外交政策取向相似，旨在推进国际关系民主化，反对霸权和不公正的世界秩序；（5）金砖各国是其区域的中心，在世界区域治理中发挥着重要作用；（6）金砖各国的政治治理体系集中；（7）金砖各国的发展阶段相似；（8）金砖各国对制度化和提高组织水平的愿望相似；（9）金砖各国能源的互补性。

在厘清金砖国家获得成功的要素后，更重要的是明确金砖国家下一步的发展重点。因此，《金砖国家发展战略》的第九部分"新发展战略中金砖国家的优先合作领域"的内容可提供一些参考。首先，经济仍然是最重要的领域。其次，数字化是另一大关键领域，因为消费体系已经发生了巨大变化，相当一部分贸易已经转向电子形式。原文作者指出，金砖国家需要在其框架内就数字服务的综合措施和规则达成一致。再次，安全领域的合作不容忽视。一方面，全球存在两极分化的风险（如美国将持续对中国和俄罗斯采取对抗性政策），这让全球安全领域变得复杂；另一方面，由于缺乏有效应对此类风险的全球治理机构，全球层面存在着治理赤字。原文作者观察到，随着利己主义和重商主义在政治领域日益盛行，传统的以西方为中心的全球治理机构逐渐失势。就此，原文作者特别指出，金砖国家既包括被美国宣布为主要竞争对手的国家，也包括美国认为是重要合作伙伴的国家（如印度），这将有助于削减全球治理赤字，减少全球两极分化的风险并稳定国际关系。此外，面对新冠疫情及其他大范围传播的疾病，生物安全已成为金砖国家合作所要面临的另一个紧迫问题。原文作者指出，金砖各国在这一问题上的互动不足，但对流行病的预防是十分重要的。因此，金砖各国在医疗保健领域有很大的合作空间。最后，原文作者提出，生态（或者说是环境问题）是金砖国家另一重点合作领域。原文作者提到，金砖国家的主要任务应该是发展经济增长模式，且需特别关注环境制约因素。其提出的应对策略则包括：（1）调整全球范围内的消费模式；（2）修订可持续发展目标；（3）利用累进税解决环境问题；（4）协调制定"绿色融资"国际标准；（5）共同创建兼顾经济制约因素的新经济发展模式。

基于上述内容，笔者认为，《金砖国家发展战略》能对金砖国家的发展研究有所启发。首先，不论是在金砖国家创建之初，还是面向金砖国家发展的未来，金砖各国在经济方面的合作一直是重中之重。其次，面对世界快速变化的形势，合作的议程很难仅限于经济，而是需要且正在扩展到政治、社会等多个领域。在政治合作领域，原文作者明确了加强政治合作的原因，并特别强调金砖国家的制度化和扩员这两方面。在国际关系体系、全球治理中的地位愈发重要，实现制度化有助于其发挥效用，扩员则能带来新的机遇。再次，数字化、安全、生态等关键领域的合作问题亟待解决。虽然原文中提到了一些例子和对应的策略，但由于篇幅有限，原文作者只是提出了初步的设想，未能充分涉及实际情况的复杂性。因此，相关研究者可选择其中一个关键领域进行深入探讨和分析。

此外，原文作者是基于金砖国家的五个创建国的情况展开研究的，然而，扩员后需要考虑到更多成员国的利益。因此，相关研究者需要进一步了解扩员后的状况，对金砖国家的研究需要更全面地考虑多种因素。扩员后的金砖国家既会产生新的变化与发展，也将面临一些挑战。例如，能源合作可以是金砖国家议程重点关注的一个方向。中、俄、南非的煤炭储备均居世界前列，沙特石油探明储量居世界第二位。作为石油输出国组织重要成员国，沙特、阿联酋、伊朗一直以来都十分关注能源经济等议题，并且阿联酋、沙特等国一直积极支持新能源产业和新兴技术的发展。另外，新成员的加入让金砖国家在经济合作上拥有更大的潜力。阿联酋、沙特等国主权财富基金规模都很大，他们可为新开发银行的发展在资金合作方面提供重要支持。① 但需注意的是，金砖国家在

---

① 刘越，孙美娟. 金砖扩员体现南方国家合作决心 ［N］. 中国社会科学报，2023-08-28
（2）.

经贸领域达成合作共识的难度也可能会进一步加大。①

最后，长期应对不断变化的全球挑战的韧性才是金砖国家实力的体现。虽然面临重重困难，但正如《金砖国家发展战略》所分析的那样，金砖国家已取得一定成果，且其获得成功的要素颇多。因此，金砖各国应秉持《金砖国家领导人第十五次会晤约翰内斯堡宣言》所倡导的精神，"继续致力于强化金砖政治安全、经贸财金、人文交流'三轮驱动'的互利合作框架，通过促进和平，构建更具代表性、更加公平的国际秩序，重振和改革多边体系，推动实现可持续发展和包容性增长，深化金砖战略伙伴关系，造福五国人民"②。道阻且长，但我们要相信金砖国家有着光明的前景，其能够抓住新的发展机遇，共同应对当前的挑战，为构建新型国际关系和"人类命运共同体"发挥建设性作用。

---

① 江时学. 金砖国家合作的研究旨向 [N]. 中国社会科学报，2023-09-28 (7).
② 金砖国家领导人第十五次会晤约翰内斯堡宣言 [EB/OL]. 新华网，2023-08-25.

大数据垄断隐患的立法实践

——与金砖国家学者的对话

马俊岩*

摘　要：近年大数据技术发展迅猛，多种技术水平较高的大数据分析在逐渐被采用的同时，也引发了对其可能侵犯个人数据安全、扰乱市场秩序乃至社会秩序等的讨论，而在长久关注国内外数据安全与数据主权、近期更是深陷于国际紧张局势的俄罗斯，这一讨论具有愈演愈烈之势。本文分为三个部分：第一个部分结合俄罗斯互联网此后生态发展情况以及与中国互联网治理需求的相关性、进一步论述其前瞻性；第二部分基于当下紧张的国际形势对网络安全的威胁，分析未来俄罗斯本国互联网投入应用对国内数据流、数据安全与数据监管机制的可能影响；第三部分从金砖国家国际合作的视角，分析了俄罗斯学者对定价算法这一大数据技术发展的衍生品在金砖五国反垄断立法视域上的考察，以此为据，论述此类大数据技术对市场秩序以及构成市场垄断的影响，分析金砖五国在此类针对大数据进行补充立法过程中，进行相互借鉴的价值。本文借助对多篇相关国内外学者论文的评述，试图围绕阿勒娜·斯皮里多诺娃与安娜·康斯坦丁诺夫娜·扎罗娃两位俄国学者的论述，构筑金砖各国学者针对这一问题的有效对话，力求在这一问题上获得完整的"金砖国家式"多维视角。

关键词：金砖国家；多极；大数据；反垄断；定价算法

引言

自 2008 年"大数据"这一语词初次出现至今，逐渐获得明确的概念、技术形态与对应的应用技术，进而融入日常生活之中。但大数据技术的发展带来的数据流动增速也对数据共享带来了更多数据泄露的风险，而个人与国家的数据主权所受到的威胁则是这一问题的一体两面。

---

* 马俊岩，华东政法大学 2021 级本科生。

从个人数据的层面看，以定价算法为典型的新型大数据技术，以及由此技术达成的垄断与不正当获利等目的背后不仅是对被分析群体的严重利益危害与数据主权威胁，也必然会最终阻碍社会经济的发展；而在国家数据的层面，当今国际高级长期威胁组织（APT）的攻击与点对点的机密窃取不同，更偏向于攻击数据流量大、社会影响力强的数据节点，以求构成足够大社会影响，进而达到散播社会恐慌，降低民众对网络信任度等目的。而此类攻击在个人的维度上也会成为无差别的数据安全威胁。在这一背景下，对国家间数据安全水平的差距就不得不加以考察与弥补。而以一个成熟的国际合作平台为依托所建立的数据安全系统共享，则能够成为国际合作的一个重要发展方向。

从系统解决此类大数据技术发展带来的负面影响这一目标出发，本文的论述逻辑以大数据技术专项立法为线索，串联起了个人数据安全、国家数据主权以及金砖国家体系下的国际立法合作三个主线，并引述多篇论文对此进行了详细的探讨。笔者希望此论能借助其新颖的切入视角与相对大数据技术发展史而言较为广阔的历史跨度，为后续针对此类研究的学者有所帮助。

一、俄罗斯大数据立法建议的探索

（一）立法建议背景

俄罗斯于 2017 年将数字经济这一方向列入了《俄联邦 2018—2025 年主要战略发展方向目录》。然而，在其逐渐广泛的众多发展路径中，也逐步产生了众多立法未完善的领域。随着国家的重视程度进一步提高，对这些领域的研究自然成为当时学界的研究热点之一。

安娜·康斯坦丁诺夫娜·扎罗娃是就职于俄罗斯莫斯科大学高等经济学院国家级研究中心的一名学者。在此次研究热潮中，其针对大数据技术的未来发展趋向提出了立法建议。这位学者观察到随着大数据技术的迅速发展，以往对数据主体的保护措施防线逐渐变得容易被破解。而个人数据法中对滥用个人数据的制裁较轻，将使企业在其与大规模商业利益的权衡中最终选择使用大数据分析获取个人数据以获取利益，最终侵犯到个人隐私数据，损害数据主体。针对这一问题，其在立法建议中基于以下四个细分问题进行了细致专业的讨论：是否需要针对大数据这一独特的信息技术开发新的法律和方法来实现个人数据的安全和管理；俄罗斯的立法体系是否有能力确保大数据分析过程中的个人数据的安全；企业能否使其活动适应现有的法律原则；市场环境与法律原则的匹配问题。

（二）立法建议内容

在提出立法建议之前，安娜先探讨了对于大数据的定义问题，其表示大数据技术目前并没有被广泛接受的定义。其论述参考了此前给出的大数据发展程度评判标准，即被分为四个影响因素（体量、多样性、运算速度与基础设施数量）或三个影响因素（体量、多样性、运算速度）的情况。但是，当时俄罗斯无论在立法层面还是仅在行业内都没有对大数据给出官方性质的定义。其以2014 年由 TAdviser analysts（俄罗斯主流门户媒体及分析公司）的研究——"100 profiles of top Russian companies about the strategy in Big Data"（100 份俄罗斯顶级公司的大数据战略简介）为例，证实了该行业内对"大数据"这一术语的解释与定义之多样性，以及当时其并没有在政府部门得到广泛应用的情况。随后，其又举出 CNews 分析公司在俄罗斯进行的研究结果，论述银行正在积极进行大数据应用的尝试，并期待利用这一现代技术监控客户个人数据以完成自动评估风险、智能刺激需求等目标，进而从中获利。安娜将国家现有法条与利用大数据分析的技术手段获取个人信息这一行为进行比对，并最终得出结论：鉴于这一领域法律关系的新颖性、涉及个人信息安全的法律监管问题之复杂性，以及国家对此普遍缺乏足够的法律和部门实践，现有法条难以应对（或无法针对）这一新型技术行为对个人数据主体权利带来的危害，并采用对等的惩治措施。随后，安娜分析了当时参与个人数据保护的诸多公共机构，包括联邦技术和出口管制局（FSTEC）、联邦安全局（FSS）、联邦通信、信息技术和大众通信监督局，以及联邦中央银行提供的个人 IS 指标，着重评估、描述了其系统性与局限性。

在细致分析了大数据发展形势，并充分论证专项立法的紧迫性之后，安娜开始对现有法律与常规数据处理方法进行评价：

（1）对于大数据行业定义多元化所导致的行业数据处理标准的多样性，其所产生的多种信息安全模型使得其较之于统一的信息安全模型增加了黑客的工作量，但弊端在于新的信息安全技术产生后，其不一定适用于全部的信息安全模型，进而导致信息安全应用迭代较为缓慢；

（2）用户服务提供者数据库中包含的信息应由运营商保存 3 年的规定属于长期的数据存储，其增加了信息泄露的概率，需要使用可靠的信息系统来确保数据的安全，然而并没有绝对可靠的信息系统；

（3）个人数据尽管在 2006 年已经被联邦法律定义，但在十年后其定义范围仍然在被持续讨论（安娜还讨论了其与隐私的定义之间的联系与差异，并借此再次强调其定义的不确定性）。

最后，安娜重申了保护个人数据的法律监管制度背后所体现的原则：法条与实例兼采原则、数据处理的法治与公正原则、实践目标的具体和合法原则与保证个人信息准确充分原则，并在此基础上进行解决方案的讨论。

（三）建议立法措施

安娜将讨论的主体内容结构化为一个清晰的表格，分别列出了问题的本质、基础、现有的法律方法解决问题的方法与安娜给出的立法解决办法，最终给出一个总体的结论作为指导方针。笔者在此着重考察立法解决与最终的总结论部分。

具体立法解决举措部分：

（1）针对已经匿名化的数据可能被大数据技术识别进而暴露数据主体的情况，有必要从法律上确定大数据运营商的地位，并确定参与处理大数据的任何法律实体的责任；

（2）针对大数据技术的性质使其未来的用途无法预知，并不可能告知数据主体如何使用的问题，使任何使用大数据的法律主体应该被要求履行程序；

（3）针对大数据技术下对互联网主体隐私缺乏统一的安全解决方案，在联邦法律中补充一套旨在建立互联网上"信任范围"的规则，在此范围内确保提供服务的可靠性与安全性；

（4）针对以电子协议为形式的大数据服务合同缺乏法律效力，必须更新并赋予其法律地位；

（5）针对大数据有可能成为数据盗窃的更大目标，有必要立法界定大数据运营商的责任和权威，进而确定参与大数据处理的决策者并使其组成数据中心；

（6）针对保护个人数据的技术方法与法律方法之间的差距，必须从法律角度对数据安全组织、技术和方法进行新研究，并针对关键信息基础设施的安全问题专项立法；

（7）明确"个人数据"的法律定义，使其包括未来可能用于识别个人数据主体的匿名记录；

（8）提高个人数据领域的行政责任级别；

（9）完善个人数据领域侵权行为的民事责任模式；

（10）制定法例，要求营办商将个人资料泄露的情况通知有关机构。

（四）与俄罗斯互联网后续发展之联系

2017 年 7 月《俄罗斯联邦数字经济规划》出台，标志着将发展数字经济上升至国家战略高度。在规划框架的支持下，大数据方向成为此后俄罗斯数字经济发展的主要方向之一，而安娜·康斯坦丁诺夫娜·扎罗娃发表的论文在 2017 年 8 月发布，两者联系密切。然而鉴于大数据或数字经济本身的立法需求并非在其加速发展之初就显现，数字经济的发展生态需要经过一段时间的沉淀与验证，才能得出真正需要通过立法手段进行规制的部分。值得注意的是，俄罗斯此后数字经济的发展并不迅速，仍然伴随着规模增长速度偏低、数字鸿沟大、专业人员短缺、信息技术能力相对不足、企业和居民对发展数字经济的准备程度不足等亟待破解的难题。

刊登于《欧亚经济》2018 年第四期的《俄罗斯数字经济战略选择与政策方向》一文指出："从数字经济规模看，2017 年俄罗斯数字经济规模为 4.35 万亿卢布（约合 0.0647 万亿美元），与 GDP 之比为 5.06%。整体而言，俄罗斯数字经济规模目前尚难与主要发达国家及中国相比。据中国信息通信研究院测算，2016 年美国数字经济规模高达 10.2 万亿美元，占 GDP 比重为 56.9%；英国数字经济规模为 1.4 万亿美元，占 GDP 比重为 48.4%；日本数字经济规模为 2.0 万亿美元，占 GDP 比重为 47.5%；中国数字经济规模为 22.6 万亿元（约为 3.4 万亿美元），占 GDP 的比重超过 30%。从数字经济增长速度看，2010—2016 年俄罗斯数字经济规模年均增幅为 4.8，不仅低于斯堪的纳维亚国家 6%～7% 的增速，更低于美国和英国 8%～9% 的平均速度，与中国相比，相距甚远（中国超过 20%）。"

不仅如此，此文还指出了数字经济规模和增长速度偏低的背后，还存在数字鸿沟（不同年龄段差异）、劳动力市场面临挑战、企业和居民对发展数字经济的准备程度不足等问题。在这一不利发展形势下，相关立法或许也被相对地放缓。除了 2019 年针对在俄罗斯联邦境外处理俄罗斯联邦公民个人数据的罚款金额进行大幅上调，直到 2021 年，一系列法律修改工作才重新开始进行。2022 年 7 月 14 日，俄罗斯总统普京签署第 266 号联邦法律，《俄罗斯联邦个人数据法》才进行了大幅度修正。这一修正涉及跨境传输个人数据的通报及限制、非法传输个人数据造成侵权的通报、处理个人数据前的通报等方面的规定。从这一修正的内容不难看出，其与此论文中提到的多项举措存在高度相关性。

（1）明确规定由俄罗斯联邦通信、信息技术和大众传媒监督局作为主要监管机构，即安娜提到的权威机构（数据安全的决策中心）。

（2）修正中的信息收集（考察处理数据的主体）、数据通报（通报被收集数据的主体）以及信息泄露通报等规定都属于针对安娜提到的，在大数据分析本身无法预知处理结果的限制下用程序的方式保护数据主体安全的举措。

（3）修正中的"白名单"作用方式与安娜提出的"信任范围"不谋而合（但相较之下采用国际缔约的形式，而不是互联网的形式，这显然与大数据技术的发展有关，即技术的发展已经致使互联网难以阻止第三方分析并维持信任范围，以至于只能采用缔约方式，并且这一缔约也只限于境外数据转移，并就俄罗斯联邦政府负责确定为履行国家机关、地方自治机构的权限或义务而进行的个人数据跨境转移不受上述限制的情况作出了单项例外规定。当然，未来俄罗斯内网的完善可能会在国内范围改变这一局面）。

（4）关于安娜提到的生物数据（指纹、视网膜等生物认证信息），修正时专门设立了其特殊、严格的安全保障措施。

综上，此修正案中几乎所有的修正内容都涉及安娜在 2017 年给出的立法方向，并有数项高度重合。因此，可以证明安娜在大数据发展被列为国家战略之初就预见了其可能的立法补充方向，并作出了精准的论述。这一结论也能再次体现此立法建议的参考价值与可讨论性。

（五）与中国互联网需求之联系

2017 年，大数据在中国的发展进程从此前的炒作阶段逐渐过渡至具有充足技术支撑的理性发展阶段，企业逐渐选择应用大数据，打破数据孤岛。利用大数据技术进行精细化管理、提高市场竞争力、开发数据产品市场、探索深度学习以及人工智能等，都广泛地成为讨论热点。我国于 2015 年将数字经济上升为国家战略，而从 2017 年至今，我国连续五年在政府工作报告中有与数字经济相关的部分。

而在计划类文书方面，以 2015《促进大数据发展行动纲要》对应国家战略立项为始，在后续的 2016、2017 两年中也陆续出台了《政务信息资源共享管理暂行办法》《大数据产业发展规划（2016—2020 年）》等。这些政策与规划无疑起到了为我国大数据综合水平持续、迅速地发展铺路的作用。在这一基础上，我国在个人数据安全保护的专项立法方面较之俄罗斯更早一年左右，且系统性更强，其中也有一些安娜提到的立法部分。

（1）2021 年《关键信息基础设施安全保护条例》就关键信息基础设施安全建立专门保护制度，明确了各方责任，提出了多项保障促进措施，这与安娜对加强关键信息基础设施的建议十分契合（事实上，鉴于我国以东数西算这一大型数据传输系统为首的关键信息基础设施的计划正在稳步推进，关于关键信息基础设施的进一步保护还需被讨论）。且针对此类国家层面信息基础设施的数据盗窃、数据攻击等，其刑事处罚实际上可以考虑安娜在此文中提出的"即时性"

刑事处罚，即不论危害性大小，在此类操作发生时立刻采取对应惩治手段（在我国《个人信息保护法》第 40 条中也有规定）。

（2）《中华人民共和国个人信息保护法》已由中华人民共和国第十三届全国人民代表大会常务委员会第三十次会议于 2021 年 8 月 20 日通过并公布，自 2021 年 11 月 1 日起施行，其中：

同样进一步确立了个人信息保护原则，作出了以"告知—同意"为核心的个人信息处理规则、严格保护敏感个人信息（范围较之俄罗斯更广，除生物识别、特定身份、医疗、金融以外，还有行踪、宗教信仰等信息）等基础规定；

第 24 条针对"大数据杀熟"这一特定利用大数据分析不正当获利的行为作出明确的禁止性规定，并规范了自动化决策（实际上，"大数据杀熟"可以说是最后实例部分所分析的大数据定价算法的简化版，后者技术要求更高，应用范围更广）；

俄罗斯在上文的"白名单"中并未加入中国，但此法中中国就个人信息跨境流动的规范作出了相对更严苛的审查规定，构建了一套清晰、系统的个人信息跨境流动规则，包括通过国家网信部门组织的安全评估、经专业机构认证、订立标准合同、按照我国缔结或参加的国际条约和协定等；

较之俄罗斯更明确地规定了大型网络平台对个人数据主体的特别保护义务，第五章也强化了个人信息处理者的义务。

从上述相关分析中可以看到，安娜于 2017 年所阐述的立法主张与俄罗斯以及我国自 2021 年开始着手针对个人信息安全与大数据的主要立法调整方向十分契合，其前瞻性由此可见一斑。站在另一角度，无论是我国针对关键信息基础设施安全的立法，抑或是个人信息安全的专项立法，相较于安娜理论性的立法论述显然具有实践基础上的优势，因而两者在规制的精细度、实用性与简明度上差距仍较大。实际上，其选取 2021 年作为立法节点本身，也是出于使"企业对大数据技术的利用"与"大数据技术产品市场"两个规制对象发展成熟后进行立法，进而保证法条本身的全面性与相对稳定性，使其更好地适用于后续大数据技术及其市场的发展。

（六）总评及延伸

笔者对于此立法建议的评析从其背景、内容、结论与前瞻性四个维度着手进行了立体分析，从中无疑能够看到安娜并不是纯粹地迎合当时的研究热点进行研究，而是立足于自身对于个人数据安全相关立法走向的研究深度与独特的研究视角，利用丰富的研究经验对大数据专项立法进行了细致分析。然而，这一立法建议的价值并不止于此。在对这一立法建议的评述研究过程中，笔者发现这一建议具有两个可以进行扩展的维度。

首先，关于对侵害数据安全的主体进行即时性刑事处罚的主张，安娜并没有详细阐述各类具体情况的处理方式，但从前文中可以看出，其对大数据产生后，以大数据处理者或关键信息基础设施为"更大的盗窃对象"的担忧。从这一角度，安娜的担忧可以扩展至国家层面的数据安全以及网络主权的层面，从这一层面出发将安娜的观点与当下紧张的国际关系相联系，可扩展至国际层面的网络安全问题。

而后，针对大数据技术快速发展与迭代的现状，新型算法的不断产生与以网络为媒介不断进行的算法共享，使国家之间制定同步共享数据保护规定并构建相互参考的平台或合约体系，变得愈发必要。针对这一维度的扩展，可以从金砖国家这一相对成熟的国际伙伴关系着眼，于此基础上在多个领域进行立法的相互借鉴。不仅如此，这一合作与共享或许还能进一步影响国际数据网络与国际数据安全体系的架构。

二、针对国际层面侵害国家数据安全以及网络主权的延伸

（一）背景

2019 年 5 月，普京总统签署《主权互联网法》（Sovereign Internet Law），对 2018 年 9 月美国国家网络安全战略进行了对等回应，以对抗美国对俄罗斯可能构成的网络威胁。这一法律确立了在未来逐渐形成审查更为严格的独立网络格局（RuNet）的基调。它包含在网络基建中强制安装深度审查的技术设备（DPI），实现 DNS 自主，以及集中管理电信网络三项核心修正案。此后，俄罗斯持续进行了相关法规的完善：2020 年 12 月 30 日签署的 N482-FZ 和 N511-FZ 两项法案（审查并处罚侵犯公民基本人权和自由的程序），采用"进口替代"模式，大力推动国内制造业技术发展并持续补贴促使其发展，最终使国内产品逐渐全面代替进口产品，以此在互联网基础设施中根除海外设备带来的威胁，制定政策要求在俄罗斯每日用户流量超过 50 万的网站开设位于俄罗斯境内的分支机构，并对违规未实施者进行处罚等。

此后据俄罗斯经济月刊透露，2021 年 12 月杜马（下议院）曾收到《国家数字经济计划》的草案，其要求将建立独立互联网的项目以国家立法的形式予以确认。俄罗斯新闻社报道称，杜马于 2022 年 2 月 12 日再次召开会议对这项草案进行进一步讨论，其中测试内容将在 4 月 1 日前完成。而 2022 年 3 月 1 日，乌克兰向互联网名称与数字地址分配机构（ICANN）提出了撤销俄罗斯域名并关闭该国主要域名系统 DNS 服务器的请求（虽然暂时因为威瑞信（VeriSign）作为互联网商业运营核心一直没有采取制裁行动）。此外，由美国政府实际主导的多个互联网管理机构（ICANN、RIPE［Reseaux IP Europeens Network Coordination Centre］、NCC［Network Control Center］）也公开声明"不赞成"乌克兰的呼吁，而没有最终执行，但仍处于紧张状态。此后俄媒也多次放出俄罗斯随时将断开国际互联网连接并启用 RuNet 独立互联网系统的消息。

从近期越来越紧张的国际形势可以看出，俄罗斯于数年前便开始规划的一系列保证国家网络主权与数据安全的独立网络格局，在战略意义上是长远且有效的，是其对美国网络安全战略的及时回应和预先防范。然而，切断与国际互联网联系这一决策的最终实施，仍然是需要慎重对待的。

（二）问题提出

如上述背景所体现的，尽管在此前俄罗斯已经在独立互联网方向作出了充分的准备，但彻底断开国际互联网而只采用国内互联网的方式仍然会造成不可避免的且无法估量的损失。就目前的立法缺陷来看，存在一些值得讨论的风险。

（1）在境内开设分支机构的网站随着冲突的加剧有可能重新定义该冲突性质，最终迫于压力撤回其分支机构；

（2）不能排除境内制造业也可能与其他国家或境外国际组织存在合作关系；

（3）彻底断开链接不论对于民众还是政府部门都意味着信息获取难度的升高，以往借助互联网达成的合作关系可能会产生没有可供替代的沟通路径等问题。

三、关于阿勒娜·斯皮里多诺娃与埃德维纳斯·尤赫内维奇斯针对大数据定价算法技术在金砖国家视阈中的立法分析

第一项延伸与安娜所作出的立法建议在总体研究策略方面具有一致性，即从宏观的角度分析大数据及其专项立法。在此基础上，对应地从大数据技术本身的具体应用实例着手，分析其发展所造成的具体影响，并就现有对其的专项立法作出比较分析，则可以补充其内核，并进一步充分论证国际之间共享修正策略的必要性。笔者选取了同样为俄罗斯学者的阿勒娜·斯皮里多诺娃与埃德维纳斯·尤赫内维奇斯针对定价算法进行的系统分析及专项立法建议。

笔者对这项建议进行了完整的翻译。这一大数据分析技术为企业在定价、竞标等过程中实现协同定价、协同竞标，进而构成隐蔽的企业联盟与定价垄断等操作提供了愈发成熟的技术基础。因此，这一示例展现了大数据分析算法直接通过应用影响市场环境，构成垄断威胁的可能。

（一）分析概述

阿勒娜先基于定价算法的机制论述了定价算法在企业经济活动中作为垄断因素的应用，其中包含亚马逊、LG、飞利浦等企业利用定价算法、利用大数据分析不同买家对商品的心理价位并由此进行自动定价，实现利益最大化的举措，以及 2019 年 6 月 6 日俄罗斯摩尔曼斯克 OFAS 案第 05-03-16/6 号案件的判决中，证明其利用价格算法以及机器人账号实现 25 次拍卖的价格维持的案例（事实上，只用了一个机器人程序，但俄罗斯境内共检测出了 2000 余个此类机器人程序），此外还有根据航班需求量自动上调价格等应用。事实上上述"大数据杀熟"现象也是此类算法的一种，不过计算量较低。

在举出大量示例论述其已通过大规模应用达成接近实质垄断的目的后，安娜随即开始探索目前俄罗斯国内涉及定价算法的立法规制水平。不仅如此，她还进一步在金砖国家的视域内将金砖五国的相关立法逐个进行了细致检索与分析。安娜发现目前对此的专项规制较少，以至于目前"定价算法"的概念没有体现在任何法律中；然而，金砖国家成员国禁止企业之间达成垄断协议和非法协调经济活动，而这无疑需要在此类大数据技术的规制中得到延续。

（二）分析评价

这项立法建议站在金砖国家反垄断立法的视角分析了定价算法这一新型技术问题。这与笔者首先评述的针对宏观数据安全进行立法的建议无疑是互相补充的。更为关键的是，这项建议可以说对金砖国家之间进行立法合作的价值进行了充分的评估。虽然各国对于定价算法这一专项技术的定义都存在缺失，但可以明确地看到俄罗斯和中国对于利用技术手段实现垄断的情况进行过更成熟的考虑与规制，相比之下，例如印度（基于 2002 年反垄断法的，极其有限与绝对的规制）和巴西（基于 2012 年对反垄断法的改革）对于此类情况的专项规制就十分有限。

可以看到这些国家对于电子商务领域的立法探索仍然十分积极。例如南里奥格兰德联邦大学学者安东尼娅·埃斯平多拉·朗戈尼·克利在《巴西电子商务中的消费者保护》一文中认为，由参议院 281/2012 号草案对巴西电子商务中带来的革新表现在，开创性地提出在《消费者保护法典》中增设电子商务为第七节，进而减少信息不对称性，维护交易以及消费者隐私的安全，增强消费者信心。可以发现，其针对新技术的法律规定对传统观念进行了重新审视。此外，圣保罗大学法律学院学者安德烈·德·卡瓦略·拉莫斯在《被遗忘权和对消费者数据库的间接控制》中也细致地观察到巴西正面临的，商家在消费者数据库市场中滥用数据库问题所导致的挑战，进而以被遗忘权为核心对此展开充分的论述并提出立法建议。安娜在论文中也评价了 2015 年俄罗斯联邦法律《信息、信息技术和信息保护》中对于被遗忘权的增设，其结合俄罗斯国家信息监控局在此前已经提供的，针对互联网上数据主体信息的可靠删除方法，重新论述了被遗忘权的地位。尽管在安娜的论述中"被遗忘的权利"在论述中"失去了独立地位，成为更普遍的个人数据保护权利的一个组成部分"，但是不难看出，凭借俄罗斯的法律体系水平完全可以为巴西的立法给出足够成熟的参考意见。

在这一基础上，金砖国家这一成熟的伙伴关系完全可以为相关的立法合作提供长久的支持。金砖国家之间以此类立法水平各有所长所搭建的桥梁，其在未来的作用必定不会仅止于此，而是有希望随着技术的进一步发展构成金砖国家这一伙伴体系独有的交流网络与国际学习模式。

尾声：属于金砖国家的视角到底是什么样的

长久以来，学者在金砖国家这一视阈的研究，普遍依附于金砖国家之间固有的合作思路——立足于发展中国家之间国情的相似性与在某个议题上的共同诉求所达成的一系列合作关系。金砖国家的使命是扩大其成员之间互利共赢的合作范围，并积极发展议程的讨论范围，对广泛的问题展开讨论。在这一合作逻辑之下，金砖国家之间"合作范围的扩大"，实则只是相关议题由内部讨论而形成的量变式增加，基本不会产生质变，学界对此形成的作用也极其有限。在这一困境之下，如果学界能够拓展金砖国家之间的合作逻辑，那么其对于这一领域的价值便不可同日而语。

在阿勒娜·斯皮里多诺娃对于金砖各国相关立法的比较中可以看到，不同国家对于利用大数据技术构成的垄断，甚至在立法原则上都有所不同，而这并不直接与其发展相关法规的积极性相关。以巴西为例：从巴西反垄断法中，阿勒娜得出"垄断的经营在巴西本身并不违反法律，而需要进行个别具体分析"的结论。但这并不代表巴西对于垄断的规制是不积极的，相反，N. 莫苏诺娃认为，巴西反垄断监管的经验是最成功的经验之一，2012 年巴西反垄断法的改革成效也十分显著。上文提到的《巴西电子商务中的消费者保护》中的论述也充分证明了巴西学界对于消费者权益的重视程度与发展意愿。此外，印度和南非也有类似情况，即在反垄断与数据保护的规制方向上，与中俄具有差异性。这类差异并不仅仅因为发展程度的区别与所谓的"差距"，也有其本土因素而带来的特殊性。

　　因而，金砖国家研究这一领域在未来或许更多要求的并不是学者们站在普遍问题的角度发掘各类合作方向，而是从另一个"本土化""差异化"的合作逻辑的视角，利用一个个具有充足可行性的实例，为金砖国家合作向深度与广度发展带来质变。这样的"小"议题的最终目的不再是宏观维度的经济合作，其结果反而能够落实到实实在在的民众身上。

　　一种"金砖国家式"视角的诞生到底意味着什么？不止于单纯的比较性研究，而是还代表着国际合作逻辑的多元化补全；不是仅仅意欲推动经济发展的互相利用，而是以一个个具体问题联系的交心伙伴；不被普遍问题的有限性所局限，而在于运用本土化和差异化的思路，构建在这一论域内惠及民众的无限可能。

《第一届中巴法律论坛》 会议综述

朱德沛[*]

2022 年 8 月 27 日，"华东政法大学建校 70 周年学术论坛暨第一届中巴法律论坛"在线上成功举办。本次活动由华东政法大学主办，华政金砖国家法律研究院和华政国际法学院承办。

华东政法大学副校长韩强教授，澳门城市大学协理副校长叶桂平教授，华东政法大学国际法学院院长、金砖国家法律研究院常务副院长杜涛教授，联合国教科文组织文化遗产认证机构国际顾问委员会主席、巴西佩罗塔联邦大学前校长、淡水河谷大学校长、葡萄牙国家大学协会主席英格萝莉·舒曼（Inguelore Scheunemann）教授，巴西中国问题专家、孔子学院院长圣保罗州立大学路易斯·保利诺（Luís Antônio Paulino）教授，华东政法大学国际交流处处长伍巧芳教授，上海国际经济贸易仲裁委员会（上海国际仲裁中心）秘书长王唯骏，澳门大学法学院涂广建教授，华东政法大学金砖国家法律研究院拉美研究部主任赵懿先博士，华政金砖国家法律研究院费秀艳博士，华政国际法学院张皎博士，上海兰迪律师事务所高级顾问、拉美业务负责人汪蕴青等领导和嘉宾出席了本次论坛。来自全国各地高校、科研院所、企业的嘉宾和华东政法大学的专家学者及学生共 120 余人参加论坛。华东政法大学国际法学院院长、金砖国家法律研究院常务副院长杜涛教授主持论坛开幕式。

华东政法大学副校长韩强教授在开幕式上致欢迎辞。他指出，中国和巴西同为较大的发展中国家和金砖国家的创始人，向来具有良好的合作关系，加强两国的法律交流十分重要。华东政法大学是中国最重要的法学教育基地之一，被誉为"法学教育的东方明珠"。目前学校在上海的两个校区共有学生 1.8 万人以上，教职工 1300 名以上。自建校以来，已经同来自 45 个国家和地区的 198 所

---

* 朱德沛，华东政法大学国际法学院 2021 级博士研究生，研究方向：国际私法、域外管辖、跨国公司人权责任。

大学和科研机构以及 8 个诸如世界知识产权组织这样的国际组织签订了 300 份以上的协议，截至 2022 年 6 月，学校开展的学生交流项目近 130 个。作为《金砖国家法律论坛》仅有的两家中方创始单位，中国法学会与华东政法大学一直致力于推动金砖国家之间的法律交流与合作。2015 年 10 月 14 日，华东政法大学同中国法学会、巴西律师协会、俄罗斯法律家协会、印度律师协会、南非法学会联合主办第二届金砖国家法律论坛，金砖国家法律人才培养基地、金砖国家法律研究院同时宣告成立。研究院的长期建设目标是成为中国研究金砖国家国际与国内法律问题的重要学术基地与智库，并具有一定的世界影响力。研究院也致力于为中国培养熟悉金砖国家法律的拔尖人才，成为沟通金砖国家之间法律问题研究和法律制度建设合作的重要桥梁，为中国政府决策提供知识支持，并为金砖国家间的跨国法律纠纷提供咨询服务与纠纷解决机制。近年来，研究院创办了《金砖国家法律研究》等刊物，取得了一系列学术研究成果。正如习近平总书记于 2014 年在联合国教科文组织总部发表重要演讲时所指出的：“文明因交流而多彩，文明因互鉴而丰富”。本次论坛的主题是《中国与巴西法律合作及海外利益保护》，希望这次论坛能够成为促进和加强中巴法律交流的桥梁，为两国的法律交流提供一个持续性的交流平台。

英格萝莉·舒曼教授在题为《文化的重要性和与可持续发展目标相关的国际贸易中的新要求》的发言中指出，贸易是一个国家文化、传统和经济的重要体现，国际贸易不仅仅是物质产品的交换，更是文化价值传播的重要载体。片面地将国际贸易理解为产品和服务的流动是现代教育体系的缺失，换言之，其忽视了对历史的重视。古代丝绸之路便是一个典型的例子，人员和技术在丝绸之路上的传播不仅仅对经济发展作出了贡献，也促进了文化交流，例如宗教、习俗、美食，等等。国际贸易面临着可持续发展目标对初级生产系统、工业、商业和物流提出的新要求：第一，环境保护的目标保护对生产和运输实践的各个环节施行了更严格的规则，例如为了防止对土壤和水源的污染，对能源的运输和储存制定了严格的标准等。第二，气候变化以及随之而来的极端天气事件对农业、生产乃至物流系统造成严重的威胁，因此需要在生产和运输中更多地使用清洁能源，而这也意味着贸易成本的增加。第三，国际贸易造成的社会因素，这体现在不断加深的经济和社会不平等，亟待国际贸易机构以及政府和超国家组织采取更明确的举措，尤其是注重环境、社会和治理的一体化（Environment, Social and Governance，“ESG”）。第四，战争对生产和物流系统的破坏，导致整个经济系统的不稳定和波动，近来的战争对能源和农产品贸易的影响便十分典型。第五，公共卫生事件对国际贸易的影响，除了可以快速控制的动物疾病，人类大流行性疾病往往会对生产系统造成长期且不断恶化的影响。第六，人工智能的兴起不仅仅带来了电子商务，也带来了去中心化的超国家货币体系，这种不受地域边界限制的特性产生的影响仍未可知。她进一步指出，真正的可持续发展必须通过文化层面来促进，这需要各国政府、国际机构、教育系统和商业部门等代表各个文化的主体共同协商出一个普遍的应对机制，促进任何文化背景的个人对于可持续发展观念的共同理解和接受。

在与谈环节，伍巧芳教授指出，国际贸易的理念正在从以产品交换为中心向"以人为本"（human centered）的理念转变，其关注的点应当超越传统意义上的贸易量的持续增长，也应当注重贸易的实际质量——提供给人们更好的生活。国家在制定对外贸易政策的时候也应当更多地考虑到追求短期经济利益与追求长期的综合利益、经济价值与人文价值的统一。随着文化价值在国际贸易中的进一步体现，环境与贸易的协调问题已经开始挑战诸多多边贸易体系的基本原则，例如环境保护标准与国民待遇的冲突，发展中国家在环境议题下是否应当享受特殊与差别待遇等。文化价值以及可持续发展目标如何能更好地促进中巴贸易的发展，是值得我们进一步研究的问题。

叶桂平教授作了题为《法律合作视角下中国和巴西经贸往来间的澳门平台刍议》的报告。报告分为四个部分：第一，中国与巴西以及其他葡语国家的经贸合作日益密切，无论从历史渊源、语言环境还是从法律体系等角度看，澳门都有成为中国—葡语国家法律合作平台的深厚基础。一方面，澳门和葡语国家长期保持着密切的历史文化联系，1999 年澳门回归后也与大多数葡语国家签订了经贸合作协议。另一方面，澳门回归后与内地的联系更加紧密，积极参加珠江三角洲的一体化建设，而澳门作为中葡平台是参与粤港澳大湾区建设的重要抓手。从语言环境看，澳门是世界上唯一将中文和葡语共同作为官方语言的地区，澳门回归后更加注重对普通话和葡语的学习，可以为中澳经贸合作提供良好的人才基础。从法律体系看，澳门法律体系源自葡萄牙，因此其法律制度、司法体系等具有明显的欧洲大陆法系特征，在澳门回归后，基本法成为澳门宪法的一部分，而澳门法律体系也受到大陆法律体系的影响而逐渐改变。从合作机制看，2003 年中央政府发起的"中国—葡语国家经贸合作论坛"在澳门成立，其旨在加强中国与葡语国家的经贸交流与合作，发挥澳门联系中国和葡语国家的平台作用。2019 年习近平总书记在澳门考察中国与葡语国家商贸合作服务平台综合体时也表示："建设中国与葡语国家商贸合作服务平台，是澳门发挥自身所长、服务国家所需的重要举措。"从商贸基础上看，自 2001 年加入 WTO 以来，中国对世界出口增长了 10 倍，对葡语国家的出口则增长了 23 倍之多。

第二，中国与巴西的贸易总量在不断增长。2021年中国与巴西进出口总额达到1641亿美元，占中国与葡语国家进出口总额的75.2%，同比增长26.59%。2022年中国与巴西贸易总额预计可以达到5848.16亿美元，中国已经成为巴西最大的资源出口目的地。中国对葡语国家的投资自2003年以来也不断增长，诸如中国石油、中国三峡、国家电网等国有企业以及华为、中兴等私营企业，都在葡语国家建设工厂以及办事机构。巴西已经成为中国对外投资的最重要目的地，2021年中国对巴西的直接投资达到39.25亿美元。第三，澳门在中国与葡语国家法律合作中的核心作用。法律服务在跨国公司国际投资中发挥着至关重要的作用，尤其在"一带一路"倡议下中国企业的海外投资会不断增加。就中国和葡语系国家经贸合作方面，澳门可以为国际投资、仲裁和调解等国际商事争端解决机制提供良好的法律服务，澳门的法律团队拥有大量精通中文、葡语并且熟悉中国、葡语国家法律体系的人才。澳门是粤港澳大湾区建设中协调"一国两制"、三种法律体系的重要平台，也能成为"一带一路"倡议中，中国与葡语国家以及新加坡、马来西亚等南亚国家的合作交流平台。最后，为中巴法律合作平台的发展提出一些建议，中国、巴西以及澳门地区可以就如何深化仲裁等法律合作签订一个备忘录，通过立法继续深化横琴—澳门区域合作，在"一国两制"的前提下继续加强内地与澳门在贸易、投资和人员方面的自由流动。

涂广建教授认为，中国是巴西最大的出口国和进口国，巴西也是中国重要的贸易伙伴，两国之间的法律合作不可或缺，其范围不仅限于投资和贸易规则，在其他法律领域，例如竞争法，也可以考虑。此外，澳门非常适合作为中国与巴西当事人商事争端解决的地点，因为澳门同时熟悉内地和葡语国家的法律，并且澳门是一个中立的争端解决地点。

路易斯·保利诺教授的发言题为《第12届世界贸易部长级会议和巴西的利益》，他从巴西视角分析了发展中国家待遇的问题。2022年6月12日—17日，第12届世界贸易部长级会议在日内瓦召开。考虑到21世纪前二十年在粮食安全、消除饥饿、公共卫生和可持续发展等问题上面临的严峻挑战，以及发达国家保护主义的抬头（如美国的逆全球化运动试图将中国排除出全球供应链）、新冠疫情对跨国贸易造成的影响以及俄乌战争给全球经济带来的动荡，大会的主要议题集中在"粮食安全"、"渔业补贴"、"WTO改革以及贸易"与"健康"四个议题上。WTO全球经济规范体系中可谓处于"宪制"地位，其完备的贸易、投资和知识产权规则旨在打击贸易保护主义、消除世界经济碎片化、促进发展、保障贸易公平以及促进贫困人口对粮食和药品的便利获取。然而，WTO自诞生之日起主要的目标便是维护发达国家和大型跨国公司的利益，其主要动机是降低生产成本以及扩大市场需求，发展中国家事实上是 WTO 规则的 "旁观者"。1947GATT 规则的侧重点仅仅在于降低关税，而这已经无法满足发达国家和跨国公司的需求了。20 世纪第三次工业革命在微电子技术、微生物技术、纳米技术和信息技术等领域的创新和突破，使得知识产权这种无形资产成为公司资产最重要的一部分。公司仅凭国内市场的收益是无法支撑绝对的投资研发成本的，因此所有高科技领域的公司都不可避免进行全球化经营。于是，WTO 规则被纳入了《与贸易有关的投资措施协议》（TRIMS）和《与贸易有关的知识产权协议》（TRIPS）。前者注重保护发达国家在海外的，尤其是在发展中国家的投资利益；后者则提高了对知识产权的保护水平，将专利保护期限从 10 年延长到 20 年，并纳入了所谓 "进口专利" 的规则。创建于 20 世纪的世界知识产权组织只要求成员国保护在其领土内生产产品的知识产权，如果一家公司希望其产品的知识产权在另一国得到保护，就应当在该国生产。因此，此前巴西很少承认药品和种子专利的技术，以防止跨国公司收取高额利润，对国民经济造成过重的负担。然而 TRIPS 协议改变了这一现状，跨国公司的任何产品都可以要求进口国的保护，不论在何处生产。TRIPS 协议没有做到鼓励发明的传播与分享，而这正是专利制度设计的初衷，延长专利期限或专利保护地域性的突破，使得知识产权成为发达国家以及大型跨国公司寡头垄断技术的工具。自 TRIPS 协议实施以来，世界各地药品价格飞涨。无论是 1980 年暴发的艾滋病还是现在的新冠疫情，发达国家的医药行业都获取了暴利，而发展中国家，尤其是最贫穷国家获得药物的机会正在减少。据统计，新冠疫情暴发三年以来最贫穷国家的疫苗接种率仅有 20%。同样，大型跨国公司控制了转基因种子以及杀虫剂、化肥等整个食品生产链的关键技术，然而全世界大约有 10 亿人正在挨饿，新冠疫情和俄乌战争加剧了全球饥饿程度。发展中国家在 1986 年接受将所谓的乌拉圭回合新主题——知识产权、服务贸易和投资——纳入谈判的条件之一，便是同时纳入农产品贸易。然而，农产品贸易问题一直被排除在 WTO 谈判的范围之外，发达国家不愿意将农业补贴政策纳入多边贸易规则的监管体系内，这一问题直到现在也没有实质性进展。第 12 届世界贸易部长级会议也未能推进全球农产品贸易改革的计划。即使在发展中国家巴西和印度之间，也未能就该事项达成一致。巴西并不反对印度等发展中国家大量进口粮食，并为当地生产、消费提供补贴，但反对其允许出口补贴的提案，这将导致巴西农业产品在世界市场的竞争中遭受严重的损失。同样，本次会议的专利豁免仅限于疫苗，不包括其他相关的医疗设备。发展中国家待遇在多边贸易规则体系的落实仍然任重道远。

张皎博士在与谈中提出，在 WTO 之外的其他国际机构也存在发达国家和发展中国家利益不平等的现象。发展中国家的利益并非完全一致，发展中国家首先需要内部协调。从法律层面上看，改变现状可以通过两种方式：第一，通过改革国际机构的设置规则、决策规则来平衡两者之间的利益；第二，通过越来越多的双边规则来促进多边规则的形成。

王唯骏秘书长作了题为《金砖国家仲裁法律合作的时间与发展》的报告。中巴两国的经济利益存在高度的一致性和互补性，一方在农产品和自然资源领域具有较强的贸易优势，另一方则在制造业领域具有优势。以 2020 年为例，中国对巴西出口额排名前三的产品分别是手机、广播设备和半导体设备，而巴西对中国的出口则是大豆、钢铁和原油。两国的贸易总额在 2018 年突破千亿美元，即使在新冠疫情的冲击之下仍然呈现上涨态势。经济合作为两国的法律合作奠定了深厚的基础，仲裁则为中巴法律合作提供了一个良好的平台。这得益于仲裁法律价值的一致性，尽管中国和巴西国内仲裁立法都没有完全采纳联合国国际贸易法委员会《示范法》，双方对《示范法》的采用程度也不尽相同，但毫无疑问，两国的仲裁立法都坚持现代商事仲裁制度的核心理念，即尊重当事人意思自治、提高仲裁程序公信力、增强仲裁员专业度，以及促进仲裁裁决跨界承认与执行。实体法上，以《联合国国际货物销售合同公约》为代表的条约、规则以及贸易术语形成了较为完备的国际贸易规范体系，可以有效地减少冲突并促进双边贸易的发展。因此，无论是程序规则还是实体规则，国际商事仲裁都可以促进中巴两国法律理念的交流并为法律合作提供支持。2015 年，上海国际仲裁中心成立金砖国家争议解决上海中心，专门承接金砖国家商事主体间的仲裁案件，提供多元化争议解决服务，积极推动和促进金砖国家间金融、投资及贸易等领域的友好合作和良性发展。上海国际仲裁中心始终秉承国际化、专业化的发展，先后设立了中国（上海）自由贸易试验区仲裁院、上海国际航空仲裁院、金砖国家争议解决上海中心、中非联合仲裁上海中心、产权交易争议解决中心和数据仲裁中心，探索解决各专业领域和区域内的国际商事争议。截至 2021 年，上海国际仲裁中心《仲裁员名册》共有仲裁员 1115 名，分别来自 80 个国家和地区，包括"一带一路" 36 个沿线国家。其中中国内地仲裁员 754 名，占 67.62%；外籍及港澳台地区仲裁员 361 名，占 32.38%。来自金砖国家成员的仲裁员有印度 3 名，俄罗斯 4 名，巴西 5 名以及南非 11 名。上海国际仲裁中心的受案数量和受案标的逐年上升，受理案件范围广泛，其中私募股权和国际贸易及货物买卖的案件居多，上海国际仲裁中心完全有能力解决中国与巴西贸易纠纷产生的案件。此外，进一步增强两国法律合作还需要整个法律行业的全面参与，包括法学院、律师协会、律师事务所、法律顾问以及仲裁协会，共同促进中巴法律合作的发展。

与谈环节，费秀艳博士认为进一步细化金砖国家就仲裁方面的法律合作需要关注三个方面的问题：一是在仲裁程序与规则方面，金砖国家如何共同应对网上仲裁对仲裁规则与证据认定提出的挑战；二是金砖国家之间的仲裁裁决的承认与执行问题，特别是巴西和南非尚未列入印度公报所载的印度承认与执行的"互惠地区"；三是外国制裁所涉的仲裁裁决问题，尤其是次级制裁所涉的仲裁裁决及其承认与执行问题。这些问题对于金砖国家仲裁方面的法律合作提出了挑战。

与谈环节，上海兰迪律师事务所高级顾问、拉美业务负责人汪蕴青谈到，得益于人口数量、资源储量和市场规模等因素，巴西在拉美地区向来最为吸引中国投资者。但是由于中巴之间缺乏现行有效的投资协定，中国投资者在法律合规方面经常面临一些难题，例如巴西的投资法、劳动法、信息保护法以及环境法等与中国法的差异。相信伴随着中巴法律论坛的成功举办和中巴法律界的密切交流，这些问题会逐步解决。兰迪律所在建所之初就确立了服务中资企业"走出去"，保护中资企业海外利益的愿景，今后还将持续保持与华东政法大学等高校的紧密合作与对话沟通，为中资企业提供优质的海外法律服务。

本次论坛围绕《中国与巴西法律合作及海外利益保护》的主题展开研讨，研讨环节由华东政法大学金砖国家法律研究院拉美研究部主任赵懿先博士主持，同时作为会议召集人邀请了巴西及澳门地区的嘉宾。她指出，巴西已经成为中国、外国直接投资的主要接受国，也是中国粮食和能源安全战略的核心部分，在过去 13 年里接受了超过 580 亿美元的中国、外国直接投资。在逆全球化语境下，国家安全风险的担忧转化成了一种趋势，发达国家更愿意收紧来自中国的直接投资政策。然而，巴西和中国经济之间的互补性和相互依存性导致形势迅速缓和。与其颁布立法限制战略部门的外国投资，更可能的情况是加强监管机构对投资业务的监督，确保其遵守当地立法。因此，增进合作的同时加强合规就是一条永恒不变的主线。

英格萝莉·舒曼、叶桂平、路易斯·保利诺、王唯骏等嘉宾分别发表专题报告，就贸易与文化、中巴法律合作平台建设、发展中国家待遇、国际投资协议模式等问题，分别进行了深入的学术探讨，提出了丰富的理论思路与政策建议。论坛精彩纷呈，取得了丰硕的研究成果。

最后，杜涛教授对本次论坛作总结发言并致闭幕词，指出应当继续加强中巴两国法律教育体系之间的交流与合作，第一届中巴法律论坛的成功举办仅仅是开始。

本次论坛在扩大华东政法大学在金砖国家研究领域的学术和社会影响力的同时，也为华政 70 周年校庆献上一份贺礼。

学术专题：金砖国家基础设施建设与外国直接投资

RCEP 争端解决机制："规则导向"下的多元法律进路之一

刘含章 *

摘　要：在当前世界经济陷入逆全球化的低潮的背景下，RCEP 作为有法律效力的自由贸易协定，其条款具有可裁决性，RCEP 争端解决机制条款以"东盟方式"以及东盟签订自贸协定为制度渊源，并有所发展。尽管该机制的适用尚具有局限性，在区域贸易争端解决"规则导向"发展所形成的法律多元性图景下，这一争端解决机制是其中特有进路之一，也是作为 RCEP 推动更高水平、更大范围内经贸合作的重要程序保障。

关键词：RCEP；区域争端解决机制；经济全球化；规则导向；法律多元

一、绪论：逆全球化浪潮下的 RCEP 及其争端解决机制

自 20 世纪 80 年代乌拉圭回合谈判达成的"一揽子协议"开启 WTO 时代以来，随着国际经贸一体化程度加深，有关服务贸易、知识产权和国际投资乃至环境、劳工等议题进入自由化议程再一次引起了争议，进而国际贸易自由化对于主权的侵蚀引发了对 WTO 和多边贸易体制的合法性质疑。②

在后续多边贸易自由化谈判停滞不前的同时，以区域贸易自由化为目的的协定数量却不断增加，相比于传统经济一体化，这些协定具有除传统收益和市场关注以外地缘政治、区域性公共产品供给、区域发展机制等非经济利益的利益关注。③ 尽管大量协定都具有"规则导向"的发展趋势，但是由于价值侧重不同，不同地区不同的区域贸易协定仍然构成了各区域不同的法律进路。在这

---

* 刘含章，华东政法大学 2022 级国际法学硕士研究生。

② 黄志雄. WTO 多哈回合谈判与转型中的多边贸易体制：挑战与未来 [J]. 国际贸易法论丛，2008（3）：44、46.

③ 杨勇，张彬. 浅析多边化区域主义在亚太区域经济一体化中的影响 [J]. 世界经济研究，2011（11）：75-80，89.

一基础上，除了双边协定，近年也出现了多边和跨区域的。2020 年 11 月 15 日，十五个国家经过八年谈判，最终正式签署了 RCEP 协定。当前，贸易保护主义兴起、全球经济受到持续影响，RCEP 面对的是逆全球化的风潮下加剧的法律和价值冲突。各国为了在条约义务上争取更大的主权空间而进行持续的磋商博弈，国家间达成合意的成本高昂。① 在这一背景下，是否能合理地建构和适用区域贸易协定的争端解决机制来平衡冲突，促进合意，以实现区域贸易协定目标，使其形成推进区域经济一体化，增进大范围贸易自由化的程序性保障，显得尤为重要。

本文意在说明 RCEP 争端制度是如何在东盟制度基础上进行发展的，同时从理论视角来探析这一发展具有怎样的局限性，并谈及这对于 RCEP 争端解决机制作为"规则导向"下争端解决机制多元法律进路之一的前景有何意味。

二、RCEP 争端解决机制基于东盟的发展和局限

（一）RCEP 争端解决机制的制度溯源

具有"非正式性、非对抗性、协商一致、思想上的多边主义和行动上的双边主义"②特色的"东盟方式"始终被认为是 RCEP 争端解决机制的非正式渊源。从正式制度溯源来看，《RCEP 谈判原则和指导目标》明确指出，由东盟主导谈判的 RCEP 的争端解决机制主要是在东盟"10+1"FTA 项下争端解决机制的基础上产生的，与东盟有关协定争端解决机制的设计一脉相承。

比照 RCEP 和东盟、中国—东盟 FTA（下称 CAFTA）、东盟—澳新 FTA（下称 AANZFTA）争端解决机制，其立法框架和模式相似，均设单一解决机制，采取混合解决模式③；其内容安排都包括范围、总则、争端解决方式和相应程序。

其中，作为第一个东盟伙伴国的自贸协定，东盟—中国自贸协定的签订带来了亚洲各国自贸协定的实质发展，取代了中国与东盟此前经贸活动中的非正式制度，具有重要的意义。根据 2004 年达成的《中国—东盟全面经济合作框架协议争端解决机制协议》，其内容由 18 个条款组成，并附有有关仲裁规则与程序的附件。此后签订的韩国—东盟自贸协定、东盟—日本 EPA（下称 AJEPA）以及自由化程度相对较低的印度—东盟自贸协定的规定和 CAFTA 较为类似，且

---

① 黄炎. 国际法的碎片化与体系化：体系思维与方法的运用 [J]. 法律方法，2022（39）：401-403.

② 王子昌. 东盟的文化特征意识——东盟意识与东盟的发展 [J]. 东南亚研究，2003（3）：17-22.

③ 钟立国. 论区域贸易协定争端解决机制的模式及其选择 [J]. 法学评论，2012（3）.

均包括仲裁程序的附件，各协定之间虽在表述或时限规定上略有差异，但无特殊之处。

在五个自贸协定之中，AANZFTA 是东盟签订的最为全面的自贸协定，其争端解决程序的规定也相应详尽。RCEP 的框架和内容设计大多来自于此。AANZFTA 项下的有关内容规定为一章，并有两个附件，规定有仲裁规则和适用于该章第 11 条第 3 款的三个选择性程序，而 RCEP 暂未订入此类附件。AANZFTA 还在最终条款第 17 条第 8 款中规定，在确定争端起因和争端解决程序的所有阶段，应考虑新东盟成员国的特殊和差别待遇，包括缔约方提出有关事项涉及不发达国家缔约方时保持适当克制。对于不发达国家缔约方采取的导致无效或损害的措施，投诉方在采取行动时保持适当的克制，对于争端方有新东盟成员国的案件，专家组报告应明确指出，"新东盟成员国在争端解决程序过程中提出的、构成本协议一部分的新东盟成员国特殊和差别待遇的相关规定以何种形式得到考虑"。显然，这构成了 RCEP 极具特色的特殊待遇条款的基础来源。

概言之，RCEP 争端解决机制的条款延续 ASEAN、CAFTA 的争端解决特点，并主要基于 AANZFTA 较为先进的条款做出调整，致力于在更大的范围内建立协定项下有效、高效和透明的规则和程序。

（二）RCEP 争端解决机制条款基于东盟制度发展的分析

整体而言，RCEP 并没有设置类似 DSU 项下 DSB 的机构来负责管理争端解决机制规则和程序及使用协定的磋商和争端解决规定，也没有设置上诉程序，这一较为松散的机构设置和对争端解决效率的重视体现了其中"东盟方式"所代表的偏好。另外，RCEP 的争端解决机制并非强制性适用的争端解决机制，根据其规定，"本章不得损害一缔约方诉诸其为缔约方的其他协定项下可获得的争端解决程序的权利"①。

在外交性解决程序的设置上，首先，RCEP 要求被诉方均应当对磋商第 1 款项下的两类事项请求予以"适当考虑"和"充分机会"，这在《东盟关于增强争端解决机制的议定书》第 3 条的规定上有所发展。对于不同的诉由，东盟对被请求方的响应的期待程度不同，就违反之诉和情势之诉所提起的磋商，被请求方仅需予以适当的考虑。CAFTA、AANZFTA 范围有所不同，但是也存在和

---

① 《区域全面经济伙伴关系协定》第 19 章第 3 条第 2 款。

RCEP类似表述①②；AJEPA 则没有提及对于回应的要求。③ RCEP 显然希望能更加强调充分磋商的价值，并鼓励在争端程序的各个阶段尽一切努力，通过合作和磋商，达成争端各方共同同意的争端解决办法。④

其次，RCEP "复合投诉程序" 允许磋商中第三方参与，任何认为其在磋商中具有实质贸易利益的缔约方，经通报请求并获得争端各方同意后加入磋商。这一设置与 AANZFTA 相似，但不同于其他 "10+1" FTA 和 DSU 规定。对此有观点认为，这一设置实际上通过要求争端双方同意从而限制了 DSU 中有权决定第三方是否加入的被申诉人的权利，而很可能促进争端各方的非正式联络，并且在加入第三方有利于被申诉人的情况下，该设置可能会使被申诉人为了取得申诉人的同意加入，向申诉人做出退让，从而避免程序进入争端解决的司法程序，这一程序的设置体现了东盟在外交解决方式上的偏好。⑤

另外，RCEP 项下的斡旋、调解和调停可以选择，在时限上也没有限制，且和司法解决程序可以并行。

在司法性解决程序方面，RCEP 的发展主要体现在争端解决机构组成方式、专家组职权、裁决程序和裁决的执行问题中。大部分规定与较高水平的 AANZFTA 一致。其中，争端解决机构组成的条款水平远远高于其他东盟协定。RCEP 规定了 WTO 没有行使选任仲裁员权利的情况下，由常设仲裁法院秘书长任命的方式⑥，并且详细规定了根据前述第 8 款所应当适用的程序，附加第 8 款项下选任专家组成员的资格要求⑦；RCEP 还另在仲裁程序中附有仲裁员行为准则，以及 RCEP 允许仲裁员为争端一方的国民或是通常居住地在争端一方领土内，仅对仲裁主席做出了严格的身份要求⑧，这与 CPTPP 水平类似。

另外，在专家组程序方面，相比于 AANZFTA，RCEP 在第 2 款的职权中仅

① 《东盟—澳新自由贸易协定》（the ASEAN-Australia-New Zealand Free Trade Area）第 17 章第 6 条第 1 款。
② 《中华人民共和国与东南亚国家联盟全面经济合作框架协议争端协议》第 4 条。
③ 《东盟—日本全面经济伙伴关系协定》（Agreement on Comprehensive Economic Partnership among Japan and Member States of the Association of Southeast Asian Nations）第 62 条。
④ 《区域全面经济伙伴关系协定》第 19 章第 4 条第 4 款。
⑤ LANDO M. Enhancing Conflict Resolution 'ASEAN Way': The Dispute Settlement System of the Regional Comprehensive Economic Partnership [J]. Journal of International Dispute Settlement, 2022, 13（1）: 98-120.
⑥ 《区域全面经济伙伴关系协定》第 19 章第 11 条第 8 款。
⑦ 《区域全面经济伙伴关系协定》第 19 章第 11 条第 11 款。
⑧ 《区域全面经济伙伴关系协定》第 19 章第 11 条第 10、11 款。

规定裁决职权①，而专家组可以提出执行建议的权限规定在第3款的专家报告内容要求中。条款还赋予了争端双方可以另约定专家组职权的权利，与《北美自由贸易协定》类似。相比于东盟其他 FTA 的设置，RCEP 在此处给予了争端方更为灵活的安排。

（三）RCEP 在东盟制度基础上发展而适用的有限性

有批评认为，由于订入了不少世贸组织条款以外的新国际经贸议题章节，RCEP 的象征意义大于实际意义②，对于其项下的争端解决机制究竟能够发挥多大影响的疑问也随之产生。本文认为，通过 RCEP 达成更大范围的共识，这对亚洲区域经济的进一步融合发展具有重要意义，同时，这一条约及其争端解决机制产生的国际环境和既有规范基础，决定了它目前适用的有限性。

"东盟方式"在追求更高法律水平的全球治理背景下具有自身的局限性，其依靠国家权力对比进行谈判磋商的途径不利于实力较弱的国家，也不利于和法律发展水平较高国家间的经贸合作，这也是东盟主导签订的诸协定在"东盟方式"这一非正式制度渊源之上发展的必然的有限性。而在现今经济交往中，限制国家权力在经贸合作争端中发挥的作用，转而诉诸国家间达成规范的路径已成趋势。RCEP 在磋商解决、仲裁员挑选等方面既保有东盟方式的偏好，又试图植入更多的法律因素，希望可以达成原有制度基础上更高法律水平的条款，体现出部分签约国追求更高法律化程度的意志。

虽然 RCEP 在磋商和仲裁环节都通过一些非常详尽的程序规定限制了"东盟方式"的运用空间，但其中仍多有为方便签约国自主的灵活安排③，甚至争端机制本身是否适用于某条款也可以通过协定排除。这是 RCEP 争端解决章节的特色之一，同时也为对司法程序的回避提供了空间。这种灵活性设置可能使大部分发生在 RCEP 项下的争端解决不会进入正式的司法解决程序。同时，RCEP 订入大量 WTO 项下条款，又兼具法院选择条款，和 DSU 存在管辖竞合，也可能进一步限制该机制的实际适用。

此外，尽管 RCEP 具有对非传统经济利益的关切，但是由于不少领域缺乏成熟普遍国际法规则和共识，协议的操作性有限，或是签约国发展水平差距较

---

① 《区域全面经济伙伴关系协定》第 19 章第 12 条第 2 款。

② 转引自 LANDO M. Enhancing Conflict Resolution 'ASEAN Way'：The Dispute Settlement System of the Regional Comprehensive Economic Partnership [J]. Journal of International Dispute Settlement，2022，13（1）：98-120.

③ 《区域全面经济伙伴关系协定》第 19 章第 4 条第 5 款、第 6 条、第 7 条第 1 款、第 13 条。

大，应当留待时间使欠发达国家发展相关经济政策，并为国内监管保留空间，因而签约国不希望受到高度法律化的司法程序制约，而更愿意采取合作协商的途径来解决可能的争端。具体表现在以下三个方面。

一是 SPS 与 TBT 条款是否适用争端解决机制。RCEP 就此设置过渡期和审议机制。未做好准备的缔约方还可以暂时排除 SPS 条款适用争端解决机制。①

二是部分章节是否适用争端解决机制。RCEP 部分章节暂时排除适用一般争端解决，代以善意磋商、以及磋商未解决情况下提交事项至 RCEP 联合委员会的措施。未来 RCEP 将对此事项再作一般性审查，以决定部分章节是否可以受到 RCEP 争端解决机制的管辖。②

三是部分章节③或条款④完全排除 RCEP 第 19 章的管辖，并且不存在过渡期或是一般性审议的约定。

争端解决机制的灵活安排与有限适用范围，本质上是这一类 FTA 在纳入广泛议题的同时，排除了有关条款的可裁决性，但仍使有关条款被签订在具有法律效力的文本中，从而在规则层面形成具有可操作性的指引规范，避免不同国家深层次价值取向的直接冲突，为多方合作和协商奠定了可能性。因此，RCEP 所提供的仍然是一种具有吸引力的区域经济一体化的制度安排，而本文也认为，这是加深亚太地区乃至全球范围内多边合作可能进路之一。

三、前景："规则导向"下的多元法律进路

在由大量贸易协定构成的自由贸易网络中，大部分协定都提供了条约项下的争端解决机制。如前文所述，RCEP 争端解决机制提供了更大区域、更多议题下较高法律水平的争端解决条款，兼有颇具特色的灵活安排。本文认为，该机制的这一发展具有两面性。一方面，条约项下的灵活安排限制了该司法机制的

---

① 《区域全面经济伙伴关系协定》第 5 章、第 6 章。

② 《区域全面经济伙伴关系协定》第 7 章、第 12 章。

③ 《区域全面经济伙伴关系协定》第 13 章第 9 条，第 14 章第 5 条，第 15 章第 7 条，第 16 章第 8 条。排除适用章节包括：竞争、中小企业、经济技术合作、政府采购。

④ 《区域全面经济伙伴关系协定》第 8 章第 10 条第 5 款、第 13 条第 4-5 款，第 22 条第 3 款，第 10 章第 17 条第 5 款，第 17 章第 11 条。排除适用的部分条款包括：透明度清单产生的任何争端或与解释的事项不得援引第 19 章项下的争端解决；服务贸易承诺表的修改未能就补偿性调整达成协定可以提交仲裁，并不适用第 19 章争端解决机制；不得根据第 8 章第 22 条补贴提出任何请求或进行磋商，或就该条产生的任何其他争端诉诸争端解决机制；投资便利化条款不受 RCEP 项下任何争端解决机制约束；对于批准外国投资准入的决定和执行不受第 19 章内容约束等。

适用可能；另一方面，RCEP 争端解决机制独特的"规则导向"演进之路，与其他区域贸易安排下的争端解决机制共同构成了不同地区争端解决机制的法律多元之图景，而 RCEP 作为其中的进路之一，其影响力不可小觑。

（一）RCEP 争端解决机制"规则导向"的演进之路

"规则导向"和"权力导向"乃国际争端解决领域的两大范式，"权力导向"的解决方式基于双方实力对比，多以谈判和磋商的形式解决；"规则导向"则诉诸既有规则规范，以协商或裁决形式解决。① 在没有更高权威，国家意志折中表达而产生的国际法体系中，条约和惯例都具有互惠因素，通常是价值大致相等的交换，在交换中，一方的行为将取决于另一方的行为。然而，交换双方可能并不具有相同的权利义务，交换也可能并非互利，也可能隐含着统治和剥削的权力关系。② 作为一种国家间的互惠安排，区域贸易协定显然具有法律因素，但其中的权力因素同样也无法忽视。在国际争端解决实践中，"权力导向"和"规则导向"的范式往往为同一个争端解决机制所有，区别仅在于二者的程度高低，从而产生了区域贸易争端解决机制的不同做法。

东盟争端解决机制经过 1996 年到 2010 年的三份协议书而逐步司法化，引入了法律仲裁的解决方式。CAFTA 使中国和东盟国家争端解决条文化，在"规则导向"的趋向下，改变了双方沿用非正式制度解决争端的传统方式，这一形式也为其他"10+1"FTA 所采用。作为这一演进的产物，RCEP 尽管具有特色的灵活安排，但其并不与"规则导向"的本质相斥。RCEP 争端解决机制保证主体在机制程序上的平等，设置了专家组仲裁的司法解决方式，且专家组报告做出后即具有约束力和执行力，是司法化水平较高的争端解决机制。

（二）作为多元进路之一的 RCEP 争端解决机制

RCEP 仍然可能进一步向更高司法水平的争端解决机制条款发展，为亚洲国家提供具有吸引力的争端解决途径③，但本文认为，RCEP 在其制度基础上发展中的"规则导向"并不意味着其制度设计和具体实践必然与其他经贸协定项下司法化程度较高的争端解决机制趋同。实际上，在经济全球化的进程中，始终

---

① 孙志煜."规则导向"的理论疏解：以区域贸易协定争端解决机制为例［J］. 暨南学报（哲学社会科学版），2017（7）：93-101，132.

② ROBERT O. Keohane, Reciprocity in international relations［J］. International Ogranizatin, 1986, 40（1）：7-8.

③ 袁星. RCEP 争端解决机制及对中国的意义［J］. 对外经贸，2021（8）：51-54；张建. RCEP 背景下国际贸易争端解决机制的创新与完善［J］. 中国政法大学学报，2022（2）：216-229.

尚未产生大范围的法律趋同化。国家签订自由贸易协定主要是出于经济、政治和安全利益的考虑，国内的政治制度及国内利益集团产生的政策影响也将影响国家的贸易政策。① 尽管区域贸易争端解决机制具有"规则导向"的发展趋势，但是"规则导向"的演进结果将是法律多元化的立体呈现。其中，政治因素的介入在很大程度上造成了区域贸易争端解决领域中制度表达的多元化，使"规则导向"在不同区域的具体实践中呈现层次不同、程度不一、模式各异的外部特征。②

因此，尽管很容易期待 RCEP 争端解决机制条款借鉴其他争端解决机制的做法，进一步扩大争端解决机制章节的适用范围，提高透明度及引入民主化条款，采取非传统救济方式，尽快加入东道国—投资者争端解决机制等；但作为现有亚太地区的政治经贸合作的产物，RCEP 争端解决机制短时间内进行变动革新的可能性较小，也并不必要。

首先，从现有 RCEP 政治经济基础、规模、一体化程度、成员经济情况和提交争端解决意愿等方面来看，RCEP 的争端解决机制模式有其自身生长的土壤，这决定了其在现有制度基础上继续发展的道路。

其次，亚洲地区东盟争端解决机制的实际法律实践也限制了 RCEP 争端解决条款的发展，使其不可能也没有必要突破现有政治经贸基础，产生超前的制度安排和革新。在条约的多个章节下，签约国出于多种考虑，排除了高度法律化的司法程序解决争端，转而设定了合作协商的方式，这有其合理性。

"规则导向"使世界范围内的区域贸易争端解决机制在核心要素上有所趋同，但是争端解决的实践形成了不同的解决机制制度原型和发展路径，导致不同区域法律化程度相似的区域贸易协定呈现出法律多元化的图景，从而形成经济全球化下经贸合作的多条路径。从 ASEAN、"10+1" FTA 到 RCEP 逐步演进形成的区域争端解决机制正是这种规则导向理论范式下的一类具体实践路径，具有其独特的模式选择和演进之路，是 RCEP 未来促进亚太域内大市场和区域生产网络，实现高水平 FTAAP 的基础程序保障。

四、结语

RCEP 是推动亚洲区域经贸乃至更大范围经贸合作的一条可能进路。RCEP

---

① 张玉环，李巍. 自由贸易协定的政治经济学研究述评［J］. 国际政治研究，2014（2）：110-128，8.

② 孙志煜. "规则导向"的理论疏解：以区域贸易协定争端解决机制为例［J］. 暨南学报（哲学社会科学版），2017（7）：93-101，132.

争端解决机制作为该协定实体法的承认规则，使协定规则得以制度化。RCEP 本身体量大，涉及范围议题广，协定各国经济依赖程度高，发展水平不一，综合各种因素考虑，RCEP 争端解决机制在原有的东盟制度上进行了发展，力图达到更为有效的协定项下争端解决机制，形成与其他自由贸易协定项下争端解决机制的不同的演进之路，与其他区域贸易协定提供的多种争端解决制度共同构成了"规则导向"下的法律多元图景。作为 RCEP 目标实现的重要程序保障，RCEP 的争端解决机制在其有限的适用范围内要发挥更大的影响力，尚待日后的具体实践。

中国在非洲投资的经济共同利益

——《中国在非洲可再生能源投资：共赢还是谋利?》评介

姚可*

摘　要：近年来，中国作为"金砖五国"之一，针对南非等非洲国家投资项目逐渐增多，并覆盖了诸多领域，如可再生能源、基础设施等。在获取较大利益的同时，我国秉持人类命运共同体的理念，承担起大国责任，积极追求与他国的经济共赢。然而，一些学者研究认为，在可再生能源领域，中国在非洲投资的经济共同利益仍有许多可改进之处。他们基于原始数据，运用系统分析方法，全面剖析了中国在非洲可再生能源领域投资的经济共同利益，具有重要的理论和现实意义。基于此，本文以《中国在非洲可再生能源投资：共赢还是谋利?》一文为中心，介绍评析其对可再生能源领域的经济共同利益研究，尤其是其中的理论内容和典型案例，以期促进中国未来对外投资和合作的优化。

关键词：对外投资；经济共同利益；可再生能源

一、问题的提出

随着日益增长的电力需求，撒哈拉以南非洲的电力系统将大规模扩张。未来20年，撒哈拉以南非洲的发电量将翻倍，可再生能源将占据新发电量的四分之三，其中大部分来自水力、风力和太阳能。[①] 鉴于大多数非洲国家的能源持续短缺，这一举动的主要利益是电力供应。又由于可再生能源在能源预测中占据主导地位，减少碳排放也是重要的利益之一。随着中国对外开放向纵深发展，中国对外投资飞速增长，覆盖了广泛的领域，包括可再生能源、基础设施、旅游等，投资增加的同时产生了多种投资模式。近年来，中国正在追求一种特定

＊　姚可，华东政法大学2021级国际法学专业硕士研究生。

①　IEA. Africa Energy Outlook［R/OL］. IEA Website，2020.

的投资模式，包括融资、"交钥匙"项目开发①以及从本国出口劳动力和设备，这为中国及其投资者带来了丰厚的利益。这一模式贯彻于中国在非洲的许多项目中，例如埃塞俄比亚的阿达玛风力项目、加纳的布伊水力项目和肯尼亚的加里萨太阳能光伏项目。然而，在为投资者带来经济利益的同时，我们需要思考，这一投资模式是否也给非洲当地带来了经济利益（即经济共同利益②，Economic Co-benefits）？在提高就业、当地成分和技术学习方面，非洲从中国可再生能源投资中受益的内容是什么？

　　近年来，许多学者关注到了"共同利益"这一问题，但现有文献中鲜少涉及"经济共同利益"的内容。在此情况下，笔者发现了由拉斯穆斯·勒马（Rasmus Lema）等人所著的《中国在非洲可再生能源投资：共赢还是谋利？》③一文。该文设计了一个探索性研究框架（如图1所示），并在此框架的基础上，系统研究了可再生能源领域的经济共同利益及其决定因素，以及这些内容在具体投资项目中的体现。该文的研究主题、方法、内容、结论对于探究中国在非洲投资的经济共同利益有学习和借鉴意义。因此，本文将以"经济共同利益"为中心，分成三个部分对其进行介绍和评析：第一部分从理论角度阐述具体语境下经济共同利益的基本内容，这是该文的逻辑基础；第二部分在理论的基础上，通过案例分析总结和评估可再生能源项目中经济共同利益的具体体现，这是该文的实践基础；最后，综合全文，评析学者的研究结论并进行思考，提出建议。

---

① "交钥匙"项目开发又称为"统包项目开发"，即由一方大部分或全权负责相关项目。

② 本文中的"经济共同利益"和"共同利益"指代同一事物。

③ 原文标题为：China's Investments in Renewable Energy in Africa：Creating Co-benefits or just Cashing-in？。

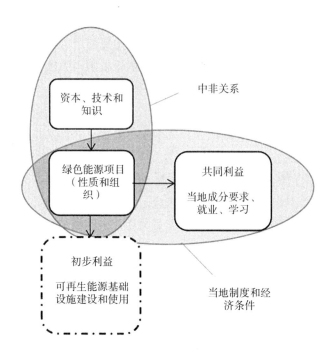

图 1　探索性研究框架（译）①

二、经济共同利益的理论探究

（一）概念

拉斯穆斯·勒马（Rasmus Lema）等学者认为，在非洲可再生能源②投资项目的语境下，经济共同利益是关于可再生能源转型可能带来的额外利益。与激励投资的主要利益不同，经济共同利益涉及可再生能源基础设施的创建以及随后的应用。共同利益是当地获得的福利，此处定义为可再生能源投资产生的积

---

① 在这个框架中，中非关系将影响资本、技术和知识以及项目的性质和组织（两大经济
　共同利益的决定因素）。其中，资本、技术和知识将决定项目的性质和组织，从而进一
　步决定初步利益（包括设施的建设和使用）。同时，项目的性质和组织以及共同利益
　（包括当地成分、创造就业、技术学习）又受到当地制度和经济条件（第三大决定因
　素）的影响。可见，在复杂的关系之下，经济共同利益要受到各种事物的影响。虽然
　学者们在研究中并未明确提及，但笔者认为，关系图中椭圆的重叠也昭示着，中非关系
　与投资当地制度及经济条件也是密切关联的。参见 LEMA R, BHAMIDIPATI P L, CRE-
　CERSEN C, et al. China's investments in renewable energy in Africa: Creating co-benefits or
　just cashing-in? [J]. World Development, 2021, 141: 3.
② 本文中的"可再生能源"和"绿色能源"是同义词。

极经济效应。①

由此可见，在中国、在非洲可再生能源投资的语境下，经济共同利益的概念主要从效果出发，认为投资项目对当地所产生的积极经济效应，便是经济共同利益。一方面，这一定义范围较广，侧重对于当地的效果；另一方面，这一定义有些抽象和片面，其未给出关于"积极"的具体特征，以及未提及其对于外国投资者的影响，似乎默认了一切投资都会自动有利于投资者，这失之偏颇。而在本文的框架下，笔者认为，所谓经济共同利益，应是在资本和技术的性质及流动、当地制度和经济条件、投资项目的性质和组织共同作用下，投资项目对投资东道国和投资者及其母国共同产生的经济利益，包括但不限于就业、当地成分、技术等方面。

（二）决定因素

就经济共同的决定因素而言，学者们总结了三类原因（如表1所示），它们分别是资本和技术的性质及流动、当地制度和经济条件以及投资项目的性质和组织。②

表1　经济共同利益的决定因素（译）③

原因/变量/分析集合	特征	主要引自
资本和技术的性质及流动	——科技及其组成 ——涉及的领导机构 ——融资性质	布劳蒂甘（Brautigam）和黄（Hwang）2019年的研究；卡普林斯基（Kaplinsky）和莫里斯（Morris）2009年的研究；乐玛（Lema）等人2018年的研究。

① 政府间气候变化专门委员会将共同利益定义为"与减少温室气体相关的积极利益"，它包括"经济共同利益"，如能源安全、增加就业和技术创新。政府间气候变化专门委员会. Report of Intergovernmental Panel on Climate Change：Climate change 2007：Mitigation. Contribution of working group III to the fourth assessment report of the intergovernmental panel on climate change［R/OL］. 政府间气候变化专门委员会 Website, 2007. LEMA R, BHAMIDIPATI P L, GREGERSEN C, et al. China's investments in renewable energy in Africa：Creating co-benefits or just cashing-in? ［J］. World Development, 2021：141.

② LEMA R, BHAMIDIPATI P L, GREGERSEN C, et al, China's investments in renewable energy in Africa：Creating co-benefits or just cashing-in? ［J］. World Development, 2021, 141：3-4.

③ 参见 LEMA R, BHAMIDIPATI P L, CRECERSEN C, et al. China's investments in renewable energy in Africa：Creating co-benefits or just cashing-in? ［J］. World Development, 2021, 141：3.

续表

原因/变量/分析集合	特征	主要引自
当地制度和经济条件	——东道国的经济运行模式 ——工业政策环境 ——国内供应基础	贝克（Baker）和索瓦库（Sovacool）2017 年的研究；米克克鲁登（Mc-Crudden）2004 年的研究；保尔（Power）等人 2016 年的研究。
投资项目的性质和组织	——合同安排 ——计划内能力建设 ——项目组织	哈林（Hanlin）等人 2019 年的研究；汉森（Hansen）等人 2018 年的研究。

1. 资本和技术的性质及流动

第一个因素是资本和技术的性质及流动（The nature of inbound flows of capital and technology from China）。中国对撒哈拉以南非洲的外国直接投资，包括对一般基础设施和自然资源开采的投资，形成了一种典型的"中国模式"，将投资融资和供应链紧密捆绑。有学者利用全球价值链研究得出的观点，论述了中国在非洲的外国直接投资是如何将援助、贸易和外国直接投资三者捆绑在一起的，从而推动供应链的统一管理。① 表 1 显示出资本和技术的性质及流动对经济共同利益的影响。它们分别由科技及其组成、领导机构、融资性质等特征决定。在相关机构的领导下，特定的科技及其组成通过资本转移，到既是牵头代理人（管理这些连锁企业的公司）又是融资人的角色中去，由此作用于经济共同利益。例如，资本流入方式，是入股本地企业还是成立新企业；技术的流入方式，是全部共享还是部分共享，都将深刻决定经济共同利益的大小。

2. 当地制度和经济条件

第二个决定因素是当地制度和经济条件（Local institutional and economic conditions）。这一因素受到东道国的经济运行方式、工业政策环境和国内供应基础的影响。投资项目的结果在很大程度上取决于现有供应链以及当地公司和项目所有者的能力。② 因此，非洲当地和中方参与者之间极高的能力不对称可能会限制共同利益创造的范围。例如，非洲当地能力极低，而中方能力极高，这

---

① KAPLINSKY R, MORRIS M. Chinese FDI in sub-Saharan Africa：Engaging with large dragons [J]. The European Journal of Development Research, 2009, 21 (4)：551-569.

② LEMA R, IIZUKA M, WALZ, R. Introduction to low-carbon innovation and development：Insights and future challenges for research [J]. Innovation and Development, 2015, 5 (2)：173-187.

将会缩小共同利益的范围，反之亦然。然而，有学者发现，当地的协商能力虽然具有局限性，但为增进创造性而精心制定的政策和战略可以影响项目规划和执行模式获利的机会。① 制度条件和监管框架可以在调解这些条件方面发挥关键作用。例如，通过当地成分要求、公共采购法规和产业政策刺激当地的生产。特别是，可再生能源项目使用多种部署模式和相关政策来支持其实施，从基于市场规划系统（如拍卖计划）到基于个人的直接谈判合同（如政府间协议）。一般来说，由于竞争性招标系统能够降低价格并确保透明度，全球范围内都有使用竞争性招标的趋势。然而，相比于公开招标系统（如拍卖方案），直接进行合同谈判是中国投资者投资非洲可再生能源领域的首选方式。②

3. 投资项目的性质和组织

第三个决定因素是投资项目的性质和组织（The nature and organisation of the investment project），其受到合同安排、能力建设、项目组织的影响。创造共同利益的潜力取决于项目如何"组织"。项目组织的类型包括从投资者和技术供应商提供全部活动的全套服务，到由当地公司和其他组织开展大量活动的高度开放模式。这取决于基础合同安排。近年来，项目往往以承包商模式组织，其中，项目由专门的基础设施服务承包商促成和协调，这反映出私营部门参与基础设施行业的趋势在增强，如独立发电商或非公用发电机。工程设计、采购和施工等合同（亦称工程总承包合同）都授权给一家公司，其随后将合同中的许多任务分包给产品和服务供应商，同时监督整个项目的管理。因此，现实带来的挑战在于分析和掌握承包商驱动模型中项目"结构"的不同变化。在这方面，有必要区分投资项目基础设施交付（发电厂）和服务交付（使用发电厂供电）中分别涉及的结构。第三个是计划中能力建设的程度。工程总承包商通常有义务在授权给实体时具有必要的能力，以确保其在合同结束后能够运营项目并提供服务。原则上，这种精心设计的能力建设行为可以延伸到基础设施本身的交付。

由上可知，经济共同利益主要由资本和技术的性质及流动（因素1）、当地制度和经济条件（因素2）以及投资项目的性质和组织决定（因素3）。其中，

---

① BAKER L, SOVACOOL B K. The political economy of technological capabilities and global production networks in South Africa's wind and solar photovoltaic (PV) industries [J]. Political Geography, 2017, 60: 1-12. POWER M, NEWELL P, BAKER L, et al. The political economy of energy transitions in Mozambique and South Africa: The role of the Rising Powers [J]. Energy Research & Social Science, 2016 (17): 10-19.

② SHEN W. China's role in Africa's energy transition: A critical review of its intensity, institutions, and impacts [J]. Energy Research & Social Science, 2020: 68.

因素 1 主要涉及投资者一方，和投资者的投资方式密切相关；因素 2 主要涉及东道国当地一方，和当地的投资环境密切相关；而因素 3 涉及具体的项目，这和参与投资项目的各方主体相关，需要根据项目特征具体问题具体分析。需要明确的是，一方面，这三个决定因素没有先后次序，它们是共同作用于经济共同利益的；另一方面，决定因素并不是穷尽的，除这三个决定因素之外，还可能存在其他决定因素。例如，未来国家间合作的加深将可能促使国际组织政策或国际条约成为决定性因素。但就目前而言，这三个因素是最具决定性作用的。

（三）类型

针对非洲绿色能源的经济共同利益，学者们主要总结了以下三个类型（如表 2 所示），它们分别是创造就业、当地成分和技术学习。①

表 2　关键的共同利益（译）②

共同利益类型	特征	主要引自
创造就业	——合同中的工作类型 ——项目建设中的当地工作 ——项目运营中的当地工作 ——项目维护中的当地工作 ——其他项目服务的当地工作	帕勒（Pahle）等人 2016 年的研究；萨博路（Suberu）等人 2013 年的研究。
当地成分	——包含当地公司和当地供应链 ——包含当地高校和其他知识机构 ——包含当地社区 ——基础设施建设渠道	哈林（Hanlin）等人 2012 年的研究；汉森（Hansen）等人 2020 年的研究；威尔斯（Wells）和霍金斯（Hawkins）2010 年的研究。
技术学习	——包含或不包含知识的转移 ——设备、设计/蓝图和管理框架的入境流动 ——上述物品的供应商和当地用户之间的互动 ——当地员工的培训 ——当地员工的借调和培训	贝尔（Bell）2012 年的研究；奥克维尔（Ockwell）和马雷特（Mallett）2013 年的研究。

① LEMA R, BHAMIDIPATI P L, GREGERSEN C, et al. China's investments in renewable energy in Africa: Creating co-benefits or just cashing-in? [J]. World Development, 2021, 141: 4-5.

② 参见 LEMA R, BHAMIDIPATI P L, CRECERSEN C, et al. China's investments in renewable energy in Africa: Creating co-benefits or just cashing-in? [J]. World Development, 2021, 141: 4.

1. 创造就业

第一个经济共同利益体现于创造就业（job creation）。项目投资可能包括和产生当地各种类型的工作，这有利于创造就业机会，增加就业率，从而具有增加经济共同利益的潜能。研究表明，在可再生能源投资项目中，当地劳动力的就业创造潜力和参与程度根据可再生能源类型、项目规模和价值链性质而有区别。[①] 当地就业机会可以在项目链中的不同步骤产生，包含项目建设、运营、维护或其他项目服务。参与不同职能的工作可能需要不同程度的技能和知识储备。评判创造就业情况的重要指标包括就业的数量、质量（包括领域和时长）等。

2. 当地成分

第二个经济共同利益体现于增加当地成分（local content）。当地成分的采用因项目而异，取决于项目的技术类型、当地供应链的可用性、投资战略和监管政策等。[②] 当地成分是指用于交付项目的本地（而非进口）的服务、材料和资本货物，分为直接内容（在项目中）和间接内容（在本地供应链中），包括当地公司和当地供应链、当地高校和其他知识机构、当地社区以及基础设施建设渠道。评判当地成分的重要指标是这些主体的参与情况，以及项目内容对当地事物的采纳情况。

3. 技术学习

第三个经济共同利益是增进当地的技术学习（technical learning）。当地公司和相关人员在多大程度上利用可再生能源的投资，发展技术和组织能力，这至关重要，因为在长时间的投资项目筹备与运作中，相关主体有可能学习到投资者带来的技术，从而提高其竞争力或者有能力去开展未来绿色投资和相关领域的活动。许多学者的类似研究成果都表明，外部投资对后发国家低碳技术转让和学习在潜力方面存在差异。[③] 这些差异取决于知识流动的方式和性质，如知识传递是否体现在机器和设备操作中，或者它是否包括人们之间的知识传递，

① HANSEN U, GREGERSEN C, LEMA R, et al. Technological shape and size: A disaggregated perspective on sectoral innovation systems in renewable electrification pathways [J]. Energy Research & Social Science, 2018, 42: 13-22.

② TSANI S. Public Policies for Just Transition: Local Content [M]. Cham: Springer, 2020.

③ BELL M. Low-carbon Technology Transfer [M]. London: Routledge, 2012. HANSEN U, LEMA R. The co-evolution of learning mechanisms and technological capabilities: Lessons from energy technologies in emerging economies [J]. Technological Forecasting and Social Change, 2019, 140: 241-257. OCKWELL D, BYRNE R. Improving technology transfer through national systems of innovation: Climate relevant innovation-system builders (CRIBs) [J]. Climate Policy, 2015: 1-19.

如技术供应商的实地访问或技术接收方的培训参观。需要注意的是，这些经济共同效益的类型和数量难以精确描述，并且一旦进行了经验方面的探索，就很难评估确定经济共同利益的多少和深浅。究其原因，此类评估只能与其他类似性质的研究（数量很少且相差很远）以及理想情况下可能产生的理论上的最大共同利益关联起来。技术学习的评判标准在于学习的主体、内容、方式等。

由上可见，在外部投资中，经济共同利益主要体现于创造就业、当地成分、技术学习三个方面。一方面，正如经济共同利益背后的决定因素一样，这些利益的类型没有先后次序，也不是无穷尽的。共同利益的大小或多少需要具体问题具体分析。作为积极效果的"利益"相比于"决定因素"而言范围更广，甚至能拓展到消费、价格、收入、国际关系等领域。另一方面，就业、当地成分和技术学习不仅是经济共同利益的类型和评估指标，其还和国际投资法律中各东道国对投资者提出的政策和要求有联系。例如，就当地成分要求而言，世贸组织的《与贸易有关的投资措施协议》规定：外资企业必须购用东道国当地一定的产品作为投入，以促进东道国技术的提高、相关产业的发展以及扩大就业等。① 此外，许多国家的投资法律规定，外国投资者应当确保一定的本地就业率和当地成分②，以及分享一定的知识和技术，如沙特阿拉伯。③ 由此可见，经济共同利益不是单纯的企业公益，其还涉及跨境投资的合规性问题。

三、经济共同利益的实例分析

近年来，中国在非洲可再生能源投资项目的数量显著增多，质量也不断上升。随着对外投资的成熟，投资者的投资方式逐渐向模式化发展。许多学者针对重要的项目进行了总结分析。而在《中国在非洲可再生能源投资：共赢还是谋利?》一文中，学者们选择了典型的阿达玛风力项目、布伊水力项目和加里萨太阳能光伏项目。④ 笔者将在此详细阐述各个项目的基本情况，并对其中的经济共同利益进行横向（项目）和纵向（利益）的总结和评析。⑤

---

① MBA智库百科. 当地成分要求［DB/OL］. MBA智库百科，2014-10-30.

② 然而在特定情况下，立法明确规定当地成分等要求可能违反国民待遇原则。

③ 中华人民共和国商务部. 对外投资合作国别（地区）指南——沙特阿拉伯（2021年版）［G/OL］. 中华人民共和国商务部网站，2021.

④ LEMA R, BHAMIDIPATI P L, GREGERSEN C, et al. China's investments in renewable energy in Africa: Creating co-benefits or just cashing-in? ［J］. World Development, 2021, 141: 7-10.

⑤ 横向比较主要在项目介绍之后，纵向比较主要在"项目比较与评析"中。

（一）阿达玛风力项目（The Adama wind project）

阿达玛风力发电项目由规划和建设两个阶段组成，以中国"交钥匙"模式承包商中国水电工程顾问集团公司（HydroChina Corporation，下称"中国水电"）和中地海外集团（CGCOC group，下称"中地海外"）的合资公司为主导，以埃塞俄比亚电力公司为项目业主。相关工程总承包合同包括项目的设计、制造、供应、安装测试和调试，几乎包括所有辅助工程和土建工程。该项目第一阶段需要在 2012 年安装 51 兆瓦的风力发电，第二阶段需要安装 102 台涡轮机。① 这一项目于 2015 年投产。

就创造就业而言，阿达玛项目创造的就业岗位类型与融资协议直接相关。融资协议规定项目将使用中国技术。中国水电和中地海外持有的"交钥匙"合同②涵盖了项目的大部分流程，从设计、施工到移交培训。项目施工中的当地工作由中国水电负责，项目两个阶段共有 1000 个工作岗位，而中国人约占 400 个工作岗位。埃塞俄比亚电力公司和中国水电之间的合同约定，中国水电应在当地招聘低技能劳动力，并鼓励使用埃塞俄比亚境内具有相关资质和经验的员工及高技能劳动力。然而，该阶段中有大量中国员工这一情况表明，工作的类型虽多种多样，但管理类工作基本由中国人承担。关键项目的管理人员包括第二阶段约 13 名中国员工，且其中 10 名已经在第一阶段工作。

就当地成分而言，项目中的当地成分仅限于当地公司最低程度参与供应混凝土等建筑材料，而（埃塞俄比亚）国有航运公司能参与风力涡轮机部件的运输。所有进口设备、材料和建筑设备均免征关税、增值税和附加税。此外，因修建风电场和必要的道路造成当地临时性和永久性农田损失的，项目提供补偿。此外，当地社区的参与程度很低。除道路和水泵外，其他社会发展项目被认为是不需要的。此外，中国水电举办了许多信息会议和研讨会，以教育当地居民了解风电场的影响。

就技术学习而言，中国风电和中地海外独立制定了该项目的投资模式、设计和蓝图。该项目的所有永久设备均从中国公司采购和进口来作为"黑匣子"组件，如机组变压器、33 千伏机柜、主变压器、断路器、接地变压器、数据采集与监视控制系统、通信设备，这限制了当地学习的可能性。即使如此，埃塞俄比亚电力公司还是组织了 17 名高校人员组成团队来监督施工阶段项目实施和

---

① 第一阶段完全由金风公司完成，而第二阶段由三一重工公司完成。
② "交钥匙"合同亦称为"统包工程合同"。

管理合同。① 这些高校人员负责执行多项监督任务，包括审查微观选址和布局设计，监督民用基础设施、风力涡轮机的施工和安装，控制环境活动，编制项目手册和报告等。高校人员的安排是国家战略的成果，旨在让高校参与项目，以促进技术转让和能力建设。

工程合同明确规定，埃塞俄比亚电力公司员工将接受涡轮机运行与维护（简称"运维"）方面的培训，包括每个阶段在中国为期1个月、在埃塞俄比亚为期12天的培训。据报告，培训存在语言方面的问题。此外，为了运营和维护，该项目从三一重工公司（第二阶段的技术供应商）和中国水电到埃塞俄比亚电力公司的移交期相对较短，且只有运维支持协议，而不是依照行业标准做法使用五年及以上的服务协议。总体而言，项目业主的知识积累主要集中在运维方面，而高校人员的具体任务是获得项目管理、施工合同以及风力发电技术部件制造能力方面的知识。

综上而言，通过项目概况可以看出，阿达玛项目的经济共同利益属于中等水平。在就业方面，这一项目表现一般。虽然中埃签订的合同中约定了就业要求，但项目中中国人占据了40%的工作岗位。合同中关于就业的要求是明确的，对低技能劳动力的使用是硬性要求，而对高技能劳动力的使用是软性要求。因此，就工作类型而言，大部分技能要求较低的工作由埃塞俄比亚当地人实施，而技能较高以及管理类的工作由中国人实施。需要注意的是，在项目监督上，本项目吸收当地高校人员作为顾问，这在一定程度也促进了就业。在当地成分方面，这一项目的表现也一般。项目中，基础设施供应主要由中国公司负责，而当地公司负责了一些服务供应，例如埃塞俄比亚电力公司负责电力、工厂的运营和维护。此外，当地公司还完成了一些建筑材料和设备的供应与运输。遗憾的是，当地社区在项目中的参与度很低，基本没有什么活动。这一结果可能与这个项目的"交钥匙"模式（统包统干）、当地的条件等有关。最后，在技术学习方面，这一项目的表现依然平平。从就业和当地成分等方面可以看出，当地人员在低技能工作以及服务供应中的学习是比较充分的，并且高校人员能够通过监督工作而接触到项目全过程（虽然他们不一定能真正学到相关技术）。此外，就中国企业组织当地居民了解风电场的影响而言，笔者认为这在一定程

---

① 咨询顾问的职权范围是明确规定的，其目的是确保技术转让，具体包括：（1）具备与外国技术提供方签订施工合同的能力；（2）具备制造塔架和叶片等主要部件的能力；（3）最终具备制造大部分部件的能力，并开发自己的技术。该团队来自三所埃塞俄比亚大学，第一阶段为亚的斯亚贝巴大学，第二阶段为阿达玛科技大学和密可勒大学。

度上增加了其知识储备，但和系统的技术培训相比，还是相差甚远。因此，本项目的经济共同利益处于中等水平。

（二）布伊水力项目（The Bui Dam hydro-power project）

布伊大坝由中国水利水电建设集团公司（Sinohydro Group Ltd.，下称"中国水利"）建造。作为世界上最大的大坝建造商，中国水利自 2006 年起负责执行超过全球市场份额 50% 的项目。东道国与中国水利的合作通常是"交钥匙模式"或"工程总承包"模式（Engineering Procurement Construction，简称"EPC"），这意味着中国水利只负责施工，不负责运营。布伊大坝是加纳的一座碾压混凝土重力坝，容量为 400 兆瓦，于 2013 年完工。整个大坝（包括涡轮机、发电站等）及其运营在项目完工后移交给布伊电力局。

据报道，该项目的战略监督由加纳能源部负责，运营监督由布伊电力管理局负责。要充分履行此类监督职责，需要对巨型大坝建设有充分、详细的认知。[1] 然而，学者们采访的知情人士表示，中国水利提交的报告很少且时常不完整。

在就业方面，在布伊大坝施工现场雇用的 1836 名工人中，加纳人占比高达 91%。可以看出，该项目为所在地塔因河区提供了一些临时就业机会，几乎每 20 名工人中就会有 1 名加纳人就业。然而，该项目的地面管理是完全由中国人负责的。由于中国和布伊距离较远，即使只需要很少的培训，从中国雇用技术能力较低的建筑工人，仍会增加项目成本，因此，从节约成本出发，布伊电力管理局雇用大约 50 名加纳员工参与项目的运营和维护。

在当地成分方面，大坝所需的大部分加工材料成分以及有关采购（主要是混凝土），均在当地采购获得。项目中当地成分的确切百分比很难确定，但估计至少能达到 60%。这一较高比例的当地成分在某种程度上是由政策驱动的，因为明确的当地成分政策要求指引着投资者的行为。虽然总体上当地成分供应非常重要，但很明显，中国水利保留了更复杂的产品和服务供应，例如，中国水利从法国阿尔斯通公司在中国的工厂采购了三台 133 兆瓦的水轮机。

在技术学习方面，首先应当区分与建设、运营相关的学习。虽然大型水坝的建设是一项复杂的工作，2000 年后建成的水电站大坝面临着 33% 的平均成本超支和 18% 的平均进度超期，但其运营相对简单。布伊电力管理局预计能在大坝完工后运营大坝。然而，事实并非如此。在项目完工后，中国水利重新被返

---

① FLYVBJERG B.，HOLM，M S，BUHL，S. Underestimating costs in public works projects：Error or Lie？ [J]. Journal of the American Planning Association，2002，68（3）：279-295.

聘以确保进行重大的项目维护。这一情况表明，在项目建设时，加纳方面在项目维护上几乎没有进行过技术学习。此外，中国水利没有向加纳人员转让任何有关技术的重要知识和专业技能。有意的知识传递主要和施工阶段的操作任务有关，加纳建筑工人在进入施工现场之前，接受过中国水利组织的两周训练营以及额外的一些在职培训。

综上而言，这是一个经济共同利益表现中等偏低的案例。在就业方面，项目表现中等。项目的施工部分雇用了91%的当地人，运维部分由50名当地人参与。从数量上而言，数据较为可观。但从质量上看，大部分的管理工作（即较为核心的工作）由中国人负责，当地许多人仅负责边缘化的工作。并且，大部分的施工工作是短期的，并不能从根本上解决就业问题。这降低了项目的共同利益。在当地成分方面，项目表现中等。学者的研究中给出了60%的粗略数据，并发现大坝所需的大部分材料加工成分以及有关采购（主要是混凝土），均在当地采购获得。这表明当地公司和供应链的参与是可观的，和政策有一定关联。然而，中国公司还是部分保留了较为复杂的产品和服务供应。并且，在项目的研究中并未体现加纳当地知识机构和社区等主体参与，这在一定程度拉低了项目的共同利益。最后，在技术学习方面，项目表现中等偏低。项目中施工阶段的技术学习较多，中国公司为当地施工人员进行了与施工相关的技术培训。在后续的运维阶段，合同中约定项目的运维由当地公司负责，然而，由于维护知识的缺乏，项目最终的维护工作又由中国公司负责。因此，本项目中的技术学习几乎被限定在了施工阶段。由于中国公司负责项目的建设，在必须选择当地劳动力的情况下，施工技能培训是不可避免的。因而，本项目的经济共同利益处于中下水平。

（三）加里萨太阳能光伏项目（The Garissa Solar PV project）

加里萨太阳能光伏项目是肯尼亚第一个并网太阳能光伏项目，容量为50兆瓦。该项目于2012年由中国政府及其江西省代表、肯尼亚政府及其能源部代表共同策划。牵头项目开发商（特别是中国江西省代表）还通过中国进出口银行为获得项目融资提供了便利，即以优惠贷款的形式提供，利率低、期限长。项目总投资为1.35亿美元。该项目由农村电气化和可再生能源公司（Rural Electrification and Renewable Energy Corporation，下称"农村电气"）管理和所有，其在肯尼亚率先开展可再生能源开发和农村电气化。虽然肯尼亚制定了一项上网电价补贴政策，吸引私人投资并促进关税标准化，但本项目回避了这一做法，取而代之的是直接谈判。投资者与肯尼亚电力公司就25年购电协议进行长期谈判后，该项目于 2016 年投产。

加里萨项目的技术供应商由相关融资协议决定，该协议规定使用中国技术。中国江西省代表聘请了自己的国有企业——中国江西国际经济技术合作公司（China Jiangxi International Economic and Technological Cooperation Co., Ltd., 下称"江西国经"）作为工程总承包商，其与晶科太阳能公司签订了供应电池板的合同，与比亚迪公司签订了逆变器合同。江西国经还将项目设计和土建工程分包给两家中国公司。项目完成后，江西国经有一段为时两年的运维移交期，之后由肯尼亚电力公司负责项目运维。

在创造就业方面，虽然没有明确的战略，但当地工作的优先权取决于农村电气和江西国经之间的口头协议。① 整个项目由中国人管理，在施工期间雇用的工人中有近 85% 是肯尼亚人。但是，这些肯尼亚工人大多属于临时雇用，没有正式的合同和福利。此外，在实现技能共享、培训低技能工人完成技能中等的任务、接纳当地高校或职业培训机构参与项目设计或安装的实际知识获取方面，中国公司所做的努力也很有限。在施工期间，中国公司雇用了大约 300 名到 350 名肯尼亚工人。其中，大多数人承担木匠、泥瓦匠、司机、保安等技能水平较低的工作，他们参与开发项目中的修筑内部道路、修建围墙和办公楼、吊升太阳能电池板和执行其他各类工作任务。其余的人从事技能中等的工作，包括安装太阳能电池板、电气工程和钢铁工程。在此期间，近 75 名中国员工从事钢结构准备、监督任务、操作挖掘装载机和执行各种电气任务。在运维阶段，中国公司以合同形式聘用了 9 名运维工程师，其中 5 名为肯尼亚人，4 名为中国人，组成了一个有着相近能力的全男性工作团队。②

在当地成分方面，项目将融资与工程总承包合同捆绑在一起，这使得当地成分的范围十分有限。分包商主要是中国公司，它们负责项目设计、采购和太阳能电池板的安装。在土建工程方面，一家肯尼亚当地的公司也成为分包商，以便在施工期间提供工人。虽然肯尼亚有较多的太阳能光伏公司，但它们主要集中在离网系统和小规模的光伏安装（低于 1 兆瓦）。此外，有几家公司正在逐步扩大规模，希望能够获得大型光伏项目的次级工程总承包合同（即建筑工程），但其在项目设计、优化系统规模等方面仍然存在局限性。

---

① 项目开始前，各方承诺并保证该项目将创造至少 1000 个工作岗位，正如各媒体引用领导层的报道。然而事实上，创造的就业总数远低于承诺的。

② 他们的运营、维护任务包括系统检查、监控电网、排除变电站故障等。此外，项目在运营、维护期间还将在占地 85 公顷的现场额外雇用当地人参与工作，包括保安、太阳能板清洁工和一般清洁工。

在当地的技术学习方面，只有有限的核心知识技术被转移。这是因为，项目的所有永久性设备都是从中国进口的，包括 20 万块太阳能电池板、其他相关设备，包含变压器和变频器在内的电气设备、控制系统以及施工工具。项目在肯尼亚当地采购了一些建筑设备，包括电柜箱、开关箱、断路器和一些建筑材料。虽然核心技术的学习是有限的，但在其他领域也存在技术学习，包括系统设计和操作。农村电气聘请了一家肯尼亚公司——马克内斯咨询工程师公司（Maknes Consulting Engineers Ltd.），来监督项目的技术活动。马克内斯公司在审查项目图纸和运维手册方面发挥了一定作用，监督了安装工作和技术进展。据报道，马克内斯在加里萨项目中执行的任务与其他项目类似，尽管规模不大。换句话说，当地有关大规模光伏知识的获取是项目中特意设计的，这可能与未来的项目有关。

综上而言，这一项目的共同利益中等偏低。在就业方面，项目表现一般。在施工阶段，项目雇用了较多的肯尼亚当地工人，占比高达 85%，在运维阶段，项目雇用了 5 名肯尼亚工程师，占比超过 55%，数量方面的表现较为可观。然而，就质量而言，施工阶段的工人承担临时工作，岗位随着项目施工阶段的结束而结束，并不能真正实现就业。并且，当地工人大部分承担的是中低技能的工作，难以接触到高技能工作并获得相关培训。在当地成分方面，项目表现一般。当地公司和供应链承担了部分土建工程和太阳能光伏等方面的供应工作，但是并未发挥其优势和价值。此外，项目的运营由当地公司和中国公司一同参与，而维护则由当地公司负责。数据中并未体现其他主体的参与和其他内容，当地成分的范围十分有限。最后，在技术学习方面，项目表现一般。核心技术的学习很少，因为大多数设备都从中国进口。其他领域主要在设计和操作上有一定知识获取。此外，项目的监督工作由当地公司负责，他们能一定程度上接触到其中的技术活动。由于缺乏系统的学习和培训活动，技术的获取仍然十分有限。因此，项目的经济共同利益中等偏低。

（四）项目比较与评析

针对项目中的经济共同利益及其决定因素，学者们首先给出了一个图表（如图 2 所示），用于说明极端化情况下经济共同利益的样貌。① 再者，他们总结出两个表格（如表 3 和表 4 所示），用于说明三个项目的经济共同利益及其决

---

① LEMA R，BHAMIDIPATI P L，GREGERSEN C，et al. China's investments in renewable energy in Africa：Creating co-benefits or just cashing-in？ ［J］. World Development，2021，141：15.

定因素。① 接下来，笔者将基于图表，对项目的经济共同利益进行比较和分析。②

1. 极端化的经济共同利益

图2揭示了可再生能源领域高水平和低水平经济共同利益的样态。其中，在创造就业方面，低水平共同利益的最低要求包括大部分或所有劳动力依赖进口，并且只在低技能或单一项目工作中使用劳动力。高水平共同利益的最高要求包括只利用或主要利用当地劳动力，以及在技术含量高的先进项目任务中使用当地劳动力。在当地成分方面，低水平共同利益的最低要求包括大部分或所有服务依赖进口，且只有边缘或低价值附加投入存在当地成分。高水平共同利益的最高要求包括大部分或所有构成和服务源于当地成分，并且核心成分和高价值附加服务源于当地资源。在技术学习方面，低水平共同利益的最低水平包括项目运行中缺乏技能建设，以及仅在很小类别的服务提供中有技能建设。高水平共同利益的最高要求包括技能建设是项目执行的独立部分，且基础建设任务中有广泛的技能建设。

图2的意义在于，列举各类经济共同利益高、低水平的具体要求，并将之与三个项目中的相关指标进行比较，从而有助于把握项目中经济共同利益水平，从而给出更加的客观理性的评价。不足的是，笔者发现此图的来源是作者本身（Authors' own elaboration）。在没有其他说明的情况下，作为参考标准的图表可能是文章作者通过研究自行描绘出的，具有一定的主观性和片面性。笔者认为，在理解经济共同利益的理论内涵后，虽然很容易能推测出经济共同利益三个类别的高水平和低水平样态，但是这可能因过于理想化、理论化，而不切合实际。也许在现实中，能够增加半数的就业、囊括半数的当地成分、允许一些人进行技术学习就已经达到了最高水平了。

---

① LEMA R, BHAMIDIPATI P L, GREGERSEN C, et al. China's investments in renewable energy in Africa：Creating co-benefits or just cashing-in? [J]. World Development, 2021, 141：15, 11.

② 需要说明的是，此处的逻辑顺序与前文理论探究不同。前文是先介绍决定因素，再谈及经济共同利益的主要类型。而此处是先根据理论类型总结经济共同利益，再分析其背后的原因。原文的顺序如此。笔者认为，前后顺序并无逻辑错误，在确定类型之后有利于更好探究背后的原因，如此反复检验，方能确保经济共同利益及其决定因素的可靠性。

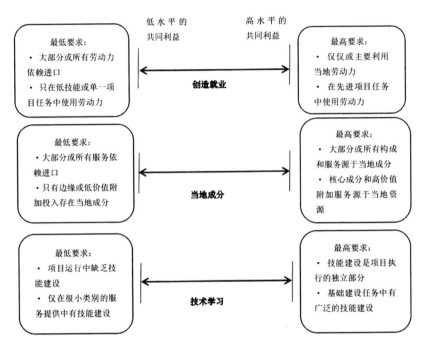

图 2　经济共同利益的高水平和低水平样态（译）①

2. 项目中的经济共同利益比较

学者们进行了项目中经济共同利益的汇总（如表 3 所示）。纵向坐标列举了三个项目及其相应的经济共同利益，而横向坐标从另一个角度揭示了经济共同利益的种类及其在项目中的体现。从表面上看，横向与纵向坐标的内容是重叠的，但实质上，它们是不同的比较方法，从而能够观察并得出不同的结论。

从纵向上看，三个项目的共同点在于其都体现了就业、当地成分、技术学习三类主要的经济共同利益，它们的水平都处于中低级，即经济共同利益较少。而不同点则在于，每种共同利益在项目中的表现不一样，例如，就技术学习而言，阿达玛项目允许高校人员参与，并对埃塞俄比亚电力公司人员和高校人员进行了培训。布伊项目只有部分知识转让和两周的培训。而加里萨项目有咨询公司的参与以及施工后的一些培训。针对具体项目的分析如前文所提，在此不赘述。

---

① 参见 LEMA R，BHAMIDIPATI P L，CRECERSEN C，et al. China's investments in renewable energy in Africa：Creating co-benefits or just cashing-in？［J］. World Development，2021，141：15.

表3 决定因素汇总表（译）①

原因/分析汇总	组成	具体内容	问题	变量
A. 资本和技术的性质及流动	A1：涉及的领导机构	推动项目的经济主体；主导主体在价值链中的位置	谁是参与项目的最有影响力的主要代理人？	金融机构项目建设者技术供应商竞争性捆绑式金融制造业密集型服务密集型
	A2：融资性质	与项目融资交易一起规定的合同安排	融资安排的性质是什么？	
	A3：技术及构成	技术的主要选择、设计以及相关项目和服务的技术经济特征	使用了哪些技术，其主要特点是什么？	
B. 当地制度和经济条件	B1：部署模式	国家的可再生能源部署制度及其对项目选择和执行模式的影响	哪种部署模式与项目有关？	竞争性招标直接协商
	B2：产业政策环境	对可再生能源的行业政策方针以及对项目条款的影响	如何描述项目的产业政策方法？	放任主义策略
	B3：当地供应基础	在项目启动时，当地公司能够承担项目职能的程度	相对于项目功能而言，当地公司的能力有多强？	弱中强
C. 投资项目的性质和组织	C1：合同安排	在项目生命周期的不同阶段规定所有权和责任的合同安排	合同安排是什么？	"建设—经营—转让"项目"交钥匙"项目积极的消极的中心化去中心化
	C2：计划能力建设	在多大程度上有意培训当地员工/公司，并积极努力分享知识	培训和知识共享的主要方法是什么？	
	C3：项目组织	项目"解剖"，包括本地和外国公司在项目生命周期各阶段的协调和分工	该项目是如何组织的？	

从横向上看，总的来说，当地获得了有限的经济共同利益。首先，在就业

---

① 参见 LEMA R, BHAMIDIPATI P L, CRECERSEN C, et al. China's investments in renewable energy in Africa: Creating co-benefits or just cashing-in? [J]. World Development, 2021, 141: 15.

方面，直接创造的就业机会非常多，但项目的各个阶段都有所不同。三个项目都在施工期间短期雇用了许多当地劳动力，并使他们参与技能要求较低或边缘性工作；而在运维期间，由于工作岗位较少，长期性较强，关键任务通常是由中国人分阶段交给当地人。阿达玛项目的表现是最好的，基本将运维工作移交（或经过一定时间后移交）给东道国当局。布伊项目和加里萨项目的运维工作是由投资母国和东道国工作人员共同参与的。其次，在当地成分方面，三个项目共同的特点是通过当地公司提供的当地服务和制造投入，在项目中建立后向工作联系，但这些都很有限，往往只限于边缘和非关键性的部分或服务，项目中的核心部件几乎全部从中国进口或者从发达经济体的专业供应商处采购。布伊项目的表现是最好的，它提供了大量的本地制造投入和建筑服务，当地成分占比 60%。加里萨项目则次之，涉及设备投入和施工服务的当地成分仅限于辅助类硬件，并有一些当地工程公司和高校的参与。而阿达玛项目则表现最差，虽然有当地高校的参与，但当地成分大多局限于运输服务，没有包括当地设备或建筑服务。最后，在技术学习方面，工作的性质和本地供应商（有限的）参与也对技术学习的机会产生了影响。一般来说，在项目的操作阶段（服务交付过程）能从中国获得重要的能力和知识，涉及操作技能、相关知识以及部分的维护能力。然而，本项目中这一重要阶段的学习极少。在项目管理和网络监督领域，也存在有意义的知识获取，涉及当地赞助商（能源部）、工程顾问和技术高校。阿达玛项目表现最好，中国投资者对高校人员和埃塞俄比亚电力公司人员进行了全过程专业知识培训。加里萨项目次之，允许当地咨询公司参与项目并学习经验，并培训了运维阶段的相关知识。布伊项目表现则最差，仅因为工作需要而在施工阶段培训了当地人。

因此，我们可以得出结论，在所有项目中，有证据表明项目存在一些创造就业、当地成分和技术学习的经济共同利益。但是，这些共同利益似乎只在特定的地方出现，大多数重要的利益并没有延伸到具有实质性战略或重要功能地位的就业、当地成分和技术学习之上。

3. 经济共同利益的决定因素分析

根据项目情况，首先学者们在表 1 的基础上进一步拓展了共同利益决定因素相关问题，并制作了汇总表（见表 3），表中描述了原因的组成、具体内容、问题和变量等，以为分析提供指标。其次，学者们将三个项目的情况代入抽象的指标，具体问题具体分析（见表 4）。

（1）资本和技术的性质及流动

学者们指出（如表 4 所示），当涉及实现当地利益时，资本和技术的性质和流动是重要的影响因素。项目中所使用的技术性质对创造共同利益有重要影响，它们在劳动强度、资本要求和复杂性方面有很大不同。换句话说，共同利益的范围和性质取决于特定的技术性质。例如，布伊项目中较高的当地成分可以用水泥的高运输成本和现场生产水泥的需要来解释。这显示出，技术的选择应该在讨论绿色能源的议程中占据重要位置，需要权衡总体成本和预期共同利益。此外，在实现共同利益过程中，不仅仅是核心技术的选择，而且包括如何部署这些技术，比如集中式或分散式（部署）。

表4　三个项目经济共同利益的决定因素分析（译）①

	阿达玛风力项目	布伊大坝水力项目	加里萨太阳能光伏项目
资本和技术的性质及流动	风力涡轮机的资本密集型和复杂性减少了核心技术部件的本地制造范围。作为项目牵头人，中国水电的合资公司从中国进出口银行筹集资金，并指定使用中国的风力技术供应商。	水利技术的服务密集型性质涉及在当地采购辊压式混凝土，但核心技术（涡轮机）仅由少数全球领先公司提供。牵头机构是加纳能源部、中国进出口银行和中国水电。中国进出口银行提供部分商业贷款。	太阳能光伏制造业的激烈竞争和高准入门槛意味着本地化的可能性仅限于下游活动，包括外围采购、安装服务和运维。融资协议中规定工程总承包必须由中国人负责，没有本地共同融资的选择，这限制了本地成分。此外，投资者偏爱中国技术供应商。
当地制度和经济条件	制度是建立在项目开发者和埃塞俄比亚电力公司间直接谈判的基础之上。当地高校对项目的战略性参与是为了促进能力建设。其重点是积累风电场运维方面的经验，很少关注建设。当地缺乏涡轮机组装和风场建设的供应基地。	中国国有企业在加纳进行的第一批重大投资之一，直接谈判并设想加强中国与加纳关系。当地成分要求最初的目标是90%，然而加纳的谈判人员接受了合同60%给中国供应商。由于水电大坝每隔几十年才建造一次，加纳国内的设备和劳动力供应基础是有限的。	该项目最初遵循上网电价准则，后来又重新谈判。制度决定了项目的模式。当地就业、能力发展或供应链参与的战略方法是有限的。当地的太阳能能力集中在小规模的太阳能项目上，这使得开展大规模项目的技能基础有限。

① LEMA R, BHAMIDIPATI P L, CRECERSEN C, et al. China's investments in renewable energy in Africa: Creating co-benefits or just cashing-in？ [J]. World Development, 2021, 141: 11.

	阿达玛风力项目	布伊大坝水力项目	加里萨太阳能光伏项目
投资项目的性质和组织	"交钥匙"工程，由中国水电完全负责项目设计、协调和管理供应链，以及运维方面的前期规范培训。	"交钥匙"工程总承包合同，由中国水利负责其建设和运营。该项目很复杂，有60家公司参与，其中6家是主要负责者。计划中的能力建设主要与施工阶段的运营任务有关。在项目的运营阶段没有能力建设计划。	"交钥匙"模式由中国公司作为牵头工程总承包和主要分包商组成。捆绑式融资，则完全由中国的工程总承包、承包商、技术供应商和金融机构提供全套服务，但计划中的能力建设渠道相对有限。

然而，在这三个案例中，除布伊项目之外，其他项目的技术选择都未基于这种考虑或国家整体能源计划、政策。技术的选择在很大程度上受到相关中国领导机构的影响，它们有自己的技术偏好，并作出决定性的投资决策。在这种情况下，经济共同利益受到"捆绑式融资"主导模式的制约，从而显示出融资性质的深刻影响。具体而言，加里萨项目体现了中国江西省是如何支持本土企业江西国经使用"交钥匙"模式，并从中国进出口银行获得资金。阿达玛项目则体现出，作为项目的主要参与者和工程总承包商，埃塞俄比亚电力管理局和中国水电或中地海外是如何就合同和所有未决事项进行谈判的。同样，在布伊项目中，中国的技术供应商和工程总承包缔约方也跟随中国投资者签订了附带条件的融资协议。按照协议，投资者必须在中国生产设备，才有资格获得出口（资金）支持。一个非中国承包商（阿尔斯通公司）也获得了经济利益，因为其在项目中使用的设备是在中国生产的。此外，这个项目的合同安排采用工程总承包合同。一方面，这有利于加纳方，因为工程总承包合同可以规定中国水利为布伊电力管理局维护布伊大坝提供必要的技能；另一方面，工程总承包合同更符合中国水利的利益，会产生更大的投资收益。一旦第一份合同完成，它可能会产生更多的合同，如项目维护合同等。

（2）当地体制和经济条件

当地条件极大地影响了项目的性质和相关的共同利益，包括地方部署模式、产业政策、国内供应基地和当地能力。然而需要注意的是，当涉及东道国经济可再生能源部署的政策模式时，项目是在薄弱的制度体系下，甚至是"制度空白"

的背景下谈判的。这意味着，项目是"临时"谈判达成的，即使有东道国的电价政策，最终也没有用到（如加里萨项目），或项目最初有关于当地成分的意图，但最终无法实现（如布伊项目）。

政策是一个关键要素，于"自然发生的共同利益"和"人工诱发的共同利益"之间产生差异。大多数被确认的共同利益属于前者（如布伊水力项目中采购当地水泥），但后者也在一些项目中体现，如阿达玛项目中的技术学习。因此，这三个项目证明了东道国政策制度对最大化中国投资项目发展利益的作用。于此，东道国政府不受外国行为主体影响的自主性很重要。① 而对上述项目的研究表明，虽然东道国政府可以通过合同谈判来影响共同利益，但自身薄弱的协商能力可能会限制合同谈判中确保当地优先发展事项的范围。②

产业政策方法也影响着有关共同利益。更谨慎的和战略性的参与形式意味着当地实现能力建设的可能性更大。这方面最好的例子是阿达玛风力项目，在签约阶段明确关注技术、学习和供应链发展。与之相反，加里萨项目是在自由放任的制度下实施的，这意味着供应链中当地的工作机会和供应商有限，而且几乎没有与当地高校或研究机构合作。在这种情况下，该项目充满了遗憾。农村电气本可以专门利用这个机会来关注和提高当地技术能力，与当地知识系统协同运作以发展能力，并加强与当地产业的联系。当地积极实施政策和运用现有能力是十分关键的，无论现有谈判能力强或弱。值得一提的是，肯尼亚后来采取了更加积极的政策方法，并将当地成分的内容规定在新通过的能源法案中。③

此外，这三个项目强调了国内供应基地实力的重要性。在所有项目中，当地人员往往缺乏设计绿色能源基础设施和完成高级任务的技能，这反映出提升工程能力的广泛需求。在当地公司具有相关资质的情况下，当地和外国公司之间能力的差异十分明显，在许多情况下，当地缺乏满足要求的供应基地。共同

---

① GU J, ZHANG C, VAZ A, et al. Chinese State capitalism? Rethinking the role of the state and business in Chinese development Cooperation in Africa［J］. World Development, 2016, 81：24-34.

② 在当地，我们没有发现在合同谈判、技术选择和项目规划阶段的重要证据，但有一些迹象表明，当地社区在项目的后期阶段发挥了作用（例如在选址和项目实施方面）。

③ KINGIRI A, OKEMWA J. Capability development and local content issues in renewable electrification in Kenya：policy process and stakeholder perspectives［M］. London：Routledge, 2021.

利益在很大程度上取决于从事绿色技术制造的当地公司的能力。① 如表4所示，大多数核心技术和部件的制造不在东道国当地进行。然而事实上，东道国当地能够满足许多制造和服务工作的条件。

投资决策应当关注到项目和技术选择，首先考虑容易"就地取材"的项目活动（如太阳能电池板架或风力涡轮机基础等外围部件），其次是那些有能力发展的项目活动，即现实能力的提升可以促进本地化供应（如组装太阳能电池板）。然而，这三个项目都表明，当地人员参与项目管理在内的核心工作，在战略上是十分重要的，因为它能为供应链的决策与发展创造更大的空间。因此，在项目谈判的启动阶段，围绕融资的谈判是很关键的，因为其可能会明确项目执行阶段的角色和责任。它涉及技术和技术供应商的选择、当地人员的作用，以及其他对创造共同利益有直接影响的条件。

（3）投资项目的性质和组织

学者们的研究表明，项目性质和组织对创造经济共同利益有重要影响。在合同安排方面，"捆绑式"融资成为中国工程总承包合同下"捆绑式"项目的重要驱动力。在阿达玛项目中，项目显然是由项目开发商、融资方和工程总承包缔约方的条款设计和影响的。技术方面是预先确定的，而供应商和技术设备的选择反映出对中国的倾向性。设备的进口给予了进一步的优惠条件，即免除了关税和其他某些税收。但为确保当地成分，埃塞俄比亚政府方面就其高校和国有航运公司的加入进行谈判。同样，在布伊项目中，由中国水利负责建设和运营的"交钥匙"工程总承包合同对项目的组织产生了影响。大约有60个相关主体参与了布伊大坝项目，中国水利负责供应链组织和项目实施。此外，加里萨项目也提供了全套工程总承包合同。进口设备（包括与项目无直接关系的设备）也拥有优惠条件——免除了关税和其他某些税收。该项目很大程度上是从中国"空降"而来一揽子计划执行的，限制了东道国国家及其代表者的权力和影响力。

融资因素也同样重要，因为它将有关协商能力转移到投资者和承包商联合体上。因此，共同利益在很大程度上取决于参与关键决策的项目开发商。然而，在项目谈判中可能存在一些能力建设空间。在加里萨项目中，该项目提供了自然发生的、边做边学的机会以发展技能，并使肯尼亚的许多参与人员熟悉公用

---

① LEMA R, IIZUKA M, WALZ R. Introduction to low-carbon innovation and development: Insights and future challenges for research. Innovation and Development, 2015, 5 (2): 173-187.

事业中光伏项目的设计和运作。其中受益者涵盖了农村电气工作人员、肯尼亚电力公司、从事中等技术型工作的肯尼亚工人，以及为运维而雇用的五名肯尼亚工程师。工程师直接受益于相关技能的培训（包括技术、电气和安全相关技能）。技能较低的肯尼亚工人获得了临时工作和收入，也执行了大多数建筑项目中常见的各类任务。值得一提的是，马克内斯咨询公司的参与也是重要的一步，因为它为当地能力和经验从一个项目转移到下一个项目创造了一个"承载容器"。然而，该项目整体为中国承包商负责的"交钥匙"模式，项目交付具有集中性，并且较少涉及当地能力建设，因此经济共同利益的范围仍然受到限制。

埃塞俄比亚政府采用了类似的战略，但具有进步性。政府为增加技术传递，推动高校成为业主的顾问。知识和技术传递要求决定了阿达玛项目的独特组织安排。在这种情况下，政府安排高校作为重要的参与者，表明了其发展产业与发挥高校作用的意图。它强调了高校在创新体系中的角色——作为知识转移的接收者和传播者，以及在其中能发挥的作用。在这个体系中，非企业主体在能力积累与建设方面非常重要。然而实践中，知识和技术转让的质量具有局限性，正如阿达玛项目各方都提到了合作安排中"交钥匙"项目模式带来的挑战。

四、总结与思考

在大量原始数据和文献研究的基础之上，学者们得出了三点结论：① 第一，通过对创造就业、当地成分和技术学习三个方面的评估，项目的经济共同利益总体上十分有限；第二，政策和战略应该有意地利用项目过程中的机会，只有大量参与到项目交付过程中的高附加值和知识密集型阶段，才会产生较大的共同利益；第三，可再生能源项目不应被孤立看待，项目执行能力的取得和提升在其他领域也是至关重要的，例如道路、港口、配电系统等。可以看出，在对外投资的过程中，鉴于当地能力、政策、投资效益等，经济共同利益是标准较高且难以平衡的问题，需要各方作出让步和努力。东道国应当注重提升能力、发挥优势，而投资者及其母国应当平衡利益、推动合作共赢。

在研究《中国在非洲可再生能源的投资，共赢还是谋利？》一文后，笔者认为，该文虽然是探索性研究，却能使人获得不仅限于探索性问题的答案，从而激发更多相关领域的思考，不仅是在可再生能源领域，而且在经济与金融、国

---

① LEMA R, BHAMIDIPATI P L, GREGERSEN C, et al. China's investments in renewable energy in Africa: Creating co-benefits or just cashing-in?　[J]. World Development, 2021, 141: 13-14.

际关系、法律、基础设施领域，等等。

经济共同利益的研究是颇有意义的，无论是对东道国还是对投资者及其母国。从东道国角度看，经济共同利益背后的逻辑是明显的——在大多数情况下，投资东道国出于发展的需要和自身能力的欠缺，需要吸引外资对相关领域进行投资，从而促进某些领域的发展和完善。投资东道国往往是实力欠缺国家，而投资者及其母国是一定领域的佼佼者，这天然使得投资东道国处于一种"弱势"地位。这种地位是因能力差距而产生的，随之影响到在投资合作关系中的各种方面，如资本和技术的性质及流动、当地制度和经济套件、投资项目的性质和组织等等。如果东道国迫切地希望某项投资，那么接受投资者及其母国"格式条款"式的合同及安排将极为可能，因为东道国自身无法单独（或无法较好）完成所渴望的领域建设和发展。与此同时，东道国也努力地行使谈判权，希望能在给予投资者及其母国好处的同时，也能在自身就业、当地成分（供应链和当地主体参与）、技术学习方面得到一些利益，从而促进自己在相关领域变得独立，于未来的发展中不再具有依赖性。

从投资者及其母国的角度看，经济共同利益的逻辑是，投资于东道国具有实现较大经济利益和其他附加利益的条件，包括低成本的劳动力、优惠的税收、廉价的材料和部件、发展双边或多边关系等，因此投资者及其母国投资选址该国。而由于国际投资或跨国投资的复杂性，在大多数情况下，具有优势地位的投资者及其母国需要考虑东道国当地某种程度利益的实现，并承担一定的社会责任和义务。这本质上基于当下投资东道国提供的各种利益，也基于未来国际关系的稳固和发展。因此，在不同国家之间，经济共同利益的本质仍然是双向利益，而不是单方面获益，合作的背后仍然存在相应的对价。为了保障经济共同利益的实现，合同（或其他材料）的明确规定是十分重要的，以此作为投资实践中利益实现的凭据。

经济共同利益的未来发展，将极大可能从合同安排转化为条约规定。对经济共同利益的提倡与追求，也将促使我国和其他国家一起，为新型国际关系的形成、世界的和平与发展以及人类命运共同体的建立添砖加瓦。

关于《探索非洲东道国加强外国直接投资的规定》的评述

韩汀汀*

近年来，随着"走出去"战略的推行，中国对外直接投资（ODI，Oversea Direct Investment）不断增长。根据联合国贸易和发展会议（UNCTAD）《2021世界投资报告》，2020年，中国对外直接投资（ODI）流量为1537.1亿美元，同比增长12.3%，位列全球国家（地区）排名第一位，占全球当年流量的20.2%。② 得益于"一带一路"倡议的发展和中非合作论坛机制的创建，中国对非洲的投资也进入快速发展阶段。由于中国的人口老龄化加剧，劳动力成本开始提高，对很多企业来说，国内市场竞争逐渐加剧，加上"走出去"战略的推动，中国的企业开始转向非洲寻求市场和资源。2013年，非洲来自中国的外国直接投资（FDI，Foreign Direct Investment）流量已经超过美国，中国成为非洲大陆最大的直接投资者。③

在2020年中国对外直接投资（ODI）流量中，流向非洲的投资仅42.3亿美元，占总流量的不到3%，④ 因此非洲东道国有进一步激发中国对外直接投资（ODI）的空间。同时，非洲国家对环境和人权的保护日趋严格，已经有多个非洲国家将环境权作为公民基本权利写进宪法。企业在"走出去"时都会考虑东道国的法律环境和管制的变动风险，为了保护人权和环境而加强管制，必然会影响投资企业的利益，降低中国企业海外投资的吸引力。东道国政府既是外国

* 韩汀汀，华东政法大学国际法研究生。

② 联合国贸易和发展会议．2013年世界投资报告［R］．联合国贸易和发展组织官网，2013-06-26．

③ 联合国贸易和发展会议．2013年世界投资报告［R］．联合国贸易和发展组织官网，2013-06-26．

④ 中华人民共和国商务部、国家统计局、国家外汇管理局．2020年度中国对外直接投资统计公报［R］．中华人民共和国商务部官网，2021-09-29．

直接投资（FDI）的管制者，又是吸收投资的受益者，很难在不影响外国直接投资者利益的前提下，加强对外来投资的管制，以保护本国的环境与人权。

想要在吸引外国直接投资（FDI）和加强管制之间达到平衡，就要充分了解投资者的投资动机，即投资者被什么吸引而来？尽量保证在不动投资者的"奶酪"的同时加强管制。传统的国际投资理论认为，外国直接投资（FDI）的动机主要有四种：市场寻求、自然资源寻求、效率寻求、战略资产寻求。① 国内目前已有关于非洲吸引投资者的因素的研究。安东尼蒙西认为，非洲各国国内生产总值、经济增长率、对外贸易、财政支出、基础设施、自然资源、制造业等因素，对于吸引中国投资具有正向影响作用；政治制度则具有负面影响。② 闫世玲、慕绣如等学者则认识到了特定企业对不同因素的认知不同，认为企业多元化投资动机导致中国企业对非洲反腐力度的依赖产生差异性，市场寻求型对外直接投资（OFDI，Outward Foreign Direct Investment，同 ODI）偏好反腐力度较强的国家，资源寻求型对外直接投资（OFDI）偏好反腐力度较差的国家③；中国对非洲的投资在投资选择阶段和规模性投资阶段表现出不同的投资动机，资源寻求只是其中之一。④

德国学者桑内·范德卢格特的论文 Exploring African Host Countries' Agency to Strengthen Local FDI Regulations：The Case of Chinese Investments in the Infrastructure Sector of the DRC（《探索非洲东道国加强外国直接投资的规定——以中国在刚果民主共和国投资基建部门为例》）于 2016 年发表在《康奈尔国际法杂志》（Cornell International Law Journal）第 49 卷，以个案分析为研究方法，搭建包含推、拉、干预和企业特定因素的综合框架，全面介绍了中铁七局对外直接投资（ODI）背后的动机。桑内·范德卢格特是莱顿亚洲研究中心（Leiden Asia Centre）的研究员，专注于研究国际关系和文化人类领域，近年的论文集中于"一带一路"倡议、中非关系等问题，如中国在全球的崛起对欧洲的影响、中国在非洲的经济活动。她偏向通过人种志研究来理解看待问题的不同视角，该文通过个人和公司的视角来评估推、拉因素，在一定程度上也体现了这种研究

---

① 慕绣如，李荣林，孟寒. 中国对非洲直接投资动机分析——兼论东道国制度因素的影响[J]. 经济经纬，2016，33（06）：66-71.

② 安东尼. 中国对非洲直接投资影响因素研究 [D]. 大连：大连海事大学，2020.

③ 闫世玲，袁其刚，郜晨. 东道国反腐力度对中国 OFDI 的影响——以非洲 35 个国家为例[J]. 重庆交通大学学报（社会科学版），2022，22（01）：66-74.

④ 慕绣如，李荣林，孟寒. 中国对非洲直接投资动机分析——兼论东道国制度因素的影响[J]. 经济经纬，2016，33（06）：66-71.

方式。

随着中国推出"走出去"战略，大量公司开始进行海外投资。十几年来，中国的对外直接投资（ODI）开始激增，对非洲大陆的投资也开始大规模增长。此前，非洲一直是欧美的地盘，因此中国在非洲的崛起引起了西方学者的注意。作为东道国政府，如果要加强对当地工人的人权和环境的保护，必然要加强对外国直接投资（FDI）的管制。那么东道国政府如何在加强管制的同时，不影响外国直接投资（FDI）的积极性，进一步吸引外国直接投资（FDI）？该文认为，方法之一是通过知悉外国直接投资（FDI）的动机，来确定加强哪些方面的管制不会失去投资者或潜在的投资者。

目前的国际商务理论以英美作为母国来研究投资者的动机，而英美国情和中国差异很大，因而不能充分地解释中国投资者的动机。该文认为，在外国投资者的决策过程中，母国的推动因素、东道国的拉动因素、企业特定的因素和干预性因素互相影响，共同作用，因此，需要建立一个全面的综合框架，来探究影响外国直接投资（FDI）的因素。

该文选择中铁七局作为对象进行个案研究，并且进行实地调研，从个人、企业、国家和超国家四个层次，确认影响其在刚果民主共和国投资动机的因素范围及其相互关系。

就个人因素而言，由于中铁七局是国企，其高层管理人员和中央政府密切相关，他们的表现会影响到职位的升迁，因此他们的动机无疑会影响投资过程中对其他因素的评估方式。在公司层面，该文分析了中铁七局特定的优缺点，并认为企业特定因素相当于透镜，中铁七局的决策者正是通过这个透镜，来分析其他因素及其相互关系。由于中铁七局与中央政府关系密切，所以它能够相对容易地获得进出口银行的贷款，并且基于之前进行大型基础设施建设项目的经验，中铁七局在海外运营方面有很大优势。就国家层面的因素而言，该文讨论了来自母国的推动因素和东道国的拉动因素，即母国和东道国促进或阻止投资者对外投资的因素，如母国的宏观经济因素和制度因素，东道国的市场规模、自然资源、投资风险等。经过分析，由于国内市场竞争大、劳动力成本高等因素，中铁七局在母国投资有很多负面因素；而在刚果民主共和国，由于市场需求大、华刚矿业协定、市场竞争小等促进因素，在刚果民主共和国的投资更积极。最后在国家和超国家层面的干预因素，比如不同国家之间的文化差异、地理距离、其他起重要作用的国际组织对此类投资的态度等，这些也会阻碍或者促进外国直接投资（FDI），但总体对在刚果民主共和国的投资中起到了负面作用。

基于以上分析，讨论得出中铁七局的公司特定因素，如和中央政府关系密切、有国外运作经验等，影响对其他因素的评估视角。刚果民主共和国对于中铁七局而言，既有机遇又有挑战。推拉因素、干预因素和公司特定因素之间相互影响，同时加强了拉动因素的作用。

通过对中铁七局的个案分析，该文得出以下结论：非洲领导人可以实现通过放松管制吸引外国直接投资（FDI）与通过严格的法律法规管理外国直接投资（FDI）之间的平衡，根据对潜在的外国投资者在本国投资的动机进行研究，进而得出东道国政府加强对外国直接投资（FDI）管制的潜力。在研究的过程中采取整体的方法，建立起全面的框架，分析母国、东道国、公司特定因素和干预因素是如何复杂地作用于投资动机的。

该文的研究贡献主要在于：国内目前的研究没有充分揭示中国对外直接投资（ODI）背后的动机，而是过于关注东道国（拉动因素）和企业特定因素，往往集中于对来自东道国的一个或几个因素进行研究，如正式制度距离，或者采用普遍研究的形式，对一国之内的多家企业的投资进行数据分析。目前被广泛使用的外国学者邓宁的 OLI 框架也忽略了母国相关因素。该文则正视了推、拉、干预和企业特定因素均对企业海外投资决策起到作用，并且认识到四个因素之间关系复杂，相互作用。该文还以中铁七局为例，以移民研究框架为基础，建立起包含各种因素的综合框架，研究特定公司的投资动机，其全面的框架为之后的研究提供了范例。

关于《了解拉美基础设施项目重新谈判的模式》的评述

马世翔*

世界各地越来越多地运用公私合作方式来建设基础设施与提供公共服务，这一情况引起了相关主体的担忧。公私合作的缺陷之一是重新谈判的异常频率问题，尤以合同最初几年最为严重。拉丁美洲的经验中对重新谈判的研究相关度最高，因此在拉丁美洲的语境下，可以借鉴巴西在州一级（地区）上公私合作与重新谈判的经验。从 2006 年到 2016 年，巴西在多个部门开发了 42 个公私合作项目，其中 27 个项目至少重新谈判过一次——合同开始实施以来，自第一次重新谈判后，在短时间内发生了大量类似事件。重新谈判的动机主要来自公共部门，尤其是在规划、概念和投标失败方面，同时，处于选举期间以及股东的政治关系也会对重新谈判产生影响。

发展中国家越来越多地将公私合作（public-private partnerships，PPPs）作为采购工具，用于填补基础设施交付缺口和公共融资短缺，以满足投资需求。即使在美国、英国和澳大利亚等发达经济体，政府也使用公私合作来利用私人资本并升级维护其基础设施资产。巴西学者迪马斯·德·卡斯特罗和席尔瓦·内托以及葡萄牙学者卡洛斯·奥利维拉·克鲁兹和若阿金·米兰达·萨门托合著的《了解拉美基础设施项目重新谈判的模式》（*Understanding the Patterns of PPP Renegotiations for Infrastructure Projects in Latin America：The Case of Brazil*）于 2017 年发表于《网络产业的竞争与监管》（*Competition and Regulation in Network Industries*）第 18 卷，该文作者以巴西的公私合作为例，从拉丁美洲的经验中研究重新谈判的动机和后果，并对该案例进行分析。巴西是拉丁美洲最大的经济体，一直雄心勃勃地在制订一项公私合作计划。该文作者审查了 27 个项目，共 84 次重新谈判活动，涉及以下领域：交通、环境、体育、健康、安全和住房。

---

* 华东政法大学硕士研究生。

该文的研究旨在了解此类重新谈判的主要动机，并尝试了解与项目类型、股东性质、国家、公共部门或风险分配等相关的潜在模式。

尽管公私合作存在多种定义，但在该文中，该文作者采用了公私合作（无论是基于合同还是基于机构安排）的一般定义，其涉及建设、融资、管理和运营特定基础设施的部门——这些通常是在以下部门（除其他外）：运输、环境、健康、能源和安保。经济合作与发展组织将公私合作一般定义为：公私合作是指政府与一个或多个私人资本（可能包括运营商和融资商）之间的协议。根据该协议，私人资本方以保证其交付政府的目标与利润目标相一致的方式提供服务。这种私人资本与政府部门服务方式的一致性取决于政府是否将风险充分转移给私人资本。

文中提及有几个理由可以证明这种采购模式的吸引力，例如缓解财政压力，缩小基础设施差距，提高公共部门的效率，提供更多物有所值的效益，将风险转移给私营部门，允许公共部门专注于战略议题而非运营管理，并发挥其与单一对方签订单一合同的优势。其中两个提供了基本原则：（1）增强筹集私人资本为基础设施发展融资的能力，并解决政府难以满足融资需求的问题。（2）利用私营部门更高水平的专有技术、专业知识和管理能力，实现潜在效率收益。[1]这一将传统的核心政府职能转移到私营部门的趋势，可以在公共行政新方法的框架内进行[2]，特别是在以经济为基础的公共服务领域。尽管如此，采用公私合作也遭到了广泛批评。在众多问题[3]当中（缺乏价值、可负担性、问责制和公共资源使用效率等），一个经常在文献中被提到的大问题[4]是公私合作与重新谈判。[5] 该文作者使用格莱斯的定义，即公私合作合同的重新谈判涉及对原始合同条款和条件的更改，而不仅仅是在合同中定义的机制下进行的调整。使用

---

① CRUZC O, SARMENTO J M. Reforming traditional ppp models to cope with the challenges of smart cities [J]. Competition and Regulation in Network Industries, 2017 (18)：94-114.

② BRYSONJM, CROSBY B C, BLOOMBERG L. Public value governance：Moving beyond traditional public administration and the new public management [J]. Public Administration Review, 2014, 74：445-456.

③ MIRANDA SARMENTO J M, RENNEBOOG L. Public-private partnerships：Risk allocation and value for money [M]. Tilburg：Finance Center for Economic Research, 2014.

④ GUASCHJ L, LAFFONTJ J, STRAUB S. Renegotiation of concession contracts in Latin America. Evidence from the water and transport sectors [J]. International Journal of Industrial Organization, 2008, 26：421-442.

⑤ CRUZC O, MARQUES R C. Exogenous determinants for renegotiating public infrastructure concessions：Evidence from Portugal [J]. Journal of Construction Engineering and Management, 2013, 139：1082-1090.

最广泛的是合同公私合作模式，其中伙伴关系是通过协议构建的，仅论及主要要素，该协议确定了报酬水平、服务水平和质量，以及双方的权利义务。该协议在收入和成本预测以及投资水平方面得到若干假设的支持，从而为投资者提供了可预估的回报。重新谈判发生在可能影响该回报水平的某些变化或新情况出现时，或者当政府决定改变项目特征，或其无法履行其义务，或预期需求/消费低于预定水平，或市场条件发生变化等。① 文献为拉丁美洲这些重新谈判的动机和结果提供了一些证据支撑——分别来自智利②、葡萄牙③、法国④和德国⑤。研究结果表明，巴西在重新谈判公私合作方面的经验与文献中的拉丁美洲经验相似。有一些证据（尽管证据不足）表明选举周期可能会影响重新谈判。此外，重新谈判的可能性受到需求风险分配情况的影响。当其分配给私营部门时，则增加了重新谈判事件的概率。此外，左翼政党执政倾向增加了重新谈判的可能性。该文作者关于公私合作重新谈判的理论主要使用拉丁美洲的经验作为数据来源，通过研究巴西的经验来补充之前其所做的工作。此外，拉丁美洲的经验主要集中在20世纪80年代和20世纪90年代授予的特许经营权上。该文针对公私合作（而非特许权）和近期的合同。如果文献中描述的先前特许权重新谈判的经验被用于改进法律、制度与合同框架，那么由过去十年签署的合同组成的样本可以作为参照的证据。而证据表明，文献中描述的重新谈判的主要

① ESTACHE A, GUASCH J L, TRUJILLO L. Price caps, efficiency payoffs and infrastructure contract renegotiation in Latin America Washington, DC: The World Bank, 2003.

② ENGEL E, FISCHER R, GALETOVIC A. Soft budgets and renegotiations in public-private partnerships [R]. Washington, DC: National Bureau of Economic Research, 2009.

③ CRUZ C O, MARQUES R C. Endogenous determinants for renegotiating concessions: Evidence from local infrastructure [J]. Local Government Studies, 2013 (39): 352-374; SARMENTO J M, RENNEBOOG L. Renegotiating public-private partnerships [J]. JOURNAL OF MULTINATIONAL FINANCIAL MANAGEMENT, 2021, 59: 100661.

④ ATHIAS L, SAUSSIER S. Are public private partnerships that rigid? And why? Evidence from price provisions in French toll road concession contracts [J]. Transportation Research Part A: Policy and Practice, 111, 174-186. Chong, E., Huet, F., &Saussier, S. (2006). Auctions, expost competition and prices: The efficiency of public-private partnerships. Annals of Public and Cooperative Economics, 77, 521-554. Squeren, Z. Le, &Moore, J. (2015). The political cycle of public-private contract renegotiations: Evidence from the French car park sector. In 19th Annual Conference of The International Society for New Institutional Economics - ISNIE 2015 (pp. 1-43).

⑤ LOHMANN C. ROTZEL P G. Opportunistic behavior in renegotiations between public-private partnerships and government institutions: Data on public-private partnerships of the German armed forces [J]. International Public Management Journal, 2014, 17: 387-410.

触发因素，仍然是大多数重新谈判事件的原因，且巴西的公私合作重新谈判经验未曾被分析过。

该文总体而言与学者和从业者相关，因为其涵盖了多个网络行业（道路、水和废水）以及非网络行业（监狱、健康和体育）；此外，还结合运用了经济和政策分析方法。该文主要结构安排如下：第一部分简要介绍了有关公私合作和重新谈判的文献；第二部分介绍了相关方法和数据；第三部分得出结果并进行讨论，其中介绍政策影响的内含，而最后是文章的结论。

一、关于公私合作与重新谈判的文献综述

有关公私合作重新谈判的研究显著增加——不仅全球范围内现有公私合作项目的数量在不断增长，而且现有合同执行情况的数据也越来越多。目前对公私合作重新谈判的研究主要集中在拉丁美洲与欧洲的经验。该文回顾了公私合作语境下重新谈判的理论基础，在此之后介绍拉丁美洲公私合作的具体背景。

重新谈判本质上源自合同的不完整性。① 合同理论支持这样一种观点——没有合同可以被视为是完整的。一份完整的合同可以应对任何可能发生的意外事件，或者不可预见的事件被认为是不可能发生的，至少其具有令人望而却步的交易成本。这就导致了重新谈判事件发生的可能性，并进一步改变合同的范围或定义。这种内在的可能性（项目本身的可能性，如投资规模、市场变化、技术、用户偏好等）② 被认为受到外生决定因素的影响，而外生决定因素即为合同成立的背景因素（如政治、社会、经济、文化、监管等）。

借用实际经验数据对重新谈判领域进行应用研究始于 2003 年③，初始文件分析了近 1000 个特许权项目。在该文中，作者发现监管框架（无论是否存在行业监管机构）与政治周期是可能直接影响重新谈判的因素。后来这项研究由伊斯塔、格莱斯和特鲁西略等人扩展。这项研究的主要目的在于了解重新谈判的主要决定因素。该文作者旨在确定对某一特定特许权重新谈判的最大影响变量。这些文章借鉴并引用过去拉丁美洲的数据来调查和处理未公之于

① HART O, MOORE J. Incomplete contracts and renegotiation [J]. Econometrica, 1988, 56: 755-785; HART O, MOORE J. Foundations of incomplete contracts [J]. The Review of Eco- nomic Studies, 1999, 66: 115-138.
② SUMKOSKI G. Are institutions conducive to better regulatory environment in infrastructure? Empirical study of Bangladesh and comparison with OECD Countries [J]. Competition and Regulation in Network Industries, 2016, 17: 55 -77.
③ GUASCHJL, STRAUB S, LAFFONT J J. Renegotiation of concession contracts in Latin America [J]. Washington, DC: The World Bank, 2003.

众的重新谈判议题：效率与回报、政府主导的重新谈判、重新谈判的决定因素、腐败等。

这种经验与知识体系得出的结论相当一致。首先，强有力的证据表明，大多数公私合作合同倾向于重新谈判。其次，这些重新谈判通常发生在合同的头几年，通常仍然在实施阶段。最后，这些重新谈判的主要动机与政府行动有关，要么是对项目进行明确的政策改变，要么是为了弥补初步规划的不足。然而，大多数文献也将对收入预期过度乐观作为重新谈判的相关动机——这可能是因为政府对最初的预测过于乐观①，或因为私营部门战略性地高估了受益于合同的需求。② 这种现象在文献中被称为"胜利者的诅咒"③。

除这种基于实证的研究外，该文中的其他研究也遵循了理论研究的方法，开发了评估合同关系中各方行为的概念模型。事实上，格莱斯等人在 2006 年创建了一个理论模型，其得出的预测结果与格莱斯等人在 2003 年发现的经验结果一致。霍斯使用了基于博弈论的模型，通过重新谈判来调查政府何时与如何拯救陷入困境的项目，以及政府的救援对公私合作管理与采购的影响。④ 安可、费舍和加列托维奇使用智利的案例研究提出了一个模型，为重新谈判提供了政治经济学解释，其认为这些模型被现任者用来预测基础设施支出，增加了他们赢得即将到来的选举的可能性。⑤

综上所述，可以理解为什么大多数研究将重新谈判视为一个问题而非一个机会。正如布鲁克斯所述，使合同适用于新情况的能力被视为改善双方履行合

① ROUMBOUTSOS A, PANTELIAS A. Allocating revenue risk in transport infrastructure public private partnership projects：How it matters ［J］. Transport Reviews，2015，35：183-203.

② LIU J, GAO R, CHEAH C, et al. Evolutionary game of investors' opportunistic behaviour during the operational period in ppp projects ［J］. Construction Management and Economics，2017，35：137-153.

③ IOSSA E. Contract and procurement design for ppps in highways：The road ahead ［J］. Economia E Politica Industriale，2015，42：245-276.

④ HO S P. Model for financial renegotiation in public-private partnership projects and its policy implications：Game theoretic view ［J］. Journal of Construction Engineering and Management，2006，132：678-688.

⑤ ENGEL E, FISCHER R, GALETOVIC A. Renegotiation without holdup：Anticipating spending and infrastructure concessions（No. w12399）［M］. Washington，DC：National Bureau of Economic Research，2006.

同的机会。① 然而现实表明，政府和特许经营商都在投机取巧地利用重新谈判。②

二、方法和数据

在该文中，作者借鉴了巴西在公私合作及合同重新谈判方面的经验来研究拉丁美洲经验中重新谈判的动机和后果。在本次分析中，该文作者收集了 2006年至 2016 年间 42 个公私合作项目的数据（数据库于 2017 年开发）。这 42 个项目涵盖了在此期间在区域（州）一级开发的所有公私合作。从这 42 个项目中作者发现共有 27 个项目进行了重新谈判。这 27 个项目（涵盖交通、环境、健康等多个领域）均被收录于该文作者所收集整理的数据库中。

为构建数据库，该文作者首先收集了 2004 年以后启动的每个公私合作的原始合同（巴西新公私合作法下的公私合作）。之后，其收集了每份合同的附录。对于每份合同，其关注了自合同年度及 2016 年以来的一个时段。因此，在此期间发生的所有重新谈判均包含在作者的数据库。在每个附录中，都有关于重新谈判的动机和结果的信息。

数据库构建后，由此展开的分析包括每个州的公私合作合同数量与重新谈判事件，以及每个州的平均重新谈判数量、每个部门重新谈判的公私合作合同数量、总投资和持续时间。接下来，在分析政策影响时，考虑了以下因素：每年公私合作合同和重新谈判事件的数量，以及四个州最近选举中右翼政党执政州的数量。在此之后，该文作者依次比较了巴西公私合作合同中的国际与国内股东权益概况；最后介绍了以下内容：主要重新谈判的动机；引起变更或由对方触发的情况；公私合作的数量以及按部门重新谈判的主要动机；每个公私合作合同的重新谈判动机总数，以及经济金融再平衡的重新谈判的合同；每个州重新谈判的合同的百分比和平均数。

该文尽管在数据方面存在一些限制，但读者还是能够运用一些概率模型来评估重新谈判的可能性。在该文所展现的模型中，每年（因变量）都被标记为重新谈判或无重新谈判事件年。该文作者测试了以下自变量，分别为选举年和前一选举年（滞后），将其假设为 1 和 0；如果地方政府来自左翼，则政党假设

---

① DE BRUX J. The dark and bright sides of renegotiation: An application to transport concession contracts [J]. Utilities Policy, 2010, 18, 77-85.

② LUUJ, GAO R, CHEAH C Y J, et al. Incentive mechanism for inhibiting investors' opportunistic behavior in ppp projects. International Journal of Project Management, 2016, 34: 1102- 1111.

为 1，如果来自右翼，则假设为 0；假设如果主要股东来自国内则为 1，主要股东来自国外则为 0；如果需求风险分配给私营部门，则假设为 1，如果分配给公共部门，则假设为 0。该文作者在州（地区）、公私合作（公司）和年份固定的情况下研究了相应的效应。

三、结果和讨论

该文作者研究所得出的结果基于总共 42 个公私合作中重新谈判的 27 个公私合作项目，并按部门、地区（州）、年份、重新谈判动机、需求风险类型和股东类型、选举周期和政党等，分别进行讨论。

（一）每个部门的重新谈判

该文中所论及的重新谈判的 27 个公私合作项目来自 6 个部门，即交通（包括地铁、高速公路等）、环境（水和废水管理）、体育（主要是为 2014 年世界杯开发的足球场）、卫生（医院和诊疗中心）、安全（监狱）和住房（社会住房）。结果显示，重新谈判最多的 3 个部门是交通、环境和体育，分别占 58%、70% 和 100% 重新谈判的合同。在卫生、安全和住房部门，重新谈判的合同数量为 50%（项目总数分别为 8 个、4 个和 2 个）。体育部门项目包括 6 个足球场，这些体育场是在巴西世界杯的特定背景下发展起来的。尽管世界杯属于具体事件，但该文作者也将这些项目纳入了数据库，文献表明，大型项目的典型问题与较小项目的别无二致。① 最初项目中的一些延误和变更有助于解释为什么该部门的所有合同都需要重新谈判。该部门的结果与格莱斯和科鲁兹在 2013 年②以及米兰达、萨门托和伦内布格在 2017 年③发现的结果一致。

该文介绍了按部门分列的每种公私合作数据。重新谈判的 27 个公私合作项目共记录了 84 次重新谈判事件，平均每份合同有 3.1 个重新谈判（大多数重新谈判发生在合同的早期，即在合同签署后 2 年内），合同期间发生的重新谈判事件有的多达 8 次（项目 7 中里贝劳格兰德监狱）。安全部门展示了每份合同的最高平均重新谈判次数（"按持股类型重新谈判"），这主要是由于里贝劳格兰德

①　FLYVBJERG B. What you should know about megaprojects and why：An overview［J］. Project Management Journal，2014，45：6-19.

②　CRUZC O，MARQUES R C. Exogenous determinants for renegotiating public infrastructure concessions：Evidence from Portugal［J］. Journal of Construction Engineering and Management，2013，139：1082-1090.

③　SARMENTO J M，RENNEBOOG L. Renegotiating public-private partnerships［J］. JOURNAL OF MULTINATIONAL FINANCIAL MANAGEMENT，2021，59：100661.

监狱的项目。这种情况下的重新谈判可以用几个因素来解释：公私合作合同于
2009 年 6 月签署，然而建设与融资直到 2011 年 2 月才结束，动机是政府要求改
变资金空缺数量，导致其补充分期付款。此外，第一次、第四次和第六次重新
谈判事件是由于米纳斯吉拉斯州地区政府的行政延误。特许公司要求进行的这
些重新谈判导致交货期限的延长和施工时间表的更新。第五次和第八次重新谈
判事件的动机是需要对合同进行更改，例如更新绩效衡量体系与合同支付机制。
在第七次重新谈判事件中，纳入了新的服务条款，这导致项目设计的改变，但
并未导致经济和金融的再平衡。

（二）按地区（州）重新谈判

重新谈判的这 27 个公私合作项目位于 13 个州（地区）。公私合作最多的集
中在 4 个州：巴伊亚州、萨布保罗州、米纳斯吉拉斯州和伯南布哥州。不出所
料，这些州中重新谈判的合同数量最多，分别有 6 份、5 份和 4 份合同被重新谈
判。这些类似的情况包括塞阿拉州在内，几乎占据签订公私合作数量的 3/4。而
以上这 4 个州在重新谈判活动的数量上也处于领先地位。但是，这一情况在巴
伊亚州、米纳斯吉拉斯州、伯南布哥州和萨布保罗州发生改变，它们分别发生
了 23、20、12 和 10 次重新谈判事件。

除戈亚斯州外，其他各州至少有一次重新谈判活动，由联邦区领导这一小
组，开展了五次重新谈判活动。巴伊亚州、伯南布哥州、里约热内卢州和北里
奥格兰德进行的公私合作有 100% 的合同进行了重新谈判。圣保罗州、米纳斯吉
拉斯州、圣埃斯皮里图州和阿拉戈斯州重新谈判了半数合同。而亚马孙州、赛
阿拉州和联邦区只有一份合同进行了重新谈判。

在巴西的 27 个州中，有 13 个签订了公私合作协议，12 个重新谈判了公私
合作协议。这意味着除戈亚斯州外，巴西其他州至少对一个已签订的公私合作
项目进行了重新谈判。将重新谈判的公私合作数量与重新谈判事件的数量进行
统计，各州中米纳斯吉拉斯州、联邦区、亚马孙、巴伊亚州和伯南布哥州的重
新谈判平均数量最高。其他五个州（塞阿拉州、圣埃斯皮里图、巴拉那、北里
奥格兰德和圣保罗）的每个公私合作项目有两次重新谈判事件，而阿拉戈斯州
和里约热内卢州的每份公私合作合同只有一次重新谈判活动。米纳斯吉拉斯州
的重新谈判合同数量排名第三，重新谈判事件的平均数最高。然而，尽管亚马
孙和联邦区只有一份公私合作合同，但其重新谈判事件数量仍较多，分别位居
第二与第三。这些结果可能产生不同的解释：一方面，更有经验的公私合作单
位可以更早地确定合同中存在的问题，从而避免重新谈判；另一方面，从开始

便参与项目的公私合作单位具备更丰富的经验，可以帮助减少潜在的合同缺陷。

（三）按年份和动机重新谈判

该文中介绍，截至2014年，每年重新谈判事件的数量一直在增加——这个结果是符合预期的，这有两个原因：首先，运营中的公私合作数量正在增加，因此更多的项目易于重新谈判；其次，随着时间的推移，项目更有可能被重新谈判。截至2014年，大约60%的公私合作项目进行了重新谈判。2014年和2015年该数字分别增长了80%和90%，达到了去年（2016年）的子样本总数。

在该文中，作者将动机（即触发重新谈判事件的动机）视为重新谈判的一个关键因素。作者在文中展示了每个动机所对应的重新谈判次数，总结了12个动机（一次重新谈判可以有多个动机），并简要描述了每个动机所涉及的内容，列出了触发重新谈判的一方（公共和/或私营部门）重新谈判的主要动机。

经研究得出，首要动机是项目设计的变化——当政府因其改变了服务的数量和类型或最初签约的基础设施便要求强制改变初始项目设计时，就会发生这种情况。例如，在米内尔多体育场（米纳斯吉拉斯州）的公私合作中，最近两次重新谈判是出于相同的动机（项目设计的改变），但原因相反。在其中一次重新谈判中，政府决定为特许人创造新的义务——与2013年世界杯安装的临时结构有关；而在另一次重新谈判中，双方同意减少合同客体，重新定义领土和特许权的范围。

第二个动机类似，并被命名为"项目特征的变化"。在这种情况下，服务的类型或数量没有增减，而是可能对成本产生影响的因素——项目的技术或技术要求发生了改变。举例而言，在曼索河生产者系统工程（圣保罗）的公私合作中，特许公司为收集单元开发了一个项目，该项目允许引入操作技术并要求改进后的运营效率高于最初提议的项目的运营效率。

第三个最相关的动机也与项目的变化有关，涉及政府对增加服务与基础设施合同的数量的要求。工作类型与技术并未变化，只是增加了数量。前三个动机都与同一个总体问题有关：初始计划不佳。这也有助于解释为什么第一次重新谈判平均时间在前三年内——如此之短。事实上，在合同正式成立后，在进行详细的项目设计或施工时，有必要对项目进行调整。这也表明，政府改变关于服务量的最初假设以及其将提供的基础设施，这反映了两种可能：要么项目计划不周，要么政治决策者的变化，他们有着不同的观点、角度与目标，因而迫使项目与合同重新调整。

第四个动机是因"税收优惠"而重新谈判。政府要求对合同进行重新谈判，以便在合同中引入税收优惠条款，提高合同的经济效益。公共部门要求重新谈判，以便没有任何明显迹象地给私营部门带来好处，而对政府没有任何明显的好处，这多少有些奇怪。在这种情况下，这可能是一种避免私营部门因不明原因在重新谈判后仍提出要求的方法。通过引入税收优惠，政府为特许权所有人节约了成本，从而提高了其盈利能力并避免了未来的公共支出。

这里也存在若干动机，例如行政延误、对职权范围的行政审查、合同中断、征收延误，等等。值得注意的是，其中一些表明巴西政府当局控制不力。例如，虽然一些重新谈判包括典型的经济和金融再均衡，重新计算成本、收入和预期盈利能力，但其他谈判不涉及任何经济重新计算。有明显的证据表明，重新谈判存在结构缺陷。在动机已经明确的情况下，其目标可以得到明确说明，其产生的财务影响能够得到量化。

（四）基于需求风险的重新谈判

该文作者认为需求风险是公私合作项目中的核心风险，尽管该文作者倾向于认为公私合作项目中需求风险的分配非常复杂。① 在这些项目中，需求风险被分配给特许权所有人（例如高速公路通行费或水利项目中的用水收入），也可以被分配给公共部门。在后一种情况下，付款通常以"可用性"为基础。在这些情况下，公共部门就基础设施的可用性向特许权所有人支付报酬，但特许权所有人不受基础设施利用水平变化的影响。道路、医院或监狱都是通常使用这种薪酬模式的例子。在巴西公私合作项目内容中，需求风险的分配由政府在每个项目中确定，这也是招标过程的一部分。因此，私营部门在参与投标时，也是在接受需求风险的分配。

该文作者在这之后分析了重新谈判与需求风险之间的关系。需求风险分配给私营部门的项目，通常倾向于进行更多的重新谈判。如果需求低于预期，则特许权将陷入财务困境，特许权所有人将更愿意进行潜在的重新谈判。与公共部门承担风险的情况（每个合同平均重新谈判 3.09 次）相比，私营部门承担需求风险时的情况（每个合同平均重新谈判 3.16 次）似乎没有显著差异。在该文作者提供的样本中，公共部门存在需求风险的项目数量（21）比私营部门存在需求风险的项目数量（6）多。似乎有一种看法，私营部门可能不愿意承担需求风险。私营部门在以下情况下愿意承担需求风险——在公共政策方面存在成熟的市场与相对稳定的水平，以便其能够有稳健的需求预测。

① MEDA F. A game theory approach for the allocation of risks in transport public private partnerships [J]. International Journal of Project Management, 2007, 25: 213-218.

（五）按股东类型重新谈判

公私合作股东（国内或国外）及其政治关系可能会导致重新谈判。洪氏和科斯普林茨基介绍了"红与蓝"美国公司的案例。这是一家与民主党或共和党有联系的公司。[①] 米兰达·萨门托和伦纳布格认为，外国公司本可以进行更多的重新谈判，原因是外国公司并不像国内公司那样，关心国内市场和声誉风险。依据该文作者所收集的国内与国际招标的公私合作数据，在分析的 27 个公私合作中，15 个由内资控股，12 个由外资控股。总共 84 起重新谈判事件中，内资控股的公私合作项目的重新谈判数量达到 51 起，外资控股的公私合作项目重新谈判事件占 30 项。这意味着内资控股的公私合作重新谈判普遍存在，且每个公私合作平均发生 3.4 次重新谈判事件，相比之下，外资控股的公私合作平均发生 2.5 次重新谈判事件。对于奥德布雷希特——与政府关系最好的巴西公司来说，这种情况尤其真实。其负责了 9 个公私合作（三分之一），但却进行了 84 次重新谈判事件中的近一半（34 次）。

（六）按选举周期和政党重新谈判

以前的结果表明（如重新谈判文献中所述），政治决策者对项目变更进行了重大干预。据此，该文作者分析了其中是否存在任何政治偏见。这意味着无论是临近选举还是在选举后（巴西在州一级的选举每四年举行一次），重新谈判次数都更多，这可以证明这些重新谈判更具政治驱动力，而不仅仅是出于技术驱动的激励，也可以证明州一级政府中的政党能否影响重新谈判。

依据该文作者的样本数据，选举年（2014 年除外）是签约项目数量最多的年份。这表明，公私合作的启动取决于选举周期。有证据表明，重新谈判往往发生在选举之前或选举期间，超过 50% 的重新谈判事件集中在这两年。仅 2009—2010 年选举期间就共举行了 15 次重新谈判活动，2013—2014 年选举期间共举行了 24 次重新谈判活动。数据表明，存在一种趋势——在选举年（或选举前一年）签订合同，或在政府的最后一年（或新政府的第一年）庆祝重新谈判合同。

关于重新谈判公私合作合同的州（地区）中政党的政治地位，该文作者表述存在三个政党：右派左派和其他政党（中间）。右翼政党是属于当选州长授权的巴西社会民主党（"巴西社会民主党"）或与其结盟的一些政党。左翼政党

---

① HONG H, KOSTOVETSKY L. Red and blue investing: Values and finance [J]. Journal of Finance Economics, 2012, 103: 1-19.

是各州州长授权的，包括劳工党（"工人党"），或与劳工党结盟的政党。最后，中央党是那些当选的州长授权的不属于工人党的其他政党。这一分类考虑到巴西总统的最近四次选举是由劳工党赢得的，劳工党是该国主要左翼政党。结果显示，从 2002 年到 2014 年，只有左翼政党的重新谈判数量增加，而中间党的重新谈判数量减少。2002 年，中间党共有 7 个州政府。2006 年，这一数字降至 5 个，2010 年降至 4 个，2014 年只有 1 个州政府。虽然右翼政府通常与私营部门有更紧密的联系，但这并未反映在数据中，因为似乎每个政党都像其他政党一样经常进行重新谈判。

综上而言，可以得出政治周期对重新谈判产生了影响。首先，紧缩的公共预算通常鼓励公共部门将大量投资义务转嫁到私营部门，政府有可能为其担保（这可能导致私营部门投机取巧，从事非法寻租活动）。选举可以导致政府在基础设施上投入更多资金。现任政府投资或重新谈判以保证连任，新当选的官员可能从政治意识形态角度进行重新谈判，以不同于过去的方式满足社会需求。

（七）计量经济分析

为了评估本研究的主要变量对重新谈判事件概率的影响，该文作者设计并运行了一个概率模型，可以确认左翼政党倾向于更频繁地重新谈判。此外，由于将需求风险分配给私营部门增加了不确定性，故而往往会增加重新谈判的可能性。此外，来自国内股东的政治联系往往会增加重新谈判的可能性。而选举周期对结果的影响并非决定性的。

（八）政策影响

证据表明，巴西公私合作也往往过于频繁及过早地进行重新谈判。事实上，过去 15 年在巴西推出的公私合作，大多都经过重新谈判，且通常不止一次。此外，大多数公私合作重新谈判发生在合同的头几年。这表明文献中关于公私合作重新谈判的主要担忧（重新谈判事件的异常频率和项目早期此类事件的发生）也应验于巴西的经验中。正如预期的那样，公私合作数量的增加以及合同的时间推移正在增加重新谈判事件的发生。

项目变更与行政程序延误也是公私合作重新谈判的主要原因。这些正在研究的公私合作项目也是如此，尤其是在世界杯等大型赛事的举办时。因此，巴西州一级的公共部门需要加强规划、招标和监测阶段等相关行政管理能力。提高规划能力的最佳方法是确保所有项目都由一个独立机构进行评价和监测，并保证评估的便利化。公私合作单位具有这种功能，但其似乎受到政治干预过多——它们在行政和财政上都依赖于民选官员。因此，拥有一个独立的技术机构来减少对项目评估的政治偏见，同时加强对重新谈判的监督是十分重要的。

公私合作的重新谈判是跨州的一个问题，它们有共同的弱点，例如缺乏上述提及的能力以及存在公私合作合同的体制框架漏洞等。每个州都需要执行和改进公私合作。然而，在技能和经验方面，各州之间也有更好的合作余地。各州还应审查巴西的公私合作体制框架，以解决州一级的潜在问题。由此表现出的缺陷可能反映了公共行政部门缺乏法律/技术能力与远见的问题，以及公共部门的信息不对称。区域一级的审计法院也可以发挥作用，这些实体通常在公私合作进程中发挥重要作用，从而提高问责机制的普及化，保持项目透明度，并提供更好的实践方案。此外，以公私合作单位为基础的公共部门应增加对每个项目信息数据的访问力度，以提高利用率。

财政环境是影响因素之一，巴西公共当局需要避免出于"预算外"的动机而运用公私合作，还需要避免与推迟支出有关的重新谈判动机。加强公私合作的财政规则可以避免未来的重新谈判。

选举周期对重新谈判事件的发生也有影响。此时还需要由一个独立权力机关主持重新谈判，或者至少由其进行评估，从而尽可能减少政治影响。

结论

该文介绍了巴西在州（地区）层面的公私合作和重新谈判的经验。与其他公私合作经验类似，巴西也存在异常数量的重新谈判事件，以及合同开始后短时间内发生的第一次重新谈判的问题。此外，随着公私合作项目数量的增加（以及每个合同的时间推移），重新谈判发生得更频繁，从而导致了问题的发生。拥有公私合作项目的所有州和部门似乎都受这种现象的影响。而发生这种情况的动机主要来自公共方面，例如项目规划和理念上的失败。选举期和股东的政治关系也都对重新谈判有重大影响。政党、国家股东以及将需求风险分配给私营部门都将导致重新谈判的可能性增加。作者在该文中得出了几个政策上的影响因素。

由于分析的时段很短，公私合作和重新谈判事件的样本很少，造成了该文无法提供更细致稳妥的计量经济学分析。巴西迫切需要重新谈判公私合作的未来工作，特别是在该国正在计划数百个新项目的情况下。如果拥有涵盖更长时期广泛的公私合作的更多数据，该文将提供更可靠的结果和更深入的结论。

《贸易协定和外国直接投资中的非贸易条款》评述

李想*   王粟**

摘　要：优惠贸易协定越来越多地涉及与经济和社会权利、环境保护以及公民和政治权利相关的各种非贸易条款。本文以马蒂亚·迪·乌巴尔多（Mattia Di Ubaldo）和迈克尔·加西奥雷克（Michael Gasiorek）所著的《贸易协定和外国直接投资中的非贸易条款》一文为中心，详细介绍了该文的实证分析方法和推演过程，在结构重力背景下探讨了非贸易条款中优惠贸易协定的法律化程度对双边绿地外国直接投资流动的影响，并发现三种类型的非贸易条款（经济和社会权利、环境保护、公民和政治权利条款）都对外国直接投资的流动产生负面影响。

关键词：外国直接投资；优惠贸易协定；非贸易条款；重力公式

一、理论阐述

随着贸易活动的发展，优惠贸易协定的内容趋于复杂，不仅用于关税和非关税的市场准入问题，还涉及处理投资、竞争、服务、技术、卫生标准和知识产权等跨境问题。近年来，这些协定还开始涉及与经济和社会权利、环境保护、公民和政治权利相关的"非贸易问题"。比如，欧盟在 1995 年开始将这些非贸易问题纳入其所有贸易协定。

优惠贸易协定和外国直接投资之间的关系也是复杂多样的。这些协定通常与缔约方之间的贸易增加有关，但它们对外国直接投资的影响可能取决于它们是相互补充还是相互替代的关系。水平外国直接投资，即企业在国外复制其国内活动，可能会受到优惠贸易协定的负面影响。垂直外国直接投资，由寻求从国外获得投入或在各国分离生产阶段的公司进行，反而更有可能是对贸易的补

---

* 李想，华东政法大学国际法学院 22 级硕士研究生。
** 王粟，华东政法大学国际法学院 21 级本科生。

充，因此有可能在应对优惠贸易协定时增加。此外，还可能有更复杂的外国直接投资战略，如出口平台型外国直接投资和以不同程度的"水平性"和"垂直性"为特征的"混合动机"。

马蒂亚·迪·乌巴尔多和迈克尔·加西奥雷克两位学者所著的《贸易协定和外国直接投资中的非贸易条款》① 一文，分析了非贸易条款对外国直接投资流动的影响。该文通过实证的方式探讨这些条款是否影响了这些协议各方之间的外国直接投资的流动。该文可以帮助我们理解非贸易条款对经济产生的影响。

这两位学者在本文中主要研究了优惠贸易协定中的非贸易问题对双边绿地②外国直接投资流动的影响，为关于优惠贸易协定的经济影响文献做出了极大贡献。他们利用 2003—2017 年间来自外国直接投资市场中大量国家的双边绿地外国直接投资数量③的数据，并将其与莱希纳（LISA LECHNER）④ 的优惠贸易协定中的"非贸易问题—含量"数据相匹配。在文章里他们采用结构重力设置并估计引入各种非贸易问题（经济和社会权利、环境保护以及公民和政治权利）对外国直接投资的影响。

许多因素会影响非贸易议题和外国直接投资之间的联系。一方面，承诺提高劳工标准和环境保护可能会增加成本，包括固定和变动成本，因而阻碍了跨国企业进入某些市场。另一方面，若治理水平提升、机构能力增强，意味着更加稳定、安全的商业环境，这将激励投资，尽管也可能出现相反的情况。最后，如果非贸易议题未能转化为可信的承诺或者缺乏实际效果，那么它们对外国直接投资的影响可能是微乎其微的。总的来说，考虑到人们普遍认为非贸易议题扩展了优惠贸易协定的范围，有些人把它们看作是一种"象征性监管"，因此用实证的方法来验证非贸易议题是否真正发挥作用就显得非常重要。

学者们发现优惠贸易协定中非贸易问题的法律化程度⑤对双边绿地外国直

---

① 原文标题为：Non-trade provisions in trade agreements and FDI。

② 绿地外国直接投资是一种投资类型，公司通过在不同（或东道国）国家建立新设施来开始新业务。它们通常有别于跨境并购，即公司收购东道国的现有公司。

③ 之所以使用 FDI 的数量而非其价值，是缘于 FDI Markets 中的信息。关于学者们数据的更多细节以及对使用 FDI 数量（而不是价值）的影响的简要讨论，可以在下面第二部分中找到。

④ LECHNER L. The domestic battle over the design of non-trade issues in preferential trade a-greements. Rev. Int. Polit. Econ., 2016, 23 (5)：840 – 871.

⑤ 这是由 Lechner（2016）构建的一个综合衡量标准，法律化程度不仅反映了 NTI 条款的存在，也反映了其义务、精确性和授权水平。文章第二部分提供更多关于该措施构建的细节。

接投资有负面影响。不管是关于经济和社会权利、环境保护还是公民和政治权利的条款，这种影响都存在。即使在控制了协定总体深度、具体投资条款、双边投资协定和欧盟单一市场成员资格等因素后，这一负面影响依然稳定存在。而且，这种影响似乎主要是由于面向中低收入国家（后称为"南方"国家）①的外国直接投资所导致的，特别是经济和社会权利与环境保护条款，更可能会影响发展中国家的竞争优势。② 经济和社会权利与环境保护条款对"南方"外国直接投资的消极影响尤为突出，因为具有高劳工和环境标准的经济体愿意使用这些条款与竞争对手建立公平的竞争环境，并确保他们不会放松标准以吸引贸易或投资。此外，两位学者表示其实证分析的结果与伯杰（Axel Burger）等人③和洛佩兹-维森特（F. Lopez Vicente）等人④关于优惠贸易协定中环境和劳工条款的负面影响结果是一致的。

在确定了优惠贸易协定与外国直接投资中的非贸易问题条款之间的主要关系的标志和意义之后，学者们探究了其他假设，以验证研究结果并帮助解释他们的实证结果。首先，他们调查了优惠贸易协定中经济和社会权利与环境保护水平较高的法律化程度影响的行业异质性。学者们研究发现，经济和社会权利方面的条款主要对那些依赖大量劳动力的行业产生了负面影响，也就是说，那些劳动力成本高于资本成本的行业。因为如果这些条款涉及劳工条件并且增加了企业成本，那么就会主要阻碍那些对劳动力需求高的企业进行新的投资。而对于环境保护方面的条款，在考虑其他行业的影响后，并没有发现这些条款对于污染减排成本高的行业有特别明显的平均影响差异。但是，当分析针对"南—南"外国直接投资的情况时，即促使环境保护条款对整体外国直接投资产生影响的情况，发现这些环境保护条款对于污染较多的行业的负面影响是其他行业的两倍。

---

① 本文中的国家是根据 2020 年世界银行的人均收入分类来分组的。

② 一个国家的比较优势可能源于廉价的劳动力、较低的民主水平或宽松的环境标准等特点。例如，如果非贸易问题要求遵守更高的劳工标准，从而增加了劳工成本，那么签署此类 NITs 的国家就可能成为对 FDI 吸引力相对较低的目的地。

③ BERGER A, BRANDI Clar, JEAN-FREDERIC M, et al. The trade effects of environmental provisions in preferential trade agreements [M] //BEVERELLI C, KURTZ J, RAESS D. International Trade, Investment, and the Sustainable Development Goals: World Trade Forum. Cambridge: Cambridge University Press, 2020.

④ LOPEZ VICENTE F, TIMINI J, CORTINOVIS N. Do Trade Agreements with Labor Provisions Matter for Emerging and Developing Economies' Exports? [Z]. Documentos de trabajo/Banco de Espana, 2020.

来源国和目的地国之间监管方式的不同可能会激发跨境成本节约型的投资。然而，理论上非贸易问题的存在旨在减少这种监管不对称性。因此，学者们开始研究非贸易问题的影响是否与来源国和目的地国在与第三方签订的优惠贸易协定中对非贸易问题的平均承诺所存在的差异有关。这种方法的核心思想是，比较某个国家在某个非贸易领域的监管水平与其和第三方国家在优惠贸易协定中平均非贸易问题的法律程度，以探究来源国和目的地国之间非贸易问题平均差异的变化。研究发现，针对与经济直接相关的条款（比如经济和社会权利、环境保护），非贸易问题对外国直接投资的负面影响最大的情况出现在那些来源国和目的地国之间存在较大平均非贸易问题差异的贸易关系中。也就是说，目的地国对第三方国家的非贸易问题承诺远低于来源国。在这种来源国和目的地国之间存在着较大平均非贸易问题差异的情况下，外国直接投资可能会从监管较为严格的国家流向监管较为宽松的国家，并且可能受到更多非贸易问题条款限制，这些限制可能降低了这类投资的利润。这种研究间接地表明，优惠贸易协定中的非贸易问题可能有助于缩小国家间监管不对称性，并且可以抵消各国试图降低对方标准而引发的"逐底竞争"的趋势。

学者们随后研究了目的地国与第三方国家之间的非贸易问题对外国直接投资的影响。他们发现，相对于那些在现有优惠贸易协定中涉及较少非贸易问题的国家的外国直接投资，指向那些已有多个非贸易问题的国家的投资可能对新的优惠贸易协定中的非贸易问题反应较小。研究结果显示，在新的贸易协定中，对那些与第三方国家存在着平均非贸易问题最少的国家的外国直接投资，特别是涉及环境保护和公民政治权利条款，受到的负面影响最为显著。这意味着一些非贸易问题可能会引入成本和障碍，而这些成本和障碍在一开始就较低的地方更容易阻碍外国直接投资。不过，对于经济和社会权利方面的条款，研究结果并不那么明确，这表明监管不对称性对这些条款的影响可能更为重要，而不仅仅是监管水平的高低。

学者们还调查了外国直接投资是否对那些出于政治和经济原因，倾向于利用其经济和规范的影响力，要求在其协议中纳入更多和更严格的非贸易问题的国家（如欧盟、美国或欧洲自由贸易区国家）的优惠贸易协定做出不同的反应。他们发现，这些要求高的国家的优惠贸易协定中的非贸易问题对外国直接投资没有影响（除了欧盟优惠贸易协定中的公民和政治权利条款），这表明这些条款可能反映了要求高的国家已经普遍存在的做法，对跨国企业的活动没有太大影响。

最后，学者们探讨了非贸易问题—外国直接投资关系是否具有双边性质，或者一国优惠贸易协定中包含的非贸易问题是否也会影响其从其他国家流入的外国直接投资。换句话说，假设两个国家签署了包含一些非贸易问题的贸易协定，例如韩国与美国，这些非贸易问题是只影响韩美外国直接投资，还是也影响来自第三国的外国直接投资流向韩国和美国？为了讨论后者的影响，他们将数据从双边层面汇总到国家—年份层面，并探讨一个国家所加入的优惠贸易协定中的（平均）非贸易问题法律化是否会影响其从没有优惠贸易协定的国家流入的外国直接投资。他们发现，一个国家从非优惠贸易协定成员国流入的整体外国直接投资受其优惠贸易协定中的非贸易问题法律化的负面影响，这表明非贸易问题可能对没有做出任何此类承诺的国家产生溢出效应。

文章提出了针对优惠贸易协定中非贸易问题的批评观点，认为这些条款可能只是为了增加协定内容，或者是一种象征性的监管。但文章列举了大量证据表明，这些非贸易条款确实对经济产生影响，尤其是对发展中国家。这些国家通常被迫接受这些条款，或者出于换取与高收入国家市场准入的考量而接受。因此，为了全面评估这些条款的价值，了解它们对经济的影响以及对人权、劳工权利等事项的影响就显得尤为重要。

马蒂亚·迪·乌巴尔多和迈克尔·加西奥雷克所著的《贸易协定和外国直接投资中的非贸易条款》一文的主要贡献在于，通过实证研究评估了非贸易问题对外国直接投资的影响。尽管这个研究领域相对新颖，但它实际上融合了三个主要研究领域。首先，它在调查贸易协定对经济，特别是外国直接投资方面的影响方面提供了补充。其次，它扩展了对贸易协定中非贸易内容及其对贸易和外国直接投资影响的研究。最后，它增加了人们对外国直接投资决策因素的了解，特别是投资者在劳工、环境监管以及保护政治和公民自由、民主水平等方面的应对策略，从而使这方面的文献也得到了丰富和补充。

二、数据与研究方法

（一）数据

这篇文章采用了金融时报外国直接投资情报部门所收集的外国直接投资市场数据库中的数据。这个数据库提供了自 2003 年以来关于绿地投资项目的详细信息，包括各行业和全球范围内的数据。研究的主要样本包括来自 145 个国家的投资数据，针对 169 个目的地国，在 2003 年至 2017 年间涉及了 65752 项绿地投资。

该文关于优惠贸易协定中非贸易相关问题的数据取自莱希纳①，用于衡量优惠贸易协定在特定非贸易领域的法律约束程度、规则明确程度以及授权程度。这包括对义务、精确度和授权三个方面的评估。义务是指贸易伙伴受规则或承诺的法律约束的程度，精确度是指规则明确的程度，授权指第三方是否被授予权力来实施、解释、应用规则并解决争端的程度。比如，在环境保护条款中，评估是否有规则约束、这些规则是否清晰明确，以及是否允许第三方解释和执行规则。学者们根据这些维度对每个优惠贸易协定的内容进行汇总，涵盖了经济和社会权利、环境保护以及公民和政治权利等领域的相关条款。综合法律化分数反映了非贸易问题条款的广度和深度，揭示了优惠贸易协定对非贸易问题的承诺程度。研究使用莱希纳的数据是因为它包含了公民和政治权利方面的内容，被认为是外国直接投资的一个重要决定因素。此外，该数据提供了连续变量，而不仅仅是二元变量，使学者们能够更好地利用非贸易问题在优惠贸易协定中的信息。②

文章还使用贸易协定设计数据库中的数据。学者们采用了深度指数，该指数反映了优惠贸易协定中七个不同类型条款的存在：全面关税削减条款、共同标准条款、服务贸易条款、竞争政策条款，以及关于公共采购、投资和知识产权的条款。该指数从1到7不等，取决于每个贸易协定中包含多少类型的条款。

最后，该文使用联合国贸易与发展会议中关于双边投资条约的数据，学者们从中可以区分出仅仅签署了的双边投资条约和实际生效的双边投资条约。

(二) 研究方法

在该文中，学者们利用部分平衡③结构重力法来分析优惠贸易协定中的非贸易问题对协议国家之间双边外国直接投资流动的影响。学者们的实证模型考虑了影响外国直接投资的各种因素，包括与国家GDP相关的因素，同时解释了双边外国直接投资中的摩擦问题。绝对摩擦是指限制外国直接投资流入东道国的明确障碍；而相对摩擦则是指相对于其他国家，可能阻碍或有利于东道国外国直接投资的因素。这些摩擦的减少预计会促进双边外国直接投资的增加。但优惠贸易协定中的非贸易问题可能降低这些摩擦，也可能增加它们。因此，研

---

① LECHNER L. The domestic battle over the design of non-trade issues in preferential trade agreements. Rev. Int. Polit. Econ. , 2016, 23 (5)：840-871.
② 该文所使用的数据的一个局限性是，学者们无法区分一个较高的法律化分数是产生于优惠贸易协定中这个非贸易问题是广泛度更广的还是深度更深的。
③ 该文中，学者们关注的是优惠贸易协定中非贸易问题对FDI的直接影响，而不是优惠贸易协定的贸易或一般均衡效应（福利效应）。

究并没有提前确定非贸易问题对外国直接投资的影响方向，而是通过实证检验来探讨这种关系。

学者们使用了一个大规模的数据集①，包含了很多国家—年份的信息，这使得研究更全面。但是，由于包含很多小国家，数据中有许多地方外国直接投资的数量是零。为了应对这种情况并解决可能出现的差异性问题，他们采用了泊松伪最大似然估计器②来估算他们设计的模型。

接下来，学者们考虑了非贸易问题和双边外国直接投资之间的关系可能存在的多种解释。例如，拥有大量外国直接投资的国家可能倾向于签署涵盖更多非贸易问题的协议，反之亦然。此外，可能存在一些看不见的因素，它们会影响到非贸易问题和外国直接投资之间的关系，不管是针对某个特定国家还是两个国家之间的关系。为了解决这些内在问题，学者们引入了一系列严格的控制，比如考虑到目的地国和来源国的固定效应，并使用了科雷亚（Sergio Correia）等人③最近开发的泊松伪估计器来估算他们的模型。

国家—年份固定效应是指那些不随时间变化的国家特征，比如商业周期、劳动力市场法规、国家政策或对外国直接投资总体开放水平等，它们会影响外国直接投资的流入和流出。这些固定效应还表明了重力模型中的多边阻力项，也就是说，跨国企业在选择投资某个特定目的地时，其决策并不独立于它们在其他国家的投资决策。

国家—年份固定效应是为了控制那些可能对双边外国直接投资或包含"非贸易问题内容"的优惠贸易协定有影响的国家特定不随时间变化的因素，比如相对经营成本、劳动力成本、地理距离、历史上的殖民关系、语言交流或法律体系的相似性等。这些固定效应的使用比起标准的重力模型变量更有利于理解双边交易的成本。通过使用这些固定效应，可以避免或解释那些难以观察到的时间恒定的联系，这些联系可能存在于内生贸易政策（非贸易问题）和重力模型的误差项之间。

学者们非常严谨，他们考虑了大量可能解释外国直接投资模式的因素。除了已有的严格设定，他们还在分析中引入了国家—年份的变量，以控制可能影响外国直接投资的时间相关因素。这些变量包括表示已生效的双边投资条约的虚拟变量、属于欧盟单一市场的国家和年份的虚拟变量、表示是否有涉及实质

① 学者们扩展了数据，包括所有国家—年份的组合。
② Possion Pseudo Maximum Likelihood（PPML）estimator.
③ CORREIA S，GUIMARAES P，ZYLKIN T. PPMLHDFE：Fast Poisson Estimation with High-Dimensional Fixed Effects［EB/OL］. arXiv，2019-08-05.

性投资的条款的变量，以及用来衡量贸易协定深度的虚拟变量。这些控制因素来自贸易协定设计数据库，并且与研究中的非贸易问题变量相关联，以避免将注意力放在对外国直接投资特别有影响的协议上。①

学者们采取了两个重要的步骤：首先，添加了固定效应和控制变量；其次，他们限制了研究的样本，只考虑有双边优惠贸易协定的国家。这样做有两个原因：一是，他们使用了一种控制方法，将外国直接投资流向只限制在有这类协定的国家中。同时，他们的分析方法允许他们只在受到优惠贸易协定中非贸易问题数量影响的国家内识别非贸易问题对外国直接投资的影响，这有助于避免因为国家签署了这些协定而导致的混淆。二是，由于优惠贸易协定与外国直接投资之间存在复杂的关系（由于不同的投资动机），并且数据中无法将不同类型的外国直接投资进行区分，将研究的样本限制在签署了优惠贸易协定的国家，使得学者们可以专注于非贸易问题对外国直接投资的影响，而不会混淆协定本身的影响，后者可能会模糊研究结果。②

在该文中，学者们估计他们的结构重力模型包括国际和国内的投资流，因此非贸易问题对跨境投资的影响也是相对于国内投资来估计的。在重力模型中包含国际和国内的数据，这提供了一种理论上一致的双边政策识别，并解决了"距离难题"，因为它同时考虑了国外和国内距离。这种做法使学者们还可以说明国家非歧视性政策的影响。这些政策不是双边性质的，很可能没有明确歧视外国投资，但可能会影响外国直接投资的总体水平。由于这些原因，学者们将国内投资流量纳入研究数据：由于文中的双边外国直接投资流量衡量标准是双边投资项目的数量（而不是其价值），学者们用一个国家在一年中接受的外国直接投资总数来代表其国内投资流量（在隐含的假设下，国内投资至少与流入的外国直接投资总量一样大）。

学者们利用政策变量的各种滞后长度，以及每年的外国直接投资、2 年或 3 年的外国直接投资的平均值来估计重力模型（备选）。滞后期的使用是为了解决外国直接投资流量没有立即对政策变化做出反应，而可能出现延迟反应的可能

① 来自贸易协定设计数据库（DESTA）的深度指数是一个"计数"指标，从 1 到 7 不等，取决于优惠贸易协定涵盖的领域有多大。这意味着，具有相同指数值的优惠贸易协定可能具有不同种类的条款。出于这个原因，学者们单独控制了投资条款的存在。

② 当学者们估计本文所提出的模型时，主要结果在定性上得到了支持（而且大多在定量上也得到了支持）。学者们的方法是将没有优惠贸易协定的国家—对包括在内，并用二元优惠贸易协定虚拟数控制优惠贸易协定的存在（在大多数规范中取正且显著的系数）。可向原文作者索要这些成果。

性；平均数使得外国直接投资从一年到另一年平滑地波动，这可能会影响结果（这个问题对小国可能更严重）。

三、研究发现

学者们没有发现更深层次的协议和外国直接投资之间有明显的正相关关系，这表明贸易和外国直接投资之间存在互补关系，由寻求投入的垂直外国直接投资产生。然而，由于学者们的数据无法区分水平和垂直的外国直接投资，因而应谨慎解释该文的结论中正或负优惠贸易协定深度系数。

学者们将分析样本分为制造业和采矿业公司的外国直接投资和服务业公司的外国直接投资，以便开始调查外国直接投资——非贸易问题关系中的部门异质性。经济和社会权利条款对制造业和采矿业的外国直接投资的负面影响要比对服务业的外国直接投资大得多，对这两个子样本的弹性估计分别为 0.133 和 0.047。这是一个预期的结果，因为要求尊重更高的劳工标准的规定（包括在经济和社会权利类别中）可能会增加运营成本，而制造活动对这些成本可能相对更敏感。

在不同发展水平的经济体中，非关税壁垒对外国直接投资的影响可能不同，它取决于投资流动的方向。为了研究对发展中国家的影响是否不同，学者们将数据中的国家分为"北方"国家（高收入）和"南方"国家（中低收入），并构建四个相互排斥的二元变量，即"北—北""南—南""北—南"和"南—北"投资。然后，这四个变量与优惠贸易协定的非贸易问题法律化相互作用，估计非贸易问题对四个投资子组的影响，并分别对所有外国直接投资、制造业和采矿业以及服务业外国直接投资的样本进行估计。经济和社会权利条款的负面影响是由"南方"投资，特别是"南—南"投资驱动的，这一结果对制造业和服务业外国直接投资的影响程度相似。这一发现令人感兴趣，因为它表明这些与经济相关的经济体制改革条款可能会阻止外国直接投资进入那些在这一领域可能有较宽松的国内法规的国家。在这一发现的推动下，学者们将在下一部分中探讨关于经济和社会权利条款的其他假设。

学者们也研究了优惠贸易协定中环境保护条款对外国直接投资影响的结果。与经济和社会权利条款类似，学者们发现优惠贸易协定中法律化程度较高的环境保护条款对双边外国直接投资的流动产生了负面影响。尽管直接比较不同类型的非关税壁垒的影响程度是很困难的，但估计其弹性要比经济和社会权利条款的弹性略小。

学者们发现环境保护条款只与制造业的投资有关，而对服务业子样本的影响很小且不显著。所得的系数反映了样本中所有优惠贸易协定和国家的平均效应，在进一步的演练中发现了投资流的各个子组的大量异质性。

对于环境保护条款，学者们再次发现，对外国直接投资的负面影响是由"南—南"投资驱动的。这一结果在制造业和服务业的外国直接投资中都得到了证实，但对后者的影响大约是前者的一半。与经济和社会权利条款不同，学者们发现环境保护条款对"南—北"投资有积极影响：这表明环境保护规定可能有助于中低收入国家的企业渗透到高收入市场。如果环境保护条款推动发展中国家的公司的生产力更高，可能是由于供应方的影响；如果"北方"的消费者奖励"更绿色"的生产，可能是由于需求方的影响。然而，学者们在文中表示他们手头的数据无法调查这两种效应中的哪一种在起作用。

总的来说，本部分的结果表明，优惠贸易协定中的非贸易问题条款对双边绿地外国直接投资的流动有负面影响。在所有类型的非贸易问题中，在因变量和自变量的各种排序中都发现了这种影响，而且似乎主要是由指向中等和低收入国家的投资所驱动。

对学者们的实证研究结果的一个合理解释是，优惠贸易协定中的非贸易条款会阻止外国直接投资，因为它们代表了可信的承诺，并转化为对外国跨国企业的运营施加更高的成本的法规。因此，非贸易问题似乎不仅仅是优惠贸易协定的一个"装饰"。这一论点相当容易适用于经济和社会权利与环境保护条款，这些条款涉及各种劳动条件以及对自然资源的珍惜（例如，它们要求遵守针对水和空气污染的国际条约），这可能会影响目的地国的竞争优势，使其成为对外国直接投资吸引力相对较低的地点。这一论点与上述关于外国直接投资决定因素的文献是一致的。此外，外国跨国企业和出口商往往被视为反对非贸易问题的存在和严格性的说客，从而降低了优惠贸易协定的环境和社会问题。为了提供支持这一论点的证据，学者们在下一部分中进一步探讨劳动强度和污染减排成本方面的部门异质性。

为了检验经济和社会权利条款的相关性，学者们将制造业和采矿业的外国直接投资分为劳动密集型和非劳动密集型外国直接投资。学者们利用美国劳工统计局的部门数据计算劳动成本与资本成本的比率，然后将那些比率高于中位数的部门视为劳动密集型部门。为了检验环境保护条款的相关性，学者们将制造业外国直接投资样本分为"肮脏"和"非肮脏"的外国直接投资。为此，在文中学者们遵循劳（Patrick Low）和伊斯茨（Alexander Yeats）① 的方法，认为

---

① 　LOW P，YEATS A. Do "dirty" industries migrate? ［M］//LOW P. International Trade and the Environment. Washington：The World Bank，1992.

"肮脏"是指产生最高污染减排成本和控制支出的部门清单。学者们对这些不同子样本进行了模型估计。

所得结果正如预期的那样，学者们发现经济和社会权利条款对劳动密集型部门的外国直接投资的负面影响要比对非劳动密集型部门的影响大得多，也更稳定。经济和社会权利条款对前一个子样本中所有方向的外国直接投资流动都有负面影响，但在后一个子样本中只有"南—南"外国直接投资。有趣的是，对于"南—北"外国直接投资，学者们估计经济和社会权利条款对非劳动密集型部门有很大的积极影响，这与在劳动密集型部门的巨大消极影响形成鲜明对比。因此，在生产过程中对劳动力依赖程度较高的公司的外国投资，似乎更多地受到优惠贸易协定条款中有关劳动力和社会条件条款的阻挠。

对于环境保护条款，平均而言，其结果没有刚才描述的经济和社会权利条款那么明确。学者们发现环境保护条款对"肮脏"部门外国直接投资的影响比"非肮脏"部门大，但不明显，虽然后者的影响较小，但在5%的水平上很显著。然而，重要的是，对于"南—南"外国直接投资，也就是在总体样本中推动环境保护条款影响的方向，学者们发现，环境保护条款在"肮脏"部门，即那些具有最高污染减排成本的部门的影响，是在"非肮脏"部门的两倍。

追求效率或降低成本的投资常常被认为是被国家内部或国家之间的监管不对称所吸引。出于这个原因，各地区和各国可能会试图在竞争中压低对方的标准以吸引外国资本，这就是所谓的"逐底竞争"。然而，测试这些假设是具有挑战性的，因为它需要对各国的劳工和环境标准进行一致的衡量，而不是双边外国直接投资数据。

优惠贸易协定中的非贸易问题可能会产生抵消监管不对称的效果，从而阻碍"逐底竞争"，因为非贸易问题可能会施加比国内（在至少一个协议伙伴中）要求更高的适用标准，尤其是在一个国家试图推动标准和法规统一的"南—北"投资情况下。

由于缺乏关于各国标准的国际化可比数据，学者们使用间接策略来检验这一假设。对于每个国家，学者们计算目的地和原产地在与第三方的优惠贸易协定中的平均非贸易问题法律化程度，即一个国家在所有优惠贸易协定中的平均非贸易问题法律化程度，除了与其他国家签订的优惠贸易协定。平均非贸易问题法律化程度（以下简称平均非贸易问题）可以被认为是一个国家在已经谈判过的非贸易问题方面立场的总结，学者们利用它作为一个国家已经同意的法规和标准水平的代表。学者们预计，对于差异较大的国家之间，即目的地国的平均非贸易问题低于来源国的国家之间，非贸易问题的遏制力更大。这些国家的外国直接投资有可能从监管较严格的国家流向监管较宽松的国家，并且可能相对更多地被减少这种投资利润的非贸易承诺所阻止。

从总体样本结果开始，对于经济和社会权利、环境保护条款，非贸易问题的负面影响是由平均非贸易问题分布差异的第一个和第二个四分位数的国家之间所驱动的。如前所述，这些国家之间平均非贸易问题的不对称性最大（在第一个四分位数），而且是负的，即目的地的平均数低于来源地的平均数。制造业外国直接投资子样本的结果更为清晰。劳动密集型部门（对于经济和社会权利条款）和"肮脏"部门（对于环境保护条款）的结果更为清晰，其中最大的负值和显著系数是在第一个四分位数上计算的结果。学者们也报告了服务行业外国直接投资的结果，尽管鉴于非关税壁垒对这些行业外国直接投资的总体影响较弱，学者们并不预期非关税壁垒的差异在这些投资中发挥特殊作用。

总之，优惠贸易协定中法律化程度较高的经济和社会权利、环境保护条款对指向监管较宽松的国家和来自监管较严格的国家的绿地外国直接投资有较大的负面影响。这些可能是垂直外国直接投资，最初是被优惠贸易协定之前的监管差距所提供的生产和效率优势所吸引，而东道国在优惠贸易协定中做出的新承诺则使它们望而却步。从另一个角度看，这些非贸易问题对于反方向流动的外国直接投资，即从监管较宽松的国家流向监管较严格的国家，似乎并没有起作用。

签署以非贸易条款为特征的新的优惠贸易协定可能会对外国直接投资的流入产生影响，这取决于先前是否签署过类似的协定。因为外国投资者被要求遵守更严格的劳工和环境标准，将非贸易问题转化为国内立法，这些变化又使目的地国不太"有利于外国直接投资"，如果一个国家已经与其他（第三）国家达成了类似的非贸易问题条款，那么新的优惠贸易协定中的非贸易问题的影响可能会更小。

对于环境保护条款，学者们再次发现，对外国直接投资的负面影响是由"南—南"驱动的。这些国家可能是由于在优惠贸易协定中环境保护条款所涵盖的领域内国内监管较宽松而能够吸引外国投资者。这是因为一旦签署了有这种规定的优惠贸易协定，就会发现流向这些国家的外国直接投资有所减少。请注意，重要的是，这一发现是由制造业外国直接投资的子样本强烈驱动的，尤其是"肮脏"部门的外国直接投资。换句话说，环境保护监管绝对水平最低的目的地国是那些受到新的环境保护条款负面影响的国家。

对于经济和社会权利条款，结果不太明确，因为对第一个和第四个四分位数的估计是负系数。对第一个四分位数的影响是由制造业外国直接投资驱动的，而对第四个四分位数的影响是由服务业外国直接投资驱动的。然而，在制造业外国直接投资中，学者们又发现了一些模糊的影响：在劳动密集型部门，对四个四分位数中的三个估计为负系数，而在非劳动密集型部门，只对第一个四分位数有影响。对经济和社会权利、环境保护条款的非贸易问题数据和目的地国家与第三方的平均非贸易问题数据的比较表明，对于经济和社会权利条款，目的地国的非贸易问题地位似乎很重要，但与来源国的非贸易问题地位相比，结果相对而言更为明显。

据学者们观察，美国和欧盟等高收入国家在谈判中把大量的非贸易问题纳入优惠贸易协定。[①] 部分原因是政治上的偏好，当然是基于其国民对更环保的产品或满足更好的劳工标准的要求。高收入国家也可以利用其经济实力，要求纳入有助于维持公平竞争环境的条款。

一方面，"要求非贸易问题"的国家谈判达成的优惠贸易协定中的非贸易问题可能具有更强的外国直接投资阻碍力，因为它们是由一方强加给另一方的，而不是一个更均衡的谈判结果。另一方面，这类优惠贸易协定中的非贸易问题可能对外国直接投资的阻碍作用较小，因为这些条款反映了要求国的广泛政治共识，从而使跨国企业的活动受到的干扰较小。此外，遵守非贸易问题的边际成本可能会随着与之谈判的协议伙伴数量的增加而减少，特别是对于在多个国家进行投资的跨国企业而言。

为了探讨在学者们的设定中这两种效应中的哪一种效应可能在起作用，学者们将非贸易问题对外国直接投资的影响进行了简单的分类，按优惠贸易协定的组别进行分析。学者们将样本分为"有要求"国家（澳大利亚、加拿大、欧洲自由贸易联盟国家、欧盟、美国、新西兰）和"无要求"国家，并估计了组别中优惠贸易协定的单独系数。

"有要求"国家优惠贸易协定中的非贸易问题对外国直接投资几乎没有任何影响。对于经济和社会权利与环境保护条款，无论是在总体样本还是在制造业和服务业子样本中，学者们都估计，只有在不涉及任何"有要求"国家的优惠贸易协定研究组中，非贸易问题对外国直接投资的影响才是负面的。

后者的效应可以通过两个方面的考虑来解释。首先，欧盟倾向与小邻国（如黑山、格鲁吉亚、摩尔多瓦、塞尔维亚、乌克兰）就更多的公民和政治权利条款进行谈判，因为这些国家在公民和政治权利的保护程度上存在着相当大的

---

① 对强有力的环境和劳工标准感兴趣的其他国家是澳大利亚、加拿大、新西兰和欧洲自由贸易联盟国家（Lechner，2018）。

差距。其次，跨国企业更喜欢民主程度较低的东道国，只要他们的财产权能够得到保障。因此，如果在欧盟协议中加入公民和政治权利条款而导致外国投资者的环境不那么有利，那么这些条款可能会对外国直接投资产生阻碍作用。

总体而言，本部分的结果表明，一个国家所加入的优惠贸易协定中，较大的（平均）非贸易问题法律化程度会对其来自非优惠贸易协定伙伴国的外国直接投资总体流入产生负面影响。这支持了一种直觉，即非贸易问题的影响可能会超出双边层面，而蔓延到来自第三国的外国直接投资。

四、结论

这篇文章研究了非贸易问题对双边绿地外国直接投资流动的影响。马蒂亚·迪·乌巴尔多和迈克尔·加西奥雷克通过建立严格的结构重力模型发现，优惠贸易协定中涉及经济和社会权利、环境保护以及公民和政治权利的法律化程度会对外国直接投资产生负面影响。对于这三种非贸易问题，制造业和采矿业的外国直接投资受到的影响要大于服务业，而且在统计上更为稳定。为了确保结果考虑到优惠贸易协定逐步生效的影响，学者们进行了一些稳定性检验，包括使用其他滞后期的贸易政策变量来估计模型，并将 2 年和 3 年期间的外国直接投资数据进行综合分析，以减少外国直接投资流量波动的影响。

正如布兰迪（Clara Brandi）等人①所发现的那样，非贸易问题可能代表着国家间可信任的承诺，并在国内监管方面产生影响。这些问题在劳工和环境领域的更严格监管可能导致跨国企业的运营成本上升，特别是在经济和社会权利、环境保护方面，这可能减少了某些国家作为生产基地的吸引力。研究指出，非贸易问题与外国直接投资之间的负相关关系受到以下因素的影响：对中低收入国家的投资、劳动密集型部门的投资（针对经济和社会权利）、污染性行业的投资（针对环境保护），以及在与第三方签订的优惠贸易协定中对非贸易问题的平均承诺水平差异最大的国家间的投资。经研究学者们认为，优惠贸易协定中的非贸易问题可能有助于缩小国家间监管不对称性差距，因为尝试最小化成本而投资于宽松标准的地方可能会受到试图统一标准的优惠贸易协定条款的限制。

公民和政治权利条款可能对外国直接投资产生不利影响，尤其是在民主程度较低的地区。这种影响在"南—北"和"南—南"投资中尤为显著。在涉及欧盟的贸易协定中，公民和政治权利条款对外国直接投资也产生了负面效应。

---

① BRANDI C, BLÜMER D, MORIN J F. When do international treaties matter for domestic environmental legislation? [J]. Global Environmental Politics, 2019, 19（4）：14-44.

这些协议尤其在政治相关的问题上提出了较高的要求，尤其是在与小邻国签订的协议中。此外，在欧盟的协定中，如果违反与公民和政治权利相关的条款，这可能是唯一导致协定中止或终止的非贸易问题。这些因素共同作用，有助于解释为何欧盟的公民和政治权利条款对外国直接投资会产生不利影响。

学者们进一步研究了非贸易问题在双边协定中对第三国的影响。优惠贸易协定中非贸易问题的法律化程度过高不仅影响来自签署协定国的外国直接投资，也影响来自其他国家的投资。他们汇总了目的地国的数据，发现一个国家加入高度法律化的优惠贸易协定会影响来自未签署此类协定的国家的外国直接投资流入量。

虽然本文不在于评判是否应该把非贸易问题纳入贸易协定，但意在做评估之前都应该考虑这些条款对非贸易问题自身和经济的影响。马蒂亚·迪·乌巴尔多和迈克尔·加西奥雷克的论文结果表明，非贸易条款可能对投资有负面影响，特别是对欠发达的国家。因此，在做决策时需要综合考虑这些影响因素。

浅析巴西投资解纷新机制及对我国的启示

徐晨阳 *

摘　要：双边投资条约中主要的投资者—国家争端解决模式存在诸多弊端，亟须改革，巴西立足于自身国情提出了争端预防的独特方案。本文主要阐述了巴西以国家联络点与联合委员会为中心的两级三层争端预防程序，浅析其优势与受到的质疑。结合我国争端预防机制实践，阐明这一方案并对未来在双边条约中构建具有中国特色的投资争端解决条款予以建议。

关键词：CFIA；争端预防；巴西

一、巴西投资争端预防模式的诞生原因分析

（一）巴西投资争端解决实践立场的转变

境外投资是实现国际资源合理配置，促进投资者利益最大化的重要方式。作为金砖国家之一的巴西凭其极佳的战略位置与巨大的市场潜力，在"国际资本向新兴市场国家流动的后国际金融时期"[②] 成为外国投资者扎根的沃土。然而，方兴未艾的外资流入也对巴西投资争端解决带来了考验。

为合理解决投资争端，促进国外资本引入，20 世纪 90 年代末，巴西依据发达国家制定的投资规则，积极签署双边投资协议。但 21 世纪初，国际大环境下《多边投资协议》谈判失败、阿根廷面临国际投资仲裁危机等一系列事件，促使东道国开始反思国际投资仲裁机制的正当性[③]；加之巴西议会内部对双边投资协议不符合巴西国内法与巴西国际习惯法的反对意见，也使得巴西对国际投资

---

* 　徐晨阳，2020 年本科毕业于中南财经政法大学，国际法学学士；2022 年硕士毕业于英国 University of Bristol，国际商法硕士。

② 　陶立峰. 国际投资协定新动向及对中国的启示——以《巴西—印度投资合作和便利化协定》为样本［J］. 国际经济评论，2021（06）.

③ 　唐妍彦. 巴西国际投资争端解决模式改革及对中国的启示［J］. 拉丁美洲研究，2021（2）：64-85.

仲裁保持观望状态。在此期间，巴西通过高水准的国内法管制外资，解决投资争端，以替代双标条约争议解决条款。

2015 年来巴西在全面考量各种相关因素的基础上，发布该国双边投资合作与便利协定范本（Cooperation and Facilitation Investment Agreement，CFIA），这标志着 CFIA 正式规定争端预防条款①，放弃投资仲裁，将重心从传统投资保护转变为投资便利化。

（二）现有国际投资仲裁制度存在不足

投资争端预防模式的诞生不仅是巴西本国综合考量与实践创新的结果，也与当前国际社会对国际投资仲裁的不满密不可分。在适用初期，国际投资仲裁机制对保护投资者与吸引海外投资都产生了积极的作用，但伴随着新兴国家日益深入参与国际投资，争端数目激增暴露了该机制存在的诸多问题。2020 年以来，国际上突发公共卫生事件，疫情迫使大部分国家调整财政计划，加大财政支出以降低国内经济发展的负面影响。该举措进一步增加了政府债务危机与违约的风险，增加了投资争端的数目，投资仲裁裁决受到了更多关注。

目前，学界对国际投资仲裁机制弊端的共识主要有：首先，仲裁过于偏向投资者，不利于东道国公共利益保护。国际投资仲裁机制在投资输出国主导下制定，其更重视投资者利益，在对东道国管制权利保护上严重失衡。其次，仲裁条款模糊，导致同类案件可能得到不一致的判决，仲裁员拥有过大的自由裁量权，且仲裁院大部分来自投资输出国，其公正性存疑。再次，仲裁启动门槛低且仲裁费用高昂，实践中存在大量外国投资者利用国际投资仲裁机制"仲裁启动门槛过低"这一弊端，对东道国发起大规模滥诉，迫使其改变政策法规。②这些弊端引发了巴西对投资协定侵犯东道国主权的担忧，在保持长期观望后，巴西立足于本国改革立场，创造性地提出投资争端预防条款，值得我国借鉴。

二、巴西投资争端预防机制概述

巴西签署的多项 CFIAs 在关于争端预防机制的章节均维持了与 CFIA 范本的一致性。其专门创设了国家联络点与联合委员会两大争端预防机构，以投资便利化为重心，意图构建双边国家政策交流平台。CFIAs 围绕两大专门治理结构的职能，形成了两级三层争端预防程序。

---

① 参见巴西双边投资合作与便利协定范本，第 22 条。
② 陈薇.《印度—巴西投资合作和便利化协定》争端解决机制分析 [J]. 河北企业，2020（6）：93-94.

（一）国家联络点及争端缓释阶段

在过往投资监察员制度的各国实践中，韩国最为典型。巴西的国家投资监察员制度也深受其启发。20 世纪 90 年代，韩国在《外国投资促进法》中规定了"外国投资监察员制度"，并设置了严格的投资监察员选任程序。[①] 在相关规定中，韩国明确了投资监察员上与国家相关部门沟通，下至外国投资者反馈的双向沟通机制。其投资预防程序取得了显著成效。

巴西的投资争端预防条款发展了韩国单方面保护投资者意图的监察员机制，合并了国家联络点与投资监察员的职能，明确双边条约各方均须在境内指定国家联络点或监察员，以支持一方境内的他国投资者，从而促进投资活动的良性发展。在巴西，巴西对外贸易局（CAMEX）履行国家联络点的职能。[②] 对此各国均有不同，例如印度为其财政部经济事务司，哥伦比亚为工业、贸易和旅游部等。具体而言，其主要职能有：

第一，面向一方投资者，处理其对另一方政府的请求与投诉，寻求解决方案，及时向投资者更新相关信息，跟进处理结果并及时告知。

第二，面向政府部门，将投资者的诉求及时告知，会同相关部门进行协商，以缓解投资者与政府间的投资矛盾，通过多方协调寻求解决方案，向政府部门提出优化建议。

第三，面向联合委员会，在联合委员会监督管理下与对方国家联络点交换信息，向联合委员会报告行动，促进各方国家联络点与政府部门的协调。

国家联络点制度是负有缓释投资争端的一级预防机制。一方投资者在遭遇投资纠纷或对相关措施存在疑虑或遇到任何与投资相关的问题，都可以先联系国家联络点。国家联络点在受理请求后，首先应及时向投资者提供相关政策咨询和便利；其次，收到投诉和建议后，国家联络点须根据具体信息，分析投资者遇到的问题并及时确定相关政府部门并与之协调，将协调结果及时告知投资人；最后，根据实践中收到的投诉建议，向涉及的政府部门提出优化措施。2019 年 4 月 22 号，巴西政府对外发布决议将国家联络点的服务范围扩大到所有外国投资者，进一步促进了投资的便利化。

---

① KIM Y K, CHUNG L C. Subnational Investment Promotion Agencies and Foreign Direct Investment in South Korea：A District-Level Analysis ［J］. Korea Observer，2021.

② 魏丹，唐妍彦. 从国际投资规则的旁观者到引领者——巴西 CFIA 模式研究 ［J］. 武大国际法评论，2019（5）.

（二）联合委员会制度及争端预防阶段

联合委员会的概念源于新一代的双边投资协定实践。2009 年加拿大与秘鲁签署双边自由贸易协定，试图通过建立"投资委员会"制度解决外国投资者在投资协议下的问题，处理投诉并移交相关机构审查，以达到预警目的。[①] 经巴西 CFIAs 具体规制，联合委员正式成为跨国政治决策机构，由缔约国双方指定代表组成，轮流担任会议主席，定期举行会议。总结巴西签署的多项 CFIAs 规定，其负责的主要职能有：

第一，联合委员会具有外交职能，缔约国双方通过交换投资信息以深化双边合作，简化议程，明确优化投资环境，达致扩大投资协作的目的。

第二，联合委员会具有行政职能，其在双边协定的签订、落实与执行各个流程中起到监督作用。

第三，针对投资争端，联合委员会寻求友好解决方式缓解投资纠纷。确有必要时，投资者可请求母国启动并参与到临时性会议中。

联合委员会是争端缓解阶段后的第二道投资争端预防机制，投资者在提请联合委员会前应寻求其他解决机制，否则另一方可拒绝联合委员会的启动。如上文所述，若国家联络点制度无法化解当事双方的投资争议或认为一方已显著违反条约义务，投资者母国将代表投资者援引联合委员会相关条款，将投资争议提请联合委员会来解决。双方缔约国均有权以书面形式提交争议请求，该申请须包括具体事实及法律依据等。联合委员会在提出请求之日起 90 天内、其对该请求召开会议之后 120 天内（经请求与被请求双方同意可延期召开会议）召开会议，与该具体争议相关的投资者和政府机构也可参与会议。在会议中对请求方提供的材料进行评估，并形成处理报告。若投资纠纷的处理方案未能得到双方认可，任何一方可将争端提交国家仲裁程序，预防程序宣告失败。

（三）国家—国家仲裁阶段

若联合委员会未能提供双方满意的方案，则程序进入争端预防的救济阶段。传统的救济方式是投资者—国家争端解决（ISDS）机制。然而，巴西完全摒弃了该机制仲裁条款，建立了独立的国家—国家争端解决机制。巴西 CFIA 范本第 23 条明确规定，国家与国家间仲裁的主要目的是"合规性审查"，即确定东道国是否违反了 CFIA 的相关规则，无权裁决任何赔偿。仲裁庭的决定为终局的且约束缔约双方。

---

① 参见加拿大—秘鲁自由贸易协定，第 8.17 条

三、巴西投资争端预防机制的利弊分析

（一）优势

1. 维护东道国主权

如上文所述，传统国际投资仲裁机制在投资输出国主导下制定，偏向于保护投资者利益。实践中，更有投资者滥用权力直接寻求国际仲裁庭帮助攫取东道国权益，规避东道国国内法律。东道国丧失对传统 ISDS 机制的信任，维护东道国主权的需求是众多国家寻求变革的根本原因之一。

因此，巴西的争端预防机制重点强调了将投资争端置于东道国境内的司法机构而非国际仲裁庭，维护东道国规制权。在发达国家投资者利用 ISDS 弊端掠夺东道国利益的背景下，预防机制加强投资者与监察员和联合委员会的对话，确保将投资者置于监察员和联合委员会的管理与监控下。

ISDS 的救济方式将投资者与国家放在同一层面，巴西认为这是将国家主体变相去主权化的体现，"赋予外国投资者以外国人身份在本国领土外起诉主权国家的权利，而无须诉诸法院"①。因此，巴西的最终救济方式选择传统的国家与国家之间的仲裁，既符合 WTO 相关规则，又满足了巴西维护东道国规制权的需求，从实质上排除了投资者的私力救济。国家间仲裁庭也只能进行合规性审查，通过解释条约来判定东道国的相关行为是否违反规则，而无须担忧面临巨额索赔。②

2. 引入机构治理确保信息流动

机构治理是巴西预防机制的亮点，通过两大机构的设立建立了一条投资者与东道国之间的沟通渠道。一国投资者能通过本国国家联络点连接到共同的联合委员会，并通过联合委员会送达他国主管部门。③ 国家联络点的设置标志着东道国常设沟通平台的建立，且巴西将其服务范围扩大到所有外国投资者，促进了信息的交流更新，大大降低了投资争端爆发的可能性。联合委员会更是可以邀请私营部门和民间社会的利益相关人一同参加会议，因而提高了对话沟通

---

① MORAES H C, CAVALCANTE P M, Pedro, The Brazil-India Investment Cooperation and Facilitation Treaty: Giving Concrete Meaning to the "Right to Regulate" in Investment Treaty-Making [D]. 2021.

② 漆彤，胡安琪. 论投资争端预防的巴西范式及其借鉴 [J]. 武汉理工大学学报（社会科学版），2021, 34 (06).

③ 魏丹，唐妍彦. 从国际投资规则的旁观者到引领者——巴西 CFIA 模式研究 [J]. 武大国际法评论，2019 (5).

达成友好解决方案的可能性，防止文化差异以及期望落差带来的非必要争端。

从投资便利化的角度看，加强双方信息流通也增加了双方投资政策方面的透明度。① 巴西优先建立争端缓解与预防机制，使得投资便利化在争端处理领域的具体规则中得以落实。将投资便利化置于中心地位，符合双方共同利益。

3. 促进投资活动可持续发展

当双方将投资争端诉诸传统 ISDS 机制时，双方的关系往往已濒临破裂，为巨额的仲裁费用剑拔弩张。投资不同于贸易，其投入时间长、投资成本高。在此背景下，投资者期待保护自身合法权益，促进投资利益最大化，降低非必要损失；东道国期待拥有繁荣稳定的投资环境，吸引外资进入。双方均不希望通过对抗性的投资争端导致关系破裂。

巴西的两层三级预防机制确保了在问题发生前就促进投资者与国家之间的友好对话，上升为争端后也能通过联合委员会等机构缓解投资纠纷。该预防机制的侧重点已经从传统的单方面保护一方利益转向构建维护支持整体投资活动的政策制度环境。借此，投资者能收获安全可靠的营商条件，遇到与投资相关的疑虑能与东道国相关部门进行友好交涉；东道国也能通过投资者的反馈及时调整政策，使相关措施在实践中通过个案检验而不断优化，避免投资者的不满与争端，促进投资活动可持续发展。

（二）质疑

1. 对弱化私人救济方式的质疑

巴西争端预防机制将投资者置于监督之下，排除了其独立诉权，强化东道国的规制权。在联合委员会的统筹下，投资纠纷必须由母国出面向东道国提出异议，启动联合委员会的审理程序。投资者虽然可受邀出席会议，但其并非适格当事人。与传统 ISDS 机制相比，此举无疑弱化了投资者寻求救济的方式。此外，实践中母国由于受各种因素的限制，为单个投资者出面追索的可能性不大。② 投资者可能又陷入求助无门的局面。

ISDS 机制是 20 世纪 70 年代的进步之举，1965 年《华盛顿公约》标志着去政治化的外国投资者权益保护机制的形成。③ 在当时，赋予投资者独立诉权的

---

① DROUBI S, Investment Facilitation Mechanisms and Access to Justice in Brazilian Investment Agreements [J]. American Society of International Law, 2020.

② 季斯雨. 巴西投资条约争端预防与解决条款研究 [D]. 重庆：西南大学，2020.

③ 眭占菱，肖威. 外国投资者权益保护机制的嬗变——兼论中国立法及实践的现状及趋势 [J]. 时代法学，2016（2）：100.

方式既推动各国遵守条约，又保证受害者得到赔偿。① 这使处于弱势地位的投资者能够直接诉诸法律与主权国家进行博弈，将投资纠纷中国家与国家的矛盾降级为国家与投资者之间的矛盾。巴西的争端预防机制强调的国别间的对话，难免涉及诸多政治利益。政治与商业的冲突很可能导致两国之间的政治冲突，阻碍国际投资的良性发展。适用"外交化"的争端预防机制是时代的进步还是倒退，不得而知。

2. 对专门机构公正性与专业性的质疑

首先，专门机构作为预防与解决机制的亮点把控着争端预防与解决机制的各个环节，是投资者与东道国友好交流的重要平台。巴西试图完全摒弃 ISDS 机制，完全依赖联合委员会与国家联络点解决争端。此举无疑导致争端处理模式的单一化，私人投资者在遭受不公时很难通过其他方式寻求救济。其次，实践中联合委员会与国家联络点的实际效果尚不明确，投资争端预防机制没有相关的多边公约支撑，且巴西签署的绝大部分 CFIAs 至今仍未生效。极少数国家彻底摒弃 ISDS，将争端预防作为完全替代方案。再次，国家联络点作为投资者的第一联系人与调解人，需要极强的专业性与公正性，联合委员会成员的专业性也对争端处理报告有重大影响。然而，在巴西签署的双边协定中，对专门机构人员的专业性与选任程序并未明确规定。缔约国国内常用各自指定的方式确认专门机构，无法保证专门机构的工作效率、透明度等。且如上文所述，巴西对外贸易局（CAMEX）履行国家联络点的职能，其归属于巴西国家经济部，具有强烈的政治属性，能否中立地处理投资者的投诉令人担忧。

四、中国争端预防机制实践与启示

（一）中国争端预防机制实践

目前我国法律尚未直接规定预防投资争端具体条款，但在外商投诉工作办法和区际投资协议投诉机制中，我国争端预防机制已初现端倪。

《外商投资法》第 26 条规定：国家建立外商投资企业投诉工作机制，及时处理外商投资企业或者其投资者反映的问题，协调完善相关政策措施。外商投资企业投诉工作机制的建立标志着外商投资者提出的问题能到达政府，从而可以预防投资争端。2020 年 10 月 1 日起《外商投资企业投诉工作办法》施行，该

① GAUKRODGER，D，GORDON K. "Investor-State Dispute Settlement：A Scoping Paper for the Investment Policy Community"，*OECD Working Papers on International Investment* ［M］. Paris：OECD Publishing，2012.

办法规制投诉的提出、管理与解决，进一步细化外商投资企业投诉工作机制。此外，该办法通过引入机构治理的方式，总体上设立全国外商投资企业投诉中心统筹全局，同时在各地建立由商务部和县级以上地方人民政府指定的负责受理外商投资企业投诉的机构。①

在区际投资协议中，《海峡两岸投资保护和促进协议》强调设立两岸经济合作委员会投资工作小组，通过建立专门的"联系机制"为处理投资纠纷提供信息咨询；此外，还设立了投资争端协助处理机制和投资咨询机制，保证投资相关法律和政策信息公开的效率和透明度，发挥区际投资协议下双方行政机构和投资所在地行政机构在投资争端预防和解决中的协同作用，由投资所在地部门或其上级部门共同解决投资纠纷。②

（二）巴西投资争端解决模式对中国的启示

1. 结合调解，在双边投资协定中考虑加入投资争端预防机制

同为金砖国家，我国与巴西均在经历从单一的资本输入大国向兼具资本输入大国与新兴资本输出大国的转变。目前，我国争端解决模式仍以 ISDS 为主。③摒弃 ISDS 的救济，完全依赖预防机制是不理智的，但 ISDS 模式的弊端日益显现，故步自封非长久之计。鉴于我国目前已有外商投资企业投诉工作机制的试点，这表示国内已经对新兴的投资争端预防机制予以重视。首先，实践中可尝试参照巴西"国家联络点"，在双边条约中将我国外商投资企业投诉中心的地位"条约化"，确定其专门的投资争端预防机构的地位。通过在双边条约中建立投资争端预防条款，以国家为依托，建立友好交流的平台。其次，调解作为具有中国特色的化解矛盾的非诉讼解决方式，与争端预防条款有异曲同工之妙。国家联络点的职能之一便是沟通调解。尝试在双边协定中加入具有中国特色的预防调解机制，这符合时代的需求。

2. 重视"政治化"与"去政治化"的平衡

如上所述，ISDS 机制具有"去政治化"特征，赋予投资者以独立诉权；而投资争端预防机制以东道国国内机构为主，又存在强烈的"政治化"特征。为维护良好的营商环境，在制度层面平衡"政治化"与"去政治化"，就是平衡东道国与投资者的利益，避免从"保护投资者权益"的极端走向"东道国公共

---

① 参见《外商投资企业投诉工作办法》第 2 条。
② 徐崇利.《海峡两岸投资保护和促进协议》之评述——一种政治塑形的"低标准"样态［J］. 国际经济法学刊，2013（1）：9.
③ 陶立峰. 投资争端预防机制的国际经验及启示——兼评《外商投资法》投诉机制的完善［J］. 武大国际法评论，2019（6）：90.

利益本位"的极端。

我国《外商投资企业投诉工作办法》行政化特点突出，投诉中心与地方政府指定的投诉受理机构属于国家公权力机关，容易引起对其中立性的质疑。首先，我国可以借鉴巴西联合委员会的相关经验，在收到投诉后，在确有必要时可邀请投资者、投诉中心、利益相关者召开会议，通过倾听多方意见提出解决方案，提高投诉中心的公信力与处理投诉的透明度。其次，建立中国特色的投资争端协助处理机制，确保争端预防机制外的其他救济性方式。在投资者不满意投诉受理机构的决定或认为争端预防机制无法合理解决投资纠纷时，外国投资者有权向该机构的上级机构申请启动行政复议程序。

五、结语

巴西的争端预防机制极具特色，该机制立足于与我国相似的国际形势和巴西自身国情，是规避传统 ISDS 弊端的重大创新。其两级三层争端预防程序以专门机构为中心，值得我国借鉴。虽然该尝试具有维护东道国规制权、构建友好交流的信息链、促进投资便利化等优势，但仍有未尽完善之处。在各方积极寻求国际投资争端解决新模式的背景下，我国应结合自身外商投诉工作办法和区际投资协议投诉机制实践，在双边条约中建立具有我国特色的争端预防机制，避免或减少将来国际投资争端对我国造成的损害。

实务专栏：金砖国家的企业合规与发展

中资企业在巴西设立子公司授权本地法代的必要性与风险性分析

汪蕴青*　余本军**

近年来，中资企业出海投资寻求发展呈现上升趋势。巴西，得益于其人口数量庞大、消费市场巨大和自然资源丰富等方面的优势，虽然新冠疫情后经历了一定时间的经济衰退，但依然是拉美市场上外国投资者的热门选择。

巴西法律规定，公司内必须有一名拥有巴西当地身份的个人担任公司的法人代表。拥有巴西当地身份指的是具有巴西国籍，或者在巴西有永居卡，或持有巴西高管签证的派驻人员。任命法人代表（以下简称"法代"）的信息必须在章程中要明确体现任命法人代表的信息。① 等企业获得巴西政府签发的高管签证并派驻相关人员到达巴西以后，可改任命中方派驻巴西并获得高管签证的人员担任巴西子公司的法代。但当前疫情下，企业成立前期尚未外派高管之时，或者当企业经营不善已停止经营活动并撤回全部外派员工但尚未完成清算关闭公司的流程时，巴西公司必须聘任一位符合要求的巴西本地人担任本地法代一职。代任者需凭借中方母公司签署的授权委托书，才能获得相应的法人代表身份，进行公司章程的修改和变更，因此对本地法人代表的授权范围和违反约定的相应责任进行仔细的审核与约定，是十分重要的。

笔者就实践中服务某中资企业客户关闭巴西子公司过程中任命巴西当地法人代表所用的授权委托书的授权范围问题，从法律依据、风险评估与防范措施三个角度进行评析，并提供企业实务操作中可能需要的法律建议，具体如下。

---

　* 上海兰迪律师事务所高级合伙人、拉美业务组负责人，华东政法大学硕士研究生兼职导师。

** 上海兰迪律师事务所高级合伙人、南京分所负责人。

① DLA PIPER. Guide to going global corporate-Brazil［EB/OL］. （2022-06-29）. https：//www. dlapiperintelligence. com/goingglobal/corporate/index. html? t = 15 - director - officer - requirements&c = BR.

一、法律依据

（一）巴西法律中对公司股东的固有权力的规定

巴西公司法 Law no. 6. 404 of December 15, 1976

Section II Inherent Rights of Shareholders [Law no. 6. 404 of December 15, 1976, Chapter X Shareholders Section II, Inherent Rights of Shareholders.]

第十章 第二节 股东的固有权力

Article 109. Neither the bylaws nor a general meeting may deprive a shareholder of the right:

第109条 公司章程和股东大会均不得剥夺股东以下权利：

I - to participate in the corporate profits;

II - to participate in the assets of the corporation in the case of liquidation;

III - to supervise the management of the corporate business as provided for in this Law;

IV - of first refusal in the subscription of shares, founders' shares convertible into shares, debentures convertible into shares and subscription bonuses, according to articles 171 and 172;

V - to withdraw from the corporation in the cases provided for in this Law.

I- 参与公司利润分配；

II- 在清算的情况下参与公司的资产处置；

III- 根据本法规定监督公司业务管理；

IV- 根据第171条和第172条，优先认购股份、可转换为股份的创始人股份、可转换为股份的债券和认购奖金；

V- 在本法规定的情况下退出公司。

（二）巴西法律中对定居外国的股东必须任命本地代表的规定

巴西公司法 Law no. 6. 404 of December 15, 1976

Section VI Shareholders Resident or Domiciled Abroad [Law no. 6. 404 of December 15, 1976, Chapter X Shareholders Section VI Shareholders Resident or Domiciled Abroad.]

第十章 第六节 定居外国的股东

Article 119. A shareholder resident or domiciled abroad must maintain a representative in Brazil empowered to accept service of process in proceedings brought against him under this Law.

第 119 条　居住或定居国外的股东必须在巴西保留一名代表且被赋予在根据本法对股东提起的诉讼中接受法律程序的送达。

Sole Paragraph. The exercise of any shareholder's right in Brazil shall give the proxy or legal representative the capacity to accept service of process.

在巴西行使任何股东权利应赋予代理人或法定代表人接受法律程序送达的能力。

注：在现实中，必须具有巴西国籍，或者具有巴西长期居留签证、高管签证的人士，才有资格担任受外国股东任命的股东代表或法人代表。

（三）巴西法律中对权力授予的规定

Regarding the granting of powers, the following provisions of the Brazilian Civil Code (Law. 10.406/2002) [Law No. 10406 Of January 10, 2002, CHAPTER X, Do Mandate Section I General Provisions Art. 653. &Art. 661.] are applicable as a general rule:

关于权力的授予，《巴西民法典》（第 10.406/2002 号法律）的以下规定作为一般规则适用：

Article 653. A power of attorney is exercised when someone receives powers from another to perform acts or manage interests on his behalf. The power of attorney is the instrument of the mandate.

第 653 条　当某人从另一方获得代表其行事或管理利益的权力时，即行使授权委托书所赋予的相应权力。委托书是授权的工具。

Article 661. The mandate in general terms only confers management powers.

第 661 条　一般而言，授权仅授予管理权。

Paragraph 1. In order to sell, mortgage, transact, or perform any other acts beyond the ordinary management, the power of attorney requires special and express powers.

第 1 段　为了出售、抵押、交易或执行普通管理以外的任何其他行为，授权书需要特别和明示的授权。

Paragraph 2. The power to transact does not include the power to sign a commitment。

第 2 段　交易权不包括签署承诺的权力。

根据上述规定，在巴西当地的法律实践中普遍的做法是：巴西当局不太接受外国股权持有人以一般措辞授予的授权委托书（"POA"），因为根据巴西法律，POA 中必须具体、准确地描述授权的权力/行为。中资企业在巴西成立公司之初，到公司外派的中方高管（持有高管签证或有长期居留资格者）抵达巴西被任命为法代之前，工商、税务、银行开户、办理许可证等涉及多个政府机构和部门的事项，需要当地法代通过出示外国股东签署的授权委托书才能办理。如果因为考虑风险而对授权范围进行限缩，则有可能面临在某些部门办理某些事项时被视为授权范围不够，而要求需要进行特别授权，或签发新的授权委托书，这样不仅会耽误工作进度，还会产生时间和成本上的浪费。因此，对于初设阶段的巴西子公司，在授权委托书中可详细说明有效期内巴西子公司运营将需要和/或可能需要的措施/权力，从而为将来可能的新授权预留解释空间。

二、风险评估

以下是针对中资企业赴巴西投资设立企业时，任命巴西当地法代所用的授权委托书所涉及的授权行为的必要性及风险性的探讨。

（一）授权当地法代的必要性

中资企业"走出去"时首先面临的是海外子公司的设立。新冠疫情期间，国际差旅的成本和难度大大增加，大部分企业选择在派驻中方员工之前先委托中方涉外律师与巴西当地律师共同协作先进行工商登记、税号申办、银行开户、业务相关许可证办理等企业成立和运营的前期工作。在公司外派的中方高管（持有高管签证或有长期居留资格者）到达巴西之前，许多涉及政府机构和部门的事项需要当地法代通过出示外国股东签署的授权委托书才能办理。因此，中国股东必须通过签署《授权委托书》任命一名在巴西境内且具有合法身份（巴西国籍或持巴西长期居留签证）的当地人（两名股东可任命同一人）代表其行使相应的股东权力。

（二）《授权委托书》授权范围适当放宽的法律依据

笔者在法律服务实践中发现，通常巴西律师为中国股东出具的《授权委托书》中关于授权事项和范围的描述均不局限于用于注册公司，经常包含参与、处置，甚至转移公司资产的权力，这容易让中资企业，特别是国有企业的法务认为授权范围过大、风险过高，并建议删除这些条款。但笔者经过研究发现，约定如此权限的《授权委托书》其实完全符合《巴西公司法》第十章第二节〔同注 2，Law no. 6.404 of December 15, 1976, Chapter X Shareholders Section II, Inherent Rights of Shareholders.〕中关于股东固有权力的描述："股东具有参与、处置、转换和退出公司资产的固有权力，不受公司章程和股东大会的限制"，因此代表股东行使相应权力的被授权人也应具有该股东对应的全部权力，否则不具备与股东代表身份相对应的权力外观，无法代表股东在诸如设立公司、办理税号、银行开户等事项所涉及的诸多政府机构和文件上有代表外国股东签字的权力；若删减部分权力，则被授权人股东代表的身份会受到相关部门的质疑，甚至拒绝，从而拖延办理的进度。

（三）此类授权类比中国法律实务中股权代持行为的相似性与合理性

中国法律中虽不允许法定代表人的代任，但允许股东通过签署《股权代持协议》将实际股东持有的公司股权转让给他人代持。将中国法律中的股权代持与巴西法律中授权本地法代的行为进行类比，可以发现二者的相似性和合理性。

在中国，经过工商登记变更等相关正当和公开的程序，代持人可以正式成为公司的名义股东，具备与其他真实股东同样的权力外观，具有代表实际股东参加股东大会、投票表决、转让股权等其他股东享有的一切权力，但其代为行使的股东权力依然受到《股权代持协议》的约束，投票表决和转让股权等行为必须经过实际股东的同意、符合协议的约定才可以实施〔《公司法》（司法解释三）明确了代持股协议的有效性〕；如果突破协议的约定，违反实际股东的意愿并给实际股东造成了损失，名义股东将依照《股权代持协议》的约定对实际股东承担相应的赔偿责任，这与名义股东所具有的合法正当的权力外观并不矛盾。

中资企业在巴西投资设立子公司时，中国股东对被授权代表的授权行为可以类比为中国司法实践中常见的实际股东对名义股东的代持委托。《授权委托书》赋予被授权人代表一名或多名外国股东的股东代表身份，在外国股东没有高管派驻在巴西境内的情况下，其有资格代表外国股东在办理各类政府机构手续和文件上代表授权人出席或签字，这将大大方便办理各类手续，缩短进度。这种对外赋予被授权人股东代表权力外观的授权行为，与被授权人对内需遵循授权人（巴西公司的中国股东）的指示，将行使法代权力的行为限定在办理特定事项范围内并无矛盾。

（四）企业海外投资不同阶段的授权范围的尺度与利弊分析

实践中，中资企业对于海外授权代表授权范围的审慎是完全可以理解的，但对于授权范围的控制也应根据企业所处的阶段区别对待，不建议按照完全相同的标准"一刀切"。

1. 企业初创时期，账面注册资金充足，诸多经营计划和合作协议有待签署，此时对于代表的授权范围有必要进行严格审核和限缩，不然有可能给企业造成资产流失的风险和隐患。

2. 在企业初设阶段，为了控制授权法代带来的转移资金方面的风险，除了与当地法代另外签署《承诺赔偿函》以确保超过授权范围或者未经授权人同意的违约行为造成的损失，被授权人会承担法律责任并进行相应赔偿，还可以选择在派驻中方高管之前先设定少量注册资金，等派驻高管接管并变更法代为中方高管之后，再增加注册资本并注资。在企业注册资金和账面资金不多的情况下，授权范围适当放宽对企业不会造成太大风险。

3. 在公司海外投资的终末期——清算关闭阶段，特别是公司账面上已无剩余资金，且常驻高管均已撤回国内的情况下，此时为了顺利推进清算关闭，给予当地法代必要的授权并无更多资产流失的风险。相反，可为加速关闭公司节约时间，减少公司存续期间出现新增诉讼、纠纷，以及因中断或延长公司关闭流程而出现意外情形的可能性，同时减少公司存续期间持续产生报税、法代服务费等支出。此时严格限制授权范围，对于实现尽快关闭公司和减小公司继续存在的风险财务负担的目标而言，是弊大于利。

三、风险防范措施

笔者在服务中资企业海外投资的实践中总结了以下有关授权委托当地法代的风险防范措施。

（一）授权范围的限定和赔偿责任的约定

投资成立海外公司的中国股东可以在签署《授权委托书》之前要求被授权人签署《赔偿承诺函》（Letter of Indemnity）和《法代服务合同》（Service Contract of Representation），并在这两份文件中对被授权人行使股东代表权力的事项、范围和违约赔偿责任进行约定，比如：明确受该客户的委托提供代任法代服务的目的和事项仅限于设立或清算、关闭巴西公司；承诺"作为代理人，完全遵循协议中该客户的指示和要求；不参与任何与巴西子公司清算、关闭程序无关的活动；如有任何违反，代理人承担因故意、疏忽或滥用权力导致的公司损失和损害的全部责任，且无任何异议"。承诺人和承担赔偿责任的主体除了被授权人个人，还可以进一步增加提供法代服务和人选的巴西会计师事务所和该事务所的实际负责人。一家运营收入状况良好且当地中资企业客户名单和业界口碑都非常好的当地会计师事务所，对授权企业承担相应的赔偿责任的能力会更加有保障。

（二）对处置和转移公司资产相关行为的约束

授权方的担忧和风险主要集中在《授权委托书》中有被授权人有权力处置

和转移海外子公司名下的资产的约定，对此除了以上《赔偿承诺函》可以从事后追责的角度保证授权方的损失获得赔偿，还可以选择在派驻中方高管之前先设定少量注册资金，等派驻高管接管并变更法代为中方高管之后，再增加注册资本并注资。

（三）谨慎比较、选择提供法代服务的当地合作机构

在巴西投资的外资企业在选择当地法代时，普遍由当地的律师事务所或者会计师事务所这样的中立且专业的机构提供法人代任服务，事务所会提供被授权的法代人选，但为了分摊风险，通常并不会由主办律师或会计师本人担任法代，而由他们负责推荐或者指派担任法代的人员担任。因此，选择法代时关键是要选择专业、可靠的当地服务机构。

根据多年在海外工作的经历，笔者在为中资企业海外投资提供法律服务的过程中特别体会到：在海外选择合作机构或者服务商，信任背书尤其重要。经过专业的中方涉外律师在长期从事该国法律服务业务过程中筛选和过滤再推荐给企业的当地合作律师事务所或会计师事务所，通常其口碑和信誉都会更加有保障。海外的律师事务所和会计师事务所因为与中国涉外律所在许多客户的案件中有长期的合作，通常不会因为个别企业或案件的利益而损害自己在同行中长期积累的口碑。因此，通过中方涉外律师推荐的当地合作机构提供的法代人选，通常比企业自己在当地通过各种渠道找到的人选更加可靠、有保障。

总结与建议

中资企业在海外投资与经营过程中常常面临因当地法律法规的特殊性而带来的合规与风险挑战，譬如本文所涉及的巴西法律对于法人代表身份的特殊要求。在理解并遵守当地法律规定的基础上，根据中方涉外律师的专业法律意见，经过理性的分析，谨慎选择当地服务机构和被授权人，充分运用《授权委托书》、《承诺赔偿函》和《法代服务合同》等一系列法律文件进行合理的应对和必要的风险防范，无疑是企业在海外投资过程中稳健经营的保障。

中资企业如何应对印度当局的"不友善"政策

黄雪杉*

印度劳动力资源丰富、市场潜力巨大，一直是很多有实力的中资企业"走出去"的首选之地。近年来，中印关系降温，印度当局对中国实体或自然人在印投资不断增设条件，针对性执法也时有发生。在中国社交媒体上，印度当局限制或处罚一些中资企业的新闻铺天盖地，这使得很多有意于印度市场的中资企业举棋不定。在印度投资，不确定的政治风险固然不可避免，但事实情况真的有那么严重吗？所有被处罚的中资企业都是因为政治原因吗？现在，笔者结合自身多年处理中资企业在印事务的经验，谈一下企业经常会遇到的各类问题及应对方式。

一、政策收紧与针对性执法

印度政府一直秉持相对宽松的外商投资政策，但近两三年来，却先后出台一些政策限制周边国家（尤其是中国）的企业投资印度。例如，2020 年 4 月，印度政府通过一项政令，凡是与印度有陆地边界的国家，其企业来印投资必须由印度政府进行审批。此项政策给计划投资印度的中资企业造成了新的困扰，但再高的喜马拉雅山也阻挡不了插上翅膀的资本。"天下熙熙，皆为利来；天下攘攘，皆为利往。"一些仍然致力于开拓印度市场的中资企业辗转采取股权代持模式，在印度成立子公司时，选择将股权挂靠在印籍公民或其他不受限制国家的自然人名下。投资方为防止因股权代持而致丧失管理权或控制权，一般都会安排中方母公司的高管担任印度子公司的董事。

印度政府对于中资通过股权代持方式投资印度、实质上绕开审查的行为，即使"明知"也无法悉数"查处"。一者政府没有人力、物力去调查所有外资

---

* 上海兰迪（深圳）律师事务所高级合伙人/兰迪印度分所负责人。作者声明：本文系作者经验之谈，愿与有识之士交流探讨，如涉及具体案件，还须个别分析，不可一概而论。

企业在印子公司的股权架构及实益权人，工商部门只能通过公司声明、申报等在形式上予以确认；二者印度作为发展中国家，急需外部投资发展本国经济，政府过度干涉只会扰乱正常的市场秩序，打击外部投资者信心，不利于国计民生。

不过，鉴于近年来中印摩擦不断，印度执政党不得不作出某种姿态，以迎合民意。2022年6月，印度政府又颁布政令，进一步要求对中资企业在印子公司的董事进行"安全审查"。政府虽然对"谁是股东"奈何不得，但对"谁当董事"却有权审查，此一政令进一步削弱了股权代持模式下中资企业对其在印子公司的控制，加大了股权代持可能的风险。

印度政府不仅制定诸多政策对中资企业投资印度设置障碍，还对在印正常经营的中资控股企业进行针对性执法。比如，印度政府以"国家安全"的名义先后禁止数百款中资企业APP（软体）的下载，OPPO、VIVO、小米、荣耀、华为和中兴等多家中国手机、通信企业，也遭到了不同程度的打压或处罚，主要涉及的问题有财税、洗钱和外汇等。尤其是2022年4月，小米公司在印度的一个公司账户被当局冻结，涉及资金高达555亿卢比（约合人民币48亿元），这一事件更加表明印度政府借故打压中资企业。

印度政府通过股权防范、管理权审查等方式对中资企业的进入施加各种限制，同时还对已有中资企业开展针对性执法，使得部分计划投资印度的中资企业"望印兴叹"。

二、政令波及的主要行业及多数企业被制裁的主要原因

中资企业投资印度，真如网络媒体所宣扬的那样道路坎坷、满布荆棘吗？事实并非如此！

印度仍然急需外资发展本国经济，只是如今更加注重外资质量。目前，印度当局针对性执法主要集中在中资控股的通信企业和互联网企业。很多中资控股企业被查处的根本原因并非印度当局的"不友好"政策，而是企业自身的不合规，甚至违法犯罪行为。

中资控股的通信企业占据了印度市场的半壁江山，极大地冲击了印度本土同类企业的发展，更触动了印度很多大家族的利益。一方面，如今的印度政府更加有意识地保护民族工业；另一方面，各大家族在国会和政府中有很大的影响力，有动机、有实力推动立法或改变政策。中印之间的历史积怨和现时冲突，也给了印度利益集团联合起来煽动民意的机会，而民意又反作用于执政党，倒逼执政党出台"反中政策"。

　　至于中资控股的互联网企业，不同行业被打压的原因各不相同。部分互联网企业被打压，的确与国际形势、中印冲突等政治因素有关；但是，有一些互联网企业被查办，纯属自身原因，主要涉及违法违规，包括数据不合规（如数据非法跨境传输）、信用卡套现、色情、暴力、赌博、洗钱，等等。印度政府随即对中资控股的网贷企业展开整顿，尤其对涉事企业及其工作人员，无论中方高管还是印籍董事，或拘禁或逮捕，一律绳之以法、严惩不贷，此类网贷企业瞬间销声匿迹。

　　还有，税务问题一直是很多中资控股企业被查处的共同原因。今年年初，很多协助中资企业在印度注册子公司的公司秘书，都被印度公司注册处和印度公司秘书协会频繁发函调查，甚至问询。印度官方的此类行为进一步加剧了中资企业对印度投资环境恶化的担忧。对此，笔者专门访谈了数名被调查、问询的印度公司秘书，从其叙述中了解到，他们之所以被调查、问询，主要是因为他们所供职的中资控股企业在运营过程中涉及税务问题。公司注册处收到税务部门的函件后，开始倒查企业在注册过程中是否存在伪造材料等问题。虽然这种"倒查"有特别针对之嫌，但毕竟起因于企业自身的严重违规，甚至违法行为。

三、中资企业如何应对当前形势

　　鉴于当前及未来严峻的国际政治、经济形势，中资企业是否有必要前往印度这样"不友善"的国家投资，这就需要企业结合自身实力、风险偏好以及是否有跻身印度市场的迫切需求等方面，进行综合评估，谨慎权衡。

　　股权代持的风险不断加大，现实中的那些名义股东，或者极尽威胁敲诈之能事，或者恶意掏空企业，此类案例比比皆是。

　　中资企业还可以选择直接收购当地公司，进而绕过政府审批流程。但是，直接收购的风险也不小。一者被收购公司的业务与收购方的需求很难完全匹配，其股东、董事、员工等后续安排很麻烦；二者被收购公司的资产状况很难通过尽职调查全部掌握，尤其是表外债务。

　　因此，对于需要投入土地、厂房、设备等重资产运行的企业，还是应当走正规审批流程。虽然近年来中资企业在印度的投资申请审批时间长，且获准通过的企业占比不到两成，但有实力的中资企业申请成功的概率依然很高，完全没有必要冒险采用代持或收购方式。

　　近年来印度政府更看重外资的质量，投资规模大、提供就业岗位多、拥有核心技术的企业，不管是否为中资，都很容易获得批准。既然是到印度投资，中资企业当然需要"投其所好"，从财力、人力、技术等方面不断提升自己。

中资企业要想提高申请成功的概率，在自身有一定实力的基础上，还须如实提供各类资质的证明文件，制订详细的投资计划，结合当地风俗习惯避开文化宗教禁忌，等等，这些都需要专业人士的支持。需要特别注意的是，根据印度现行政策，中资企业在提请印度政府审批之前，须先在印度注册成立子公司，并以子公司的名义提起申请。在审批期间，子公司不得实际运营。同时，印度政策还要求所设立的子公司必须有至少一名印籍董事。印度外国投资促进委员会在审批期间，会时常联系该名印籍董事，详细询问中资母公司的投资计划及其子公司未来的经营安排，有些询问事项甚至会涉及企业的商业秘密。如果董事不了解投资计划，或者不可靠，或者应对失当，那就会极大降低审批通过的概率。

如果中资企业急于求成，选择股权代持等方式绕开政策限制，则纵使一时侥幸，但风险始终伴随。"欲速则不达，见小利则大事不成。"只看到眼前利益而忽视远期风险，多年经营很有可能毁于一旦。行稳致远，既然选择到当地投资，首先目的要正当，手段也须合法，必须尊重当地法律法规、风俗习惯，有志于务实经营、创造财富，而非破坏当地经济秩序，甚至从事违法犯罪活动。凡事多请教值得信任的专业人士，绝不可凭主观意愿贸然行事。

四、司法环境对企业权利的影响

一个国家的政策可以根据现时的需要调整，尤其像印度这样民主制度不完善的国家，行政机关权力很大。中资企业在印度这样对中国"不友善"的国家进行投资，合法权利能得到保障吗？

相对于其他发展中国家，印度司法机关相对独立，法官有很大的自主权，大多数情况下可以做到立场中立、依法裁判。中资控股企业如果遭到行政当局的针对性、歧视性对待，很大程度上是可以通过司法途径获得救济的。在司法独立的情况下，法院没有必要包庇或掩饰行政机关或者官员的违法行径。印度法官很受国人尊重，有足够动机维护自身荣誉和权威，切实做到依法裁判。以近期"小米在印账户被冻结"一案为例，卡纳塔克邦高院仅在小米公司申请解冻后的一周，便迅速裁定解冻。法院认为行政当局冻结小米账户的行为不符合惯例，且涉嫌针对性执法，已经严重影响到了企业的日常经营。虽然法律规定作出行政决定的最长时间为180天，但法院裁定行政当局必须在60天内作出行政决定。不仅备受关注的大案如此，就笔者所参与过的一般中资企业与印资企业的民事诉讼案件，或涉及中资企业的破产案件，也从未感到印度法官有明显偏袒或者不公正行为。

正因如此，中资企业在印度遇到业务、劳资等纠纷时，笔者建议尽量选择当地法院通过诉讼解决，而非选择当地仲裁机构。人们通常会觉得商事仲裁会比法院诉讼更高效，但在印度，二者效率相当。再者，印度仲裁机构的仲裁员大都是印度人，很容易有倾向性，毕竟仲裁员的身份认同与法官不同。如果合同金额较大或者必须通过仲裁解决争议，那么建议约定中立第三国的仲裁机构进行仲裁，虽然成本有可能因此而增加，但救济途径会相对有保障；如果纠纷所涉金额较小，则最好选择当地法院通过诉讼解决。

以上是笔者对印度目前投资环境的些许管见，供准备投资印度和已经投资印度的中资企业参考。刍荛之议，引玉之砖，愿奉教于诸位有识之士。

"一带一路"国际投资视角下国际税收争议解决机制的完善

高嫣然 *

摘　要：在推动"一带一路"高质量发展过程中，中国对外投资自 2013 年起数量不断增多、程度不断加深。大规模的中国企业来到"一带一路"共建国家生产、投资，在产出客观的经济效益的同时也不免出现异地投资下投资企业与"一带一路"共建国家之间的国际税收纠纷。中国在提出"一带一路"倡议后的十年发展中，不断鼓励、支持、引导国外企业的引进与中国企业的"走出去"，实现了"投资东道国"与"投资者母国"双重身份的转变。随之而来的便是不同国家角色下就国际税收争议解决机制的立场与需求也随之发生改变。为实现国际税收争议解决机制的与时俱进，弥补与改进现有机制的不足与缺陷，中国与"一带一路"共建国家之间应加强税务相关法律信息交流，在纠纷出现前便减小投资企业与东道国之间争议出现的可能性，改善现有的相互协商程序制度，并佐以国际税收纠纷仲裁解决机制，维护投资人的合法权益和东道国的国家利益，推动国际税收规则与机制的发展与完善。

关键词：国际税收争议解决；"一带一路"；相互协商程序；国际税收仲裁

一、问题的提出

"一带一路"倡议的提出，推动了我国与"一带一路"共建国家贸易往来，拉动彼此之间经济快速增长。中国在此之前，以庞大的市场和高性价比的大量劳动力吸引外国企业来华投资，主要以"投资东道国"身份进行对外交流；而后的十年间，中国经济的快速与高质量发展令中国企业实力愈发强大，也逐步实现中国在国际舞台上的角色转换。不断增强的经济实力使得中国企业的眼光不再局限于本国之内，在"走出去"战略的支持下加强对外投资，增强与各国

* 华东政法大学 2021 级硕士研究生。

之间的经济合作，规模愈发庞大，最终在"投资东道国"的基础上又增添了一重"投资者母国"的身份。不断开拓、拓展的合作共赢新局面带来经济体之间愈发紧密的经贸联系，随之伴生的便是越来越多的国际税务争议，因此引发对国际税务争议解决机制的考量。国际税务争议包括一国政府与跨国纳税人之间在国际税收关系中产生的各类争议，而中国企业于对外投资过程中不可避免地涉及缴税纳税，由于许多"一带一路"共建国家的税收法律制度与执法环境缺乏充分的稳定性、透明性与明确性，对税收协定的遵守执行不到位，在国际税收规则的理解运用水平上存在欠缺等，因而容易引发各种税收争议。① 不论是"一带一路"共建国家所设立的相关规则不完善、细则缺乏或不完备，还是税务机关执行上存在懈怠甚至错误，在当前国际环境变幻莫测、国际税收规则与制度迅猛发展的背景下，跨国纳税人与东道国主要纳税机构之间会产生更多、更复杂的摩擦。但当前的国际税务争议解决途径却存在着不少问题，中国与"一带一路"共建国家在早先签署双边投资协定时所确定的税收争议解决机制的规定较为笼统，不论是现行国际税收规则的变化还是当下中国双重角色的转变，都对现有的国际税收争议解决机制提出了更高的要求。只有形成更为有效、完善的国际税务争议解决机制的法律保障，才能更好地为投资企业在外发展提供支持与便利，从而更为顺利、高效地推进"一带一路"倡议下的合作与发展。

二、"一带一路"共建国家税收争议解决机制现有框架

中国与"一带一路"共建国家签订的双边税收协定中采取相互协商程序（MAP，Mutual Agreement Procedure）。经纳税人提请，交由本人为其居民的缔约国主管当局依据税收协定所规定的内容判断，认为合理且无法单方面解决的，同缔约国另一方主管当局协商解决。② 尽管当前相互协商程序在国际税收争议解决中发挥了相当的作用，但仍旧存在不少弊端。相互协商程序实际的参与主体为国家的主管部门，作为可能的最直接权益被损害方的纳税人本身，仅有权参与最初的请求母国相关部门启动这一相互协商程序的环节。作为申请人本身，纳税人须搜集相应的证据和资料，以向相关部门证明自己的合理诉求。负担最初证明责任的纳税人即投资人，须花费大量的时间与精力搜集证据，整理材料，形成系统文件后向相关部门提请。其后，税务主管部门是否会启动这一程序，

---

① 赵洲，吕思彤."一带一路"税收争议仲裁机制的引入与建构研究［J］.国际商务研究，2023，44（2）：85-97.

② 《中华人民共和国政府和大韩民国政府关于对所得避免双重征税和防止偷漏税的协定》。

程序的集体洽谈过程和最终方案都具有很强的不确定性。程序并不必然因当事人的请求而启动，税务主管部门拥有较大的自由裁量权；程序的过程与结果并不透明，最终达成的协议也并不公开；关键作为当事人的私主体除程序的启动外，便被排除在相互协商程序的其他环节，而是由双方税务当局进行，最终即便达成协议也仅形成于税务主管部门之间，作为最直接利益相关人的纳税人本身，则在相互协商程序中被完全忽视。该程序的启动初衷是为维护纳税人的合法权益，但参与的主管部门与另一国的相关部门进行洽谈，其本身所涉及的内容或所代表的立场并不必然与纳税人完全一致，这背离了相互协商程序的目的。且缔约国双方的洽谈内容、经过和时间节点的不透明则更加剧了这一风险。纳税人自身对于相互协商程序没有任何控制力，不论是正式启动还是过程、结果，其合法权益的保护维系在母国主管部门手中，若此争议不涉及国家利益，主管当局便有可能动力不足，结果是双方当局进行协商的时间会拉长，对税收争议的解决会不断拖延；若该税收争议内容涉及的不仅有纳税人一方的经济利益，同时还有该国的国家权益，那么两国的相关主管部门在进行协商时，为实现利益交换而达成双方共识，最终呈现的处理结果同样不一定能很好地维护涉案的纳税人主体的正当权益。

主管当局依据双方签署的税收协定内容判断是否启动，但涉及的税收协定规定本身并不完整详细。中方与"一带一路"共建国家签署的双边协定内容许多时候以原则性的条款形式规定，而不进行具体、可操作性强的内容拘束①，因此该税收争议是否能通过国际途径进行，以实现避开投资东道国国内法规定的方式解决则存在一定的不确定性；同时并无任何细则条文以清晰明确的标准来帮助纳税人在提起申请前对该程序能否启动有一个预先的判断。就"一带一路"共建国家本身而言，其法律制度因过往的历史原因或许通过借鉴西方的法律模式而呈现出较为完善、先进的制度规定，但其国内的法律执行情况、政府部门的执法态度却往往是他国投资者所可能面临的法律风险。因此，除通过向东道国国内法制寻求帮助外，完善国际法层面的国际税收争议解决机制，让投资企业有更多、更能让其信赖的解决途径，方能更好地为本国企业在外投资的合法权益提供法律保护。但现行模糊的、框架式的国际税收争议解决方案，原则性、笼统化的法律依据的设定，显然不能满足国家与企业的现有需求。

---

① 2022年7月26日，国家税务总局公布的中国与刚果（布）、安哥拉、卢旺达等国双边税收协定及议定书，其主要条款均数量不多，以大致、概括的方式进行规定。即使是近期生效的双边税收协定，采取的模式仍旧如此。

除启动相互协商程序的法律依据外，对于相互协商程序的具体规定，事实上并没有任何法律法规进行明确与细化。缔约国双方之间本身没有就相互协商程序作出细节性的操作流程以及进度规划。即便投资者母国的税务当局开启了相应程序，但因其本身缺乏透明度，过程本身处于保密状态，启动后双方洽谈的进程开展到了什么阶段，是否有初步的结果或者反馈都无从知晓。并且，相互协商程序本身无任何相应的时间节点设置来推进程序的进展，纳税人尽管成功提交申请启动了程序，仍不能期待在短时间内得到结果。甚至就缔约国的税务部门进行商讨行为本身而言，两边部门机构也不负任何义务，无法要求双方部门必须对此进行解决从而得到最终结果。由此，纳税人甚至并不能期待程序启动后便一定能得到相应的结果，甚至是相关部门能够给予一定程度上的反馈。有数据表明，就纳税争议案件提请相互协商程序进行处理，7%的案件仅得到部分解决，甚至有39%的纠纷完全没有得到解决①，效率十分低下。中国2017年签署的《实施税收协定相关措施以防止税基侵蚀和利润转移（BEPS）的多边公约》（以下简称《多边公约》）采纳了部分第14项行动计划的成果，但也有许多关键的，甚至是"最低标准"也未被纳入其中，最为典型的即"建议缔约国承诺力求在平均24个月内解决MAP案件"②。显然，相互协商程序的进展以及效果完全取决于双方国家的税务部门的协商意愿与能力。

三、与"一带一路"共建国家之间相互协商程序的调整方向

当前我国与"一带一路"共建国家之间所采纳的国际税务争议解决机制并不能很好地适应或解决我国目前所面对的海外投资具体情况，现实需求与应对方案之间并不适配。以"投资东道国"身份去评价相互协商程序应对现实国际税务纠纷问题，其相互协商程序本身并非有较强的强制力来保障其执行的制度，程序的开展无时间限制来推进其顺利地开展，甚至程序能否启动以及最终的处理结果完全取决于双方主管税务部门的意志，与其说是作为一种法律途径来解决税收争议问题，宁说是通过外交途径来推进纠纷的处理。仅2021年，我国对外全行业直接投资金额高达9366.9亿元人民币，其中我国境内投资者共对全球166个国家和地区的6349家境外企业进行了非金融类直接投资，累计投资7331.5亿元人民币。③ 中国正不断加强对外投资程度，自提出"一带一路"倡

---

① MICHELLE B, PAMELA W. Mandatory Arbitration within Tax Treaties: A Need for a Coherent International Standard [J]. The ATA Journal, 2013 (2): 1-20.

② BEPS项目第14项行动计划成果中第1.3项最低标准措施。

③ 2021年我国对外全行业直接投资简明统计 [EB/OL]. 中华人民共和国商务部网, 2022.

议以来，坚持"走出去"战略以实现国家经济高质量的发展，逐步变身"投资者母国"。在这样的时代背景下，相互协商程序并不能很好地提供法律支持，解决不断"走出去"的中国投资企业在投资过程中产生的纠纷，这将不利于对外投资的开展与顺利推进。以"投资者母国"视野看待国际税务纠纷，即本国投资者与另一国之间就税务产生的争议，立场不由得发生转变，不再仅从"东道国"角度出发确保自己国家权力不受损害，国家主权不受限制，而开始更多地去考虑如何能够为本国在外投资的企业提供更好的法律保护。相较于国家政府部门，投资者处于弱势，即使投资者母国出面代为协商，但受限于没有强制性的时间要求，对于东道国纳税人即母国的海外投资者而言，最起码短期内看不到任何结果，相互协商程序通常的处理时间维持在 2 至 3 年，更有甚至耗费了12 年才通过相互协商程序得到了一个处理方案。① 而在这期间，即便相互协商程序已经启动，税款的征收也并不一定会暂停。最终主管部门间的协商结果、纳税人提出的处理要求，更是可能予以不公开、不回复的处理。产生了纠纷而自己的权益却并不能得到良好的保护，显然，当前中国所签署的双边协定确定的相互协商程序在事实上已经不符合我国当下的需求了。在中国实现角色转型后，中方就税务争议解决方面的立场相应地发生了一定的调整与变化。且就过往的双边协定所明确的条文内容来看，其与当下国际经济的发展形势相对滞后，已然不能很好地处理新型纠纷。基于上述考虑，中国与"一带一路"共建国家之间的国际税收争议解决机制存在调整的必要性与迫切性。

（一）强化国家间的信息交流

除优化与周边国家国际税收争议解决机制外，从源头入手减少纳税人与东道国之间的税收问题也同样重要，其中加强各国之间信息交流更是重中之重。中国企业对外投资的法律风险中，投资企业对当地法律不清楚是一个因素。完善国际税收争议解决机制，除调整纠纷产生后当事人可采取的应对方式外，前期的预防工作同样应得到重视。不同国家对于税收通常有其各自不同的规定，不论是税收种类的划分抑或是税收数额的确定，都是根据本国国情而出台相关法律法规。也正是如此，投资企业的部分行为可能在投资者母国内或被认为是合理避税，在东道国却面临着被认定为是非法逃税行为的风险。同一产品、同一行业，若来到"一带一路"共建国家投资的企业事先未能缜密地进行相关法律的调查研究，做好资金、劳动力、场地等方面的准备，便开始在东道国进行

---

① MARIO Z. Arbitration under Tax Treaties: Improving Legal Protection in International Tax Law [M]. Amsterdam: IBFD, 2003: 13.

投资经营时就会发现当地的税率与中国规定的截然不同。如中国铝业，2007年3月其通过竞争打败其他诸多优秀企业，成功取得澳大利亚奥鲁昆铝土矿项目的采矿权。在这之后的第三年，中国铝业却突然对外宣布该项目将被中止，导致这一项目最终失败的主要原因出乎意料的是澳大利亚政府要对该项目征收将近40%的资源税。即便作为大型企业有着完备的组织架构和严谨的内部体系，对于法律法规的重视程度相较于其他中小型企业更高，却仍在对东道国内的法律法规认识上狠狠跌了一跤。可见国内投资企业对外开展经营活动或进行项目工程的承包，非常欠缺的便是对投资环境，特别是法律环境的了解与调查，其中包括对外国税务相关的法律检索及其与国内相关制度的比较。而这都将极大影响企业在东道国内后续生产投资的顺利开展。因此，在双边税收协定中，双方缔约国之间就税务信息、法律、政策条款定期进行更新，实现双方信息的及时交流，为投资企业前期了解工作提供更多、更完善的基础信息，这样会更有利于投资企业能够在其前期工作中降低后续出现税务纠纷的可能性，或是即便有了争议也能对相应情况更加了解与明悉缘由。

（二）构建专业团队

信息的掌握能降低纳税人在东道国的纳税风险，而出现纳税争议后启动的相互协商程序，则依赖于我国相关税务部门的处理。显然，在相互协商程序中，我国并不存在专门、专业的团队或者组织机构专项负责。[①] 就相关数据来看，我国对外投资基数极其庞大。2013年至2021年，我国对共建国家直接投资累计1613亿美元，年均增长5.4%，"一带一路"共建国家已成为我国企业对外投资的首选地；"一带一路"共建国家在华投资设立企业3.2万家，实际累计投资712亿美元；我国在"一带一路"共建国家承包工程新签合同额累计约1.1万亿美元，完成营业额7286亿美元，涵盖交通、电力等多个领域。[②] 仅2022年，我国企业在"一带一路"共建国家非金融类直接投资就有1410.5亿元人民币，我国企业在"一带一路"共建国家新签对外承包工程项目合同5514份，新签合同额高达8718.4亿元人民币。[③] 在"一带一路"倡议下，我国企业对外开展投资的金额以及项目建设的数量在快速增加，对外投资规模愈发庞大，对外投资程

---

① 刘诚宏，王坤."一带一路"倡议高质量发展阶段"走出去"企业税收争议解决机制的借鉴研究 [J]. 国际税收，2019（2）：49-51.

② 党的十八大以来经济社会发展成就系列报告："一带一路"建设成果丰硕 推动全面对外开放格局形成 [EB/OL]. 中华人民共和国中央人民政府网，2022-10-09.

③ 2022年我对"一带一路"共建国家投资合作情况 [N/OL]. 中华人民共和国商务部网，2023-12-20.

度逐渐加深，因此中国投资者在投资国可能产生的税务纠纷也随之翻倍增长。我国在双边税务协定中以及《多边公约》内选择的均是投资者若申请启动相互协商程序，须向其居民国本国的税务机关提请。而在庞大的基础数量上，投资者与东道国之间因税收而产生的矛盾寻求本国税务机关帮助的纠纷量也不在少数。在现有的相互协商程序中，需要更专业的团队以及人员熟悉相关的流程以及法律。建设人才队伍也能令企业的反馈、请求得到更快速、更全面的回应。对不同税收争议进行分类，成立专业化、规模化的队伍，及时了解掌握细节，在效率上与专业度上实现提升，这样不仅能提高相互协商程序的效率与质量，也能更好地站在投资者立场维护其合法权益，为中国企业海外投资保驾护航。

四、引入税收争议仲裁机制完善国际税收纠纷的应对路径

相互协商程序作为我国处理国际税务纠纷的主要争议解决机制，如前所述存在一定的缺陷，中国 2017 年所签署的《多边公约》中，时限问题仍没有被纳入其中。纳税人参与度不足，因税收涉及国家主权，协商的主体仍拘泥于在两国的相关主管部门之间，程序的透明度也有着较大的不足，这些都使得相互协商程序不能很好地或者说完全依据法律的相关规定去处理国际税务纠纷。正因如此，相互协商程序被评价为是"一种解决国际争议的外交程序，虽然已得到了普遍应用，但存在着天然的缺陷"①。所以，在相互协商程序仍作为主流的当下，存在实行其他国际税收争议处理方式的必要以弥补相互协商程序的不足，以期更好地解决纳税人与东道国主要税收机构之间的国际税务争议纠纷。

相互协商程序解决的纠纷范围主要在于一国内部的国家税务问题，因而具有一定的特殊性，体现了国家主权的意志。国际投资争端解决机制下的涉税仲裁针对的是特定的争议问题，即因为东道国政府大幅度提高税率、实行间接征收等产生的外国投资者权益保护问题。② 涉及东道国行使国家权力去确定其空间范围内的税收问题，二者的矛盾在于国家公权力的行使是否侵犯私主体的合法利益，是对国家权力行使程序中合法性、合理性的质疑。为解决双方之间的矛盾，或是通过东道国国内的程序，一方既当"运动员"又当"守门员"的情况不免让另一国私主体产生信任危机；又或是通过领域第三方，如与东道国平等的一方交流，则如相互协商程序一般陷入漫长打交道的时间漩涡。若引入国

---

① 王国璋，徐建华，孙文博等. 国际税收争端解决机制分析［J］. 福建税务，2003（12）：20-22.

② 欧阳天健. 国际税收争议仲裁解决机制的世界趋势与中国立场［J］. 国际商务（对外经济贸易大学学报），2017（3）：149-160.

际司法程序，想要实现以法律解决税务纠纷，在国际层面将纠纷交由第三方裁判，由国际组织审理、裁判一国的内政，不可避免地涉及对国家主权的尊重，则东道国因首要考虑的是国家主权维护的问题而选择拒绝。相较于国际司法程序而言，国际仲裁更符合税收主权独立基础上实现一定程度的国际税务纠纷的法律解决机制的需求。国际仲裁的前提为双方国家均同意选择其作为国际税收争议解决的方式，而国家自主选择通过税收协定或其他方式予以同意，其本身即国家行使主权的方式的表现。而在《多边公约》中设定了对相互协商程序具有一定补充性质的仲裁机制。① 如果启动相互协商程序 2 年的期间内，仍未达成最终方案，涉案的纳税人则可申请将该纠纷提交仲裁进行裁决。将税收争议交由仲裁解决，除此《多边公约》中有类似规定外，实际上也与中国签订的"一带一路"双边投资协定发展趋势相一致。中国的双边投资协定中就投资相关的争议提交仲裁，自 1990 签署《ICSID 公约》开始逐步放开，1998 年开始，中方在签订的投资协定中就关于国际仲裁事项的可提交范围进行了扩大。② 东道国与投资者之间的任何投资争议，均可以提交 ICSID 或者 UNCITRAL 仲裁庭进行解决。③ 将中国投资企业在外投资过程中与东道国就税务产生的纠纷提交仲裁，并非中国在此做出了极大的跨度转变。

（一）　国际税收争议仲裁机制的从属性

将国际税收争议解决通过仲裁方式处理，其目标为协助相互协商制度，弥补其自身的不足，因而在相关程序操作中须以本目的为基础进行相关规则的具体操作，引入的国际税收争议仲裁解决途径，应当作为国际税收机制的从属性解决方案。平行、独立的税收仲裁程序，从国际投资和贸易领域内独立仲裁机制的运用情况来看，在实践中已经存在被滥用而严重损害国家主权的教训。④ 同时，税收争议作为一国税收主管机关与纳税人之间产生的纠纷，主要是由部门机关基于国家情况、国家利益等因素综合考虑后做出的决定而引发的，完全独立、平行的仲裁机构其仲裁员或其他工作人员并不一定了解当地国家的具体

---

① 李娜.《多边公约》的挑战：如何改进跨境税收争议解决机制 [J]. 国际税收，2020 (2)：52-57.

② 余劲松，詹晓宁. 国际投资协定的近期发展及对中国的影响 [J]. 法学家，2006（3）：154-160.

③ 如 2007 年同大韩民国政府，2001 年同缅甸联邦政府，2004 年同突尼斯共和国政府，2005 年同朝鲜民主主义人民共和国政府、赤道几内亚共和国政府、马达加斯加共和国政府，2006 年同印度政府等，诸多国家与中国在争议解决机制方面均有相关约定。

④ CHAISSE J. Investor-state Arbitration in International Tax Dispute Resolution：A Cut above Dedicated Tax Dispute Resolution? [J]. Virginia Tax Review，2016，41（2）：149-222.

情况、国家政策、国家未来规划乃至国家诉求，仅片面地从专业角度分析，则失去了应有的恰当判断。国际仲裁因诸多国家签署通过的《纽约公约》而具有较强的可执行性，其仲裁解决并非纯粹的建议。尽管此项因素本身是将仲裁机制纳入作为补充相互协商程序的解决途径的重要原因，但当主体为主权国家，审理内容为国家行使其自主的税收权力时，独立的仲裁机构做出仲裁裁决，其执行却有可能影响一国主权以及国家正当权益的行使与保护。独立的税收仲裁机制具有明显的西方属性，这使得饱受西方殖民主义摧残的大部分"一带一路"共建国家对其产生了天然排斥。① 因此，相较于独立与相互协商程序的仲裁机制，附属于相互协商程序的方案将更易于被"一带一路"共建国家所接纳。

（二）国际税收争议仲裁机制的补充性

没有时间的限制导致不能强制推进的相互协商程序，这将纳税人的问题悬于半空之中。作为弥补相互协商程序不足与缺陷的仲裁机制，如若仅一方当事人同意，同样对问题的解决也无济于事。相互协商程序作为东道国税务机关（纳税人的问题，解决进程的进展），全程拥有较大主动权的一种解决税收争议的方式，尽管涉及的是为其自身的纠纷，但也因此有愿意接受当事人申请以启动程序的可能。仲裁机构具有执行力，仲裁员是由其他专家等与纠纷无利害关系的主体担任，相比较而言，东道国对程序的把控显然不如前者。而仲裁的启动又是基于双方当事人的意思自治，在双方达成一致意愿后将争议提交至仲裁机构进行仲裁。相互协商程序作为同样是以涉及争议的东道国税务主管机构在收到纳税人提交的申请、同意启动后开始的程序，不论是事实上纳税人的初步举证，或是东道国相关部门在启动相互协商程序后的磋商意愿上，由此判断该项国际税务争议有解决的必要性与正当性。最为关键之处在于东道国相关部门愿意就双方之间的争议进行解决，在大方向上达成就解决该国内税收争议的部分权力与纳税人母国进行谈判，因此存在启动国际仲裁程序的当事人合意基础。所以，国际税收争议仲裁机制并不适宜作为独立的、与相互协商程序并行的一种解决方案，而应当作为其补充机制以保障程序启动的正当性。需明悉国家主管机构的同意为仲裁程序启动的关键，这是保证国际税务仲裁实施的关键因素。

针对中方与"一带一路"共建国家所确立的国际税收争议仲裁解决机制，应当明确其与国际商事之间引起的仲裁有着理念、内涵的区别。在国际税收纠纷的处理上，优先选择的仍为相互协商程序。国际税收仲裁并非以完全取代相

---

① 何志鹏，辛丹丹．"一带一路"格局内的税收仲裁机制构建［J］．国际经济法学刊，2020（3）：84-96．

互协商程序为目的，而是以一定时限内相互协商程序未实现方案的达成为前提。若仅以相互协商程序的失败为设定前提，事实上难以判断何时可启动税收争议仲裁，在前便有着足足 12 年后才得以解决的国际税收争议的例子。若以相互协商程序的终止为由启动税收争议仲裁机制，则就相互协商程序的时间拖延这一缺陷，不能改变分毫。通过一定期限的限制，给予相互协商程序启动后一定时间节点的规制，使投资者即纳税人有一定标准去衡量相互协商程序的进程，拥有其他的解决途径可以选择来达到保护自身合法权益的目的。因此，应当在双边税收协定或其他双边协议中通过双边条约进行明确规定，可将国际税务纠纷提交至国际税务仲裁机构进行争议解决，或在国际税收争议解决之前，经投资者申请，若相互协商程序启动后 24 个月内仍未就该争议形成解决结果，纳税人可以选择启用税收争议仲裁解决机制来推进对问题的处理。税收主权始终为人们关注的核心，而且仲裁程序中的同意仲裁事实上符合国家主权对外独立自主的本质特征。

（三）国际税收争议仲裁机制程序的规范性

确保国际纳税人在国际税收争议仲裁解决机制中的参与权。相互协商程序的不足之一即当事人在程序启动之初承担一定的举证责任，然而一旦程序开启却被排除在外。仲裁本身具有一定的保密性，就税务可能涉及国家事务而进行不公开处理，彼此相互贴合，然而纳税人应作为参与人加入，税收纠纷的争议事项应为纳税人的合法权益是否受到侵犯，应当赋予其参与仲裁程序、出示相关证据、进行陈述答辩等相关程序性权利。作为直接利益相关主体，纳税人的参与更能有效地推动仲裁程序进行。

明确国际税务仲裁规则。关于国际税务仲裁程序规则的公正性，裁判员的专业性，仲裁裁决的准据法或是具体的裁决达成方式，执行、撤销等，都应当进行细致的规定。税务纠纷具有特殊性，其仲裁的程序规则并不一定完全等同于一般的国际仲裁规则，应采取更为贴切的方案并保证规则的公正性。税收仲裁的程序规则的确定，也能一定程度上解决相互协商程序中进程可能无法推进的问题，通过程序条款的规定进行时间节点上的把控；同时强调最终仲裁结果的可执行性，即如何与双方国内的执行程序相连接，实现方案的落实。

建设"一带一路"专门的税务仲裁机构，进行专项的对接与服务。国际税收争议解决机制的特点之一，即没有专门负责解决国际税收争议的国际机构。①

① 刘永伟. 国家税收主权的绝对性考：以国际税收专约争议解决机制为视角 [J]. 法商研究，2010（5）：85-91.

中国在提出"一带一路"倡议后，通过经济、政治等各方面加强与共建国家之间的交往，除秉持合作共赢、共商共建的合作理念外，同样也是积极参与国际事务，承担起国际责任。对国际税收制度的规则制定影响力较大的为经济合作与发展组织（OECD, ORGANIZATION FOR ECONOMIC CO-OPERATION AND DEVELOPMENT），其中美国等西方国家从其国家利益出发，带动国际税收规则的制定与发展，服务于其利益与需求。中国应更加积极主动地参与到国际税收秩序的调整之中，发出中国声音。当前"一带一路"倡议，带动了周边国家的发展，应当加强专门的机构建设、人才培养、制度规划，在切实落实并为"一带一路"发展服务的同时，推动国际税收制度的发展与完善。

五、结语

"一带一路"作为中国率先提出并自始至终坚持的发展倡议，推动中国与"一带一路"共建国家经济的共同发展。在中国发生"投资东道国"与"投资者母国"这样双重身份的转变后，原有的相互协商程序的模式并不能很好地保护中国投资企业在外的权利义务。中国企业与投资东道国之间的互动，特别是在税务领域，企业本身便处于相对弱势，诸多"一带一路"共建国家存在法律执行上的缺失，通过国内途径不能给予中国投资者良好的法律保护。当前中国企业在外的数量和规模都使得中国对"一带一路"共建国家投资基数较大，这也促使中国有足够的动力去把握当下的契机，积极推动并参与调整国际税收争议解决机制的模式，优化升级过往不足以应对的方案，调整与完善税收争议解决的方式。而税收争议解决方式的优化与完善，需要中国基于当下的需求与各国之间的实际情况审慎选择，方能更好地为中国企业在外投资活动保驾护航，保护其合法的经济权益，同时也维护我国的正当权益。在国际税务的规则与治理上，中国能够基于现有实践不断推进国际税务纠纷争议制度的发展，促进我国与"一带一路"共建国家之间更和谐稳定的经济发展共同体关系，推动实现共建"一带一路"高质量发展走实走深的美好愿景，打造开放包容、互利互惠、合作共赢的国际合作平台。

国有企业在国际投资中的法律问题

——对金砖国家扩容条约改进启示

熊晓林*

摘　要：国有企业在国际投资中占有重要地位，然而国有企业与私企性质的区别会导致国有企业在国际投资中面临一系列的法律问题。本文拟从国有企业能否作为投资者、国有企业在东道国所面临的法律问题、国有企业的国外投资行为究竟是"政治性"还是"商业性"的判断标准入手，探讨国有企业在国际投资中，尤其是金砖国家扩容后所面临的法律问题，并分析金砖国家扩容条约改进及我国国有企业的改革之路与措施。

关键词：国有企业；法律地位；商业定位；国际投资仲裁；竞争中立

一、引言：国际投资中的国有企业

伴随着经济全球化的发展趋势，国际投资对世界经济的贡献日益增多。联合国发布的《世界投资报告 2022》显示，2021 年全球外国直接投资为 1.58 万亿美元。党的二十大报告指出中国对外投资居世界前列。根据《2021 年度中国对外直接投资统计公报》，我国对外直接投资净额为 1788.2 亿美元。② 而在对外非金融类直接投资 24848 亿美元存量中，国有企业占 51.6%。③ 可见国有企业在我国对外直接投资中占主导地位。然而并非只有我国对外投资中国有企业占主导力量，俄罗斯、马来西亚、印度和巴西等国家的国有企业也在其对外投资中占据一定的份额，因此，国际投资中国有企业的力量不容小觑。

随着一些国家投资保护主义的抬头，国有企业的对外投资有时会因被视为

---

* 天津市西青区人民检察院，检察官助理。

② 商务部，国家统计局，国家外汇管理局 . 2021 年度中国对外直接投资统计公报［M］. 北京：中国商务出版社，2022：3.

③ 商务部，国家统计局，国家外汇管理局. 2021 年度中国对外直接投资统计公报［M］. 北京：中国商务出版社，2022：30.

"政治"的工具而在投资前被东道国根据竞争中立原则进行严格审查，即使是在成功投资后，在产生国际投资争端时，国有企业也会被东道国诉称"执行政府的职能"而排除仲裁机构的管辖，东道国前后表现不一致的矛盾现象其实源于各种投资协定以及仲裁机构公约对国有企业法律地位的规定不明确。本文拟对国有企业在国际投资中所面临的一系列法律问题进行探讨。

二、国有企业的投资身份

（一）国有企业定义

世界各国对国有企业并没有统一的定义，经济合作与发展组织发布的《OECD 国有企业公司治理指引》（以下简称《指引》）中指出，任何被其国内法承认的且由该国政府掌握所有权的企业，都应被认定为是国有企业。《指引》并没有规定国有企业的形式与组织结构，反而规定了形式条件与实质条件，即国有企业须被国内法承认，所有权在国家。我国的法律中并没有采用"国有企业"概念，《中华人民共和国企业国有资产法》第 5 条规定国家出资企业，是指国家出资的国有独资企业、国有独资公司，以及国有资本控股公司、国有资本参股公司；美国的法律中也没有采用"国有企业"的概念，《美国法典》第 5 编将政府公司定义为由美国政府拥有或控制的公司；新加坡的法律将国有企业定义为根据商业原则建立的，其所有权和有效控制权全部或部分属于政府部门和公共机构或其派生机构的组织。可见各国对国有企业的定义虽不同，但是其所有权归属于国家的性质大体一致。

（二）国际投资协定中的国有企业定义

作为国家重要的国有企业能否参与国际投资，各国规定不同。有学者通过对 851 项国际投资协定中，国有企业投资者定义问题进行比较分析，结果如表1。结论是只有占比 0.24% 明确将国有企业排除在国际投资外，未明确规定的占比 81.2%，可见在国际投资协定中，除明确规定国有企业不可以进行投资外，绝大多数的国有企业都可以从事国际投资活动。

表1　国际投资协定中对国有企业投资者的定义①

投资者定义	数量
未明确规定国有企业是否属于投资者	691 项

① LOW J E. State - Controlled Entities as "Investors" under International Investment Agreements [J]. Columbia FDI Perspectives, 2012, 9（4）.

投资者定义	数量
明确规定投资者包括国有企业	81 项
缔约方政府或缔约国本身可以作为投资者	52 项
未对投资者做出相关定义	33 项
国有企业不能作为投资者	2 项

通过对中国与外国的 104 个双边投资协定的分析发现，中国"投资者"主要被定义为两类。一类是须具备中华人民共和国国籍的自然人，自然人须具备中华人民共和国国籍；另一类投资者因为表述的不同被分为以下几类：经济实体、法律实体、经济组织、任何实体、任何法人、企业和公司等，共同之处是须依据中华人民共和国的法律和法规设立或组建。国有企业完全满足这些定义，而且并未明确限制国有企业不能成为投资者，因此中国的国有企业可以作为中外投资中的投资者。在这 104 个双边投资协定中，只有中国与日韩（日本和韩国）、中国与坦桑尼亚的协定中明确有国有企业可以作为投资者的条款，具体如表 2。

表 2　中国与日韩、中国与坦桑尼亚投资协定中对企业投资者的定义①

投资协定	投资者为企业的定义
中国与日韩	"缔约一方的企业"是指依照缔约一方的适用法律法规组建或组织的任何法人或任何其他实体，不论是否以盈利为目的，是否私有、由政府所有或控制，包括企业、公司、企业联合体、合伙、独资、合营、社团、组织。
中国与坦桑尼亚	"企业"一词，系指根据缔约任何一方可适用的法律和法规设立或组建，且住所在该缔约一方领土内并且有实际经营活动的任何实体，包括公司、商行、协会、合伙及其他组织，不论是否由私人或政府所拥有或控制。

根据上述 851 项国际投资协定和中国与其他国家的 104 项投资协定的分析可知，绝大多数的协定对于国有企业是否能够作为投资者的身份并未加以限制，而且根据当然解释的方法，国有企业可以成为国际投资中的投资者。因此，国有企业在国际投资中具备投资者的法律地位。

---

① 商务部条法司网站 http：//tfs. mofcom. gov. cn/article/Nocategory/201111/20111107819474. shtml。

（三）仲裁机构管辖条款中的国有企业法律地位

在《解决国家与他国国民间投资争端公约》（以下简称《ICSID 公约》）的管辖条款中，另一缔约国国民除具备缔约国国籍的自然人，还有具有缔约国国籍的任何法人。而依据中国法律，国有企业具备中国的国籍，当进行投资活动时，应被视为投资者，符合 ICSID 对于国民身份的管辖条件。但当具体的案件发生时，管辖权问题往往会成为辩方的第一道防盾，此时 ICSID 单一的管辖权条款需要从很多方面进行解释，这就使得国有企业的投资者身份具有不确定性。

在中国"走出去"的第一案——北京城建诉也门政府的案件中，也门政府因为北京城建的国有企业的身份认为北京城建不属于《ICSID 公约》管辖条款下的国民，因此 ICSID 对此案不具有管辖权。而仲裁庭认为虽然北京城建是中国的国有企业，但是北京城建进行国际投资的行为是一种商业行为，并非听从于政府的指令，在其进行投资的过程中仍然需要投标、中标等与其他竞争者在同等条件下进行的商业行为，因此仲裁庭确立了国有企业在国际投资中的商业行为定位。在北京城建诉也门政府的案件之前，更为著名的是 CSOB 诉斯洛伐克案件，仲裁庭针对被申请方诉称捷克斯洛伐克银行缔结整合协议实现私有化是履行政府职能给出了三项反驳意见，一是国家从计划经济到市场经济的转型过程中，一些行为会不可避免地涉及政府职能的行使，而且为了促进更好地转型，国家会设计一些立法或行政措施促进国有企业的私有化，国有企业享受到的政策便利并不一定必然导致国有企业行使政府职能；二是国有企业投资的措施取决于其商业性质而非政治目的，无论是为了促进私有化的政治目的，还是加强市场中自身的经济地位，只要投资的过程本质是一个商业行为即可；三是申请方银行采取的相关措施具有商业性质，为了吸收更多的私人资本从账本中提出不良的资产，促进账本平衡的行为与一般的私人银行为了加强自己的竞争力而实施的措施无异，即使申请方的行为目的是政策使然，也不能否认其行为的商业本质。仲裁庭根据以上三点判断申请方并非行使基本政府职能，判断其具备管辖条款的国民身份。两起案件都无一例外地使用了 Broches 标准，这是《ISCID 公约》之父 Aron Broches 提出的用于判断国有企业是否属于缔约国国民的标准。标准有两个依据，一是国有企业是不是政府的代理人，二是国有企业是否在行使政府的基本职能。① 两者是"或者"的关系，即只有国有企业满足

---

① FELDMAN M. The Standing of State-Owned Entities under Investment Treaties ［M］// SAU-VANT K P. Yearbook on International Law & Policy 2010-2011. Oxford：Oxford University Press，2012：616.

其中一个，其就不能被视为管辖权条款中的缔约国国民。

因此，国有企业在国际投资中面临的法律问题之一就是定义之争，不仅在国际投资协定中国有企业能否作为投资者身份的争论，还是在国际投资仲裁中缔约国国民身份之争，这些都是国有企业所面临的法律障碍。综上分析，国际投资协定中对于国有企业投资者的身份只有少数持否定态度，这就给了国有企业在国际投资中的入门门槛。国际投资仲裁中则不能仅仅根据管辖权条款来判断其法律地位，更要结合从事的投资的政治性质或者商业性质来给予国有企业等同的管辖。

三、国有企业在投资东道国的法律问题

（一）国家安全审查

国有企业在进行国际投资活动时，很多投资东道国国家依然对国有企业投资的目的和性质持怀疑的态度，除了在一些重要的行业限制外资的准入，还采取很严格的国家安全审查机制，限制外国国有企业的投资。在建立国家安全审查机制的国家中，美国、加拿大、澳大利亚和俄罗斯有专门针对外国国有企业投资的特别条款，在此以美国和澳大利亚的审查机制为例。

美国的国家安全审查机制的法律体系主要包括《奥姆尼巴斯贸易与竞争法》《关于外国人兼并、收购、接管的条例》《伯德修正案》《外国投资与国家安全法》《关于外国人兼并、收购条例》。美国以外国投资委员会为审查机构，采取自动申报和主动审查的形式，对来自国外的国有企业进行审查。因为此项机制的存在，使很多外国国有企业投资项目频频受挫，其中来自中国的国有企业更是容易被美国进行严格审查。因为中国国有企业对美国的投资项目规模大，且政府在企业中具有话语权，美国担心威胁其国家安全，担心投资背后具有国家的政治意图。诸如中海油竞购优尼科石油公司、唐山曹妃甸投资集团收购美国光纤设备制造商 Emcore、中兴通讯参与竞标美国 Sprint 等项目都遭到阻挠。

澳大利亚的国家安全审查机制的法律体系主要包括《澳大利亚外国收购与接管法》《外国政府在澳大利亚投资的指导原则》《外国投资政策》。澳大利亚针对国外私人投资者和国有企业投资者采取了截然不同的方式，只要是国外国有企业的投资，无论其投资规模大小，在进行投资前一律需要向澳大利亚政府申报批准。而国外私人投资者的投资只有达到一定的规模时才需要获得澳大利亚政府的批准。澳大利亚的审查机制中还强调国外国有企业投资的商业性质与本质，这与北京城建诉也门政府的仲裁庭的观点一致。

（二）竞争中立原则

东道国政府所强调的国外国有企业投资的商业性质，从另外一个角度说，也是希望国外国有企业在与国外私人企业或国内企业竞争时面对同等的市场环境，这也是竞争中立原则的体现。竞争中立原则起源于1993年的澳大利亚，澳大利亚通过国有企业改革创造公平的竞争环境，给予国有企业和私人企业同等的市场环境、同等的机会，这使得国有企业不因隶属于国家而享有竞争优势。澳大利亚同时也强调只有国有企业获得政府支持从而具有竞争优势地位时适用此项原则。当国有企业因为人才优势、技术优势等获得竞争地位时不会被适用此项原则，因为这是市场优胜劣汰的结果。竞争中立原则后来在更多领域得到了发展，经济合作与发展组织则发布过多项报告将此项原则推广开来，经合组织发表的报告中分析了国有企业不当的竞争优势，例如直接补贴、税收优惠等都是国有企业相比较私人企业而言可以从政府得到的便利，这使得国有企业在竞争中获得价格优势，从而挤压私人企业。报告中也给出很多经济性建议，鼓励国有企业政企分开，设立独立的运行机制、独立的经理人等。联合国贸易与发展委员会在澳大利亚审查机制的基础上对国有企业履行政府职能的行为和从事商业活动的行为进行了区分，表示竞争中立原则适用于国有企业的商业活动，这也与 Broches 原则相吻合。这些组织和国家都提出适用竞争中立原则规范国有企业的市场竞争。

而在具体的协定中，例如《全面与进步跨太平洋伙伴关系协定》（以下简称《协定》）中规定了针对国有企业的竞争中立原则，《协定》认可了国有企业在公共事务服务的政府功能，也认同国有企业基于自身发展所进行商业活动，同时规定国有企业的活动不得对其他企业形成不利影响。《协定》中还规定了东道国国家对国外国有企业的商业活动具有管辖权，外国国有企业不可以以国家主权豁免规避东道国的管辖，因为这就违背了国有企业在投资中的商业性质而并非政府性质。此外，对于国有企业受到的来自其政府的各种非商业性援助依然不得对其他企业造成不利影响。《协定》还对国有企业的透明度等做了规定。从上述分析可知，竞争中立原则在各个组织和协定中的应用为国有企业的投资带来了机遇与挑战。挑战是国有企业在进行国际投资时将面临更加严格而全方面的审查，机遇是促进国有企业的自身改革，将兼备的政府职能性质与商业行为性质相区分，更好地从事国际投资活动。

四、国有企业的商业行为定位

从上述可知，无论是国有企业在东道国进行投资时遭受的国家安全审查，还是竞争中立原则的适用，抑或是国际投资仲裁中的国有企业适格当事人身份，都需要对国有企业的行为进行政治性或商业性的定位，即只有国有企业从事的投资活动是商业行为才可被允许，才可诉诸国际投资仲裁机构。而对于如何认定国有企业的商业行为，无论是各种国际投资协定还是仲裁案件结论都未明确。例如在北京城建诉也门政府的案件中，仲裁庭依据北京城建在也门的投资是一个合同行为，且在同等的条件下进行了招标等活动而判定北京城建是一个投资者，因此属于仲裁条款中的另一国国民身份；但是否仅仅依据这点判断国有企业的投资是商业行为仍有待商榷。在此国家法委员会编纂的《国家对国际不法行为的责任条款草案》（以下简称《草案》）规定了国家行为的认定标准，可以据此推论出国有企业的行为隶属于国家行为的标准，其中具有与 Broches 标准相似的条款可以借鉴，但更为细致，通过反推的方法可以帮助人们对国有企业的商业行为进行定性。

《草案》第 5 条规定："经该国法律授权而行使政府权力要素的个人或实体，其行为应视为国际法所指的国家行为，但以该个人或实体在特定情况下以此种资格行事者为限。"即若国有企业的行为被认定是履行国家行为时须同时具备两个要素，一是经过政府授权，二是履行政府职能。如果国有企业不同时具备这两个要素，就不能被视为履行国家行为，例如虽然经过政府授权但未行使政府职能，或未经过政府授权履行职能，或根本没有获得过授权，也没有履行相应的政府职能。但若国有企业国外投资的行为符合这两个要素，就会被视为国有企业隶属的国家的国家行为，承担的是国家责任。在国际投资仲裁中，这种行为就不能被诉到 ICSID 中，因为不满足《ICSID 公约》的管辖条款"另一国国民"的要求。这很类似于我国国内行政法行政主体的设置。行政主体有两类，即行政机关和被授权组织，其中被授权组织通过法律、法规和规章被授权管理公共事务。被授权组织在被授权范围内相当于行政机关，具有行政主体资格，以自己的名义做出具体行政行为，自己独自承担由此引起的行政法律责任，被授权组织此时需要承担行政诉讼的风险；但若被授权组织在未授权范围内或未履行行政职责时与其他个人或企业发生的法律关系，则不能被视为行政行为，而是民事行为，此时面临的是民事诉讼的风险而非行政诉讼。通过对比发现，国有企业对外投资承担的国家责任类似于被授权组织承担的行政责任，国有企业的其他行为则类似于被授权组织承担的其他非行政责任。

《草案》第 8 条对第 5 条进行了补充性规定："如果一人或一群人实际上是在按照国家的指示或在其指挥或控制下行事，其行为应视为国际法所指的一国的行为。"即使国有企业不存在第 5 条的获得政府授权行使政府职能，但若国有企业国外投资的行为是按照国家的指示、指挥、控制，就会被视为是国家行为。国有企业的所有权归属于国家，因此国有企业国外投资的一些行为很有可能是经过政府的指示。若国有企业国外投资的行为既不存在第 5 条的两个因素，也不存在第 8 条的指示行为，那么此行为就可以被视为商业行为。

《草案》对国有企业国外投资的商业行为的认定具有一定的帮助，在此也可结合北京城建诉也门政府案，CSOB 诉斯洛伐克案的判断标准和结论，即国有企业国外投资的商业性质本身比其目的更重要。但是，世界各国的一些法院对此也有不同意见。澳大利亚法律委员会曾表明"不可能对行为的性质和目的做概念性的区分，'政府性行为'和'商业性行为'本身就是有目的的行为"。美国联邦上诉法院第五巡回法庭也指出"如果不考虑特定行为的目的，就无法确定行为的性质"。在其他的国际法领域，很多行为的考量都要结合行为的目的。这也与我国《民法典》合同篇对于合同的认定有一定的相似性，在判断一个合同的性质时，往往要结合合同中当时双方的意思表示和目的来判断。因此，涉及国有企业海外投资行为的定性时，无论是《草案》提出的三个标准，还是国际投资仲裁中常常适用的 Broches 标准，抑或是很多法院的目的与行为结合论，都表明了在以后日新月异的发展过程中，定性的标准会向全方位、多层次的方向发展，并且需要结合具体案例的分析来判断适用何种标准。

五、对金砖国家扩容条约改进启示

2023 年 8 月 24 日，金砖国家领导人第十五次会晤特别记者会上宣布阿根廷、埃及、埃塞俄比亚、伊朗、沙特阿拉伯、阿联酋将于 2024 年 1 月 1 日正式成为金砖合作机制的正式成员，与原来的中国、俄罗斯、印度、南非、巴西构建"金砖+"合作机制。金砖十一国总人数约为 36 亿，约占世界总人口的 45%；2022 年的 GDP 总量为 29.2 万亿美元，占全球 GDP 总量的 29%，国际投资空间巨大，有利于国有企业进一步"走出去"。新成员国的加入对现有的金砖国家的贸易和投资条约也提出了改进的要求，而积极参与有关国有企业投资条款和制度的制定将进一步提升我国的国际话语权。

（一）明确国有企业投资者的定位

中国与新加入金砖合作机制的六个国家全部都签订了双边投资条约，其中中国与阿联酋的投资协定中约定，阿联酋联邦政府、地方政府及其他地方机构和金融机构都可以作为投资者；中国与沙特阿拉伯的投资协议中约定，机构和机关如沙特阿拉伯货币总署、公共基金、发展署和其他类似的在沙特阿拉伯设有总部的政府机构可以作为投资者。由上述分析可知，中国与六个国家的投资协定中国有企业可以作为投资者，在未来金砖贸易与投资体系的制定中，国有企业亦可作为投资者。但是为了避免后续的争议，可仿照中国与日本、韩国、坦桑尼亚的协定，即强调不论是否由私人或政府所拥有或控制，都可以作为"投资者"，从而完全肯定国有企业的投资地位。

（二）创新投资争议解决机制

在争端解决方面，中国与阿联酋的投资条约中约定了友好磋商、向行政机构救济、国际仲裁的解决方式，其中国际仲裁依照《ICSID 公约》规则；中国与沙特阿拉伯的投资条约中约定了外交途径协商解决、提交接受投资的缔约一方有管辖权的法院、国际仲裁三种方式，但是《ICSID 公约》只适用于因国有化和征收补偿款额产生的争议；中国与埃及、伊朗、阿根廷、埃塞俄比亚的投资条约中也约定了外交途径协商解决、提交接受投资的缔约一方有管辖权的法院、国际仲裁三种方式，其中与阿根廷、埃塞俄比亚国家仲裁的方式适用《ICSID 公约》。可知，中国与新加入金砖合作机制的六个国家的双边投资条约中对于争议解决提供多种方式。

而在未来金砖贸易与投资体系的制定中亦可将上述争议解决方式纳入其中。一是设置磋商的争端解决机制，此种方式不论是不是国有企业投资，都可以很好地解决争议，即在投资过程中发生争议时，在相互尊重和相互合作为原则的前提下，缔约双方应当首先采取磋商解决争议。但为了磋商机制在实际层面具有可操作性和可执行性，磋商机制中要规定详细，列明具体的时间、形式和程序等，提升磋商程序的可操作性和投资者使用磋商程序的可能性。二是诉诸国际仲裁庭，明确金砖国家体系中的国有企业投资行为均可以适用《ICSID 公约》，即国有企业的投资具有商业性，从而避免因仲裁庭没有管辖权而使得争议无法解决。

六、结语

国有企业在国际投资中占有重要地位，虽然在投资东道国可能会面临国家安全审查以及竞争中立原则的限制，面临投资商业行为还是政治行为的定性的疑问，但是这一系列的法律问题也对国有企业的改革之路具有一定的启示意义，尤其是针对我国不断进行的国企改革更是具有一定的借鉴意义。党的二十大报告指出深化国资国企改革，加快国有经济布局优化和结构调整，推动国有资本和国有企业做强做优做大，提升企业核心竞争力。《国务院办公厅关于进一步完善国有企业法人治理结构的指导意见》也指出：遵循市场经济规律和企业发展规律，使国有企业成为依法自主经营、自负盈亏、自担风险、自我约束、自我发展的市场主体。对国有全资公司、国有控股企业，出资人机构主要依据股权份额通过参加股东会议、审核需由股东决定的事项、与其他股东协商做出决议等方式履行职责，除法律法规或公司章程另有规定外，不得干预企业自主经营活动。这些措施都有利于政企分开，政资分开，探索政府与市场的边界，淡化国有企业的所有制身份，明确国有企业的目标与定位，有助于国有企业以独立的市场主体地位参与国际投资，也有助于更好地落实竞争中立原则中所要求的营造市场公平环境，不因国有企业享有的政策优势等对其他私人企业造成歧视待遇。这一系列措施彰显了我国对国有企业改革的信心和决心，赋予国有企业独立之精神。

除在国内进行国有企业改革外，随着金砖体系逐渐扩大之际，我国应增强在世界上的话语权，积极参与新的国际造法进程。对于国有企业的国外投资的行为性质认定，目前并没有统一的定论，这对于在国际投资中国有企业占据半壁江山的我国来说，利弊共存。因为没有明确的限制，当出现矛盾需要诉诸国际投资仲裁时，国有企业的行为性质又会被重新提起，虽然在 ICSID 目前的案件中，判断的重点在于分析国有企业的行为而非目的，但也有其他一些国家持反对意见。因此，若出现新的对国有企业行为认定的国际造法，我国应该积极参与其中，增强我国的国际影响力，为国有企业进一步"走出去"提供良好的国际法律环境。

附录：金砖国家领导人会晤宣言

金砖国家领导人第十五次会晤约翰内斯堡宣言

一、序言

1. 我们，巴西联邦共和国、俄罗斯联邦、印度共和国、中华人民共和国、南非共和国领导人于 2023 年 8 月 22 日至 24 日在南非杉藤举行金砖国家领导人第十五次会晤。本次会晤主题是"金砖与非洲：深化伙伴关系，促进彼此增长，实现可持续发展，加强包容性多边主义"。

2. 我们重申对互尊互谅、主权平等、团结民主、开放包容、深化合作、协商一致的金砖精神的承诺。在过去 15 年金砖国家领导人会晤的基础上，我们将继续致力于强化金砖政治安全、经贸财金、人文交流"三轮驱动"的互利合作框架，通过促进和平，构建更具代表性、更加公平的国际秩序，重振和改革多边体系，推动实现可持续发展和包容性增长，深化金砖战略伙伴关系，造福五国人民。

二、加强包容性多边主义

3. 我们重申对包容性多边主义的承诺，坚持国际法，包括作为其不可或缺基石的《联合国宪章》宗旨和原则，维护联合国在国际体系中的核心作用，在此体系中，各主权国家合作维护和平与安全，推动可持续发展，促进和保护民主、所有人的人权和基本自由，并基于团结、相互尊重、正义、平等的精神加强合作。

4. 我们对采取不符合《联合国宪章》原则、为发展中国家带来显著负面影响的单边强制措施表示关切。我们重申致力于加强和完善全球治理，推动构建更加灵敏、有效、高效、代表性强、民主、问责的国际和多边体系。

5. 我们呼吁提高新兴市场国家和发展中国家在国际组织和多边机制中的代表性，他们在这些组织和机制中扮演重要角色。我们还呼吁提升新兴市场和发展中国家妇女在国际组织不同级别岗位上的作用及占比。

6. 我们重申各国应本着平等相待和相互尊重的原则开展合作，促进和保护人权与基本自由。我们同意继续以公平、平等的方式同等重视和对待包括发展权在内的各类人权。我们同意在金砖国家及联合国大会、人权理事会等多边框架下就共同关心的问题加强合作，认为应以非选择性、非政治化和建设性方式促进、保护及实现人权，避免双重标准。我们呼吁尊重民主和人权，强调不仅应在国内治理，也应在全球治理层面得到体现。我们重申致力于促进和保护民主、所有人的人权和基本自由，在互利合作的基础上构建人类命运共同体。

7. 我们支持对联合国包括其安理会进行全面改革，使之更加民主，更具代表性、效力和效率，增加发展中国家在安理会成员中的代表性，以应对普遍的全球性挑战。支持非洲、亚洲、拉美的新兴和发展中国家，包括巴西、印度、南非，在国际事务中尤其是在联合国包括其安理会发挥更大作用的正当愿望。

8. 我们重申支持以世贸组织为核心、以规则为基础，开放、透明、公平、可预测、包容、平等、非歧视的多边贸易体制，为包括最不发达国家在内的发展中国家提供特殊与差别待遇。我们强调支持世贸组织第十三届部长级会议（MC13）取得积极、有意义的成果。我们承诺建设性参与推进世贸组织必要改革，向 MC13 提交具体成果。我们呼吁在 2024 年前恢复所有成员均可使用、完整、运转良好、两级审理和具有约束力的世贸组织争端解决机制，并立即遴选新的上诉机构成员。

9. 我们呼吁在建立公平的和以市场为导向的农产品贸易体制、消除饥饿、实现粮食安全和改善营养、促进可持续农业和粮食体制以及实施有韧性农业的做法方面取得进展。我们强调有必要根据《农业协议》第 20 条授权推进农业改革，同时认识到在以粮食安全为目的的公共储备永久解决方案和包括最不发达国家在内有关发展中国家特殊保障机制各自谈判背景下尊重授权的重要性。金砖国家成员还对不符合世贸组织规则、影响农业贸易的贸易限制措施表示关切，这些措施包括制裁在内的单边非法措施。

10. 我们支持构建以份额为基础、资源充足的国际货币基金组织（IMF）为核心的强劲的全球金融安全网。我们呼吁在 2023 年 12 月 15 日之前完成 IMF 第 16 轮份额总检查。相关检查应回归 IMF 份额的首要作用。任何份额调整都应增加新兴市场和发展中经济体（EMDCS）的份额，同时保护最贫穷成员的发言权和代表性。我们呼吁改革布雷顿森林体系机构，包括让新兴市场和发展中国家发挥更大作用，在布雷顿森林体系机构中担任领导职位等，以反映新兴市场和发展中国家在世界经济中的作用。

三、营造和平与发展的环境

11. 我们欢迎 2023 年 6 月 1 日发布的《金砖国家外长正式会晤联合声明》，并注意到在 2023 年 7 月 25 日举行的第十三次金砖国家安全事务高级代表会议。

12. 我们对世界诸多地区正在发生的冲突表示关切。我们强调承诺以协调和合作的方式，通过对话和包容性协商和平解决分歧与争端，支持有利于和平解决危机的一切努力。

13. 我们认识到提升妇女在冲突预防与解决、维和、建和、冲突后重建与发展以及可持续和平等和平进程中参与度的重要性。

14. 我们强调对多边主义和联合国核心作用的承诺，这是维护和平与安全的前提。我们呼吁国际社会支持各国共同努力，实现疫后经济复苏。我们强调为冲突后国家重建和发展作出贡献的重要性，呼吁国际社会帮助这些国家实现发展目标。我们强调不应采取任何没有国际法和《联合国宪章》依据的强制性措施。

15. 我们重申在冲突局势中应充分尊重国际人道主义法，支持根据联大第 46/182 号决议确立的人道、中立、公正和独立的基本原则提供人道主义援助。

16. 我们赞赏联合国、非洲联盟、次区域组织，尤其是联合国安全理事会和非洲联盟和平与安全理事会，为应对包括维和、建和、冲突后重建和发展等地区挑战所作持续、共同努力，呼吁国际社会继续通过对话、谈判、协商、调解、斡旋等外交手段提供支持，在相互尊重、相向而行和平衡各方合理诉求的基础上解决国际争端和冲突。我们重申，"以非洲方式解决非洲问题"的原则应继续作为解决冲突的基础。鉴此，我们支持通过加强非洲国家有关能力，支持非洲大陆的和平努力。我们对苏丹持续恶化的暴力局势表示关切。我们敦促各方立即停火止暴，确保向苏丹人民提供不受阻碍的人道准入。我们对萨赫勒地区尤其是尼日尔局势表示关切。我们支持利比亚的主权、独立、领土完整和国家团结，重申支持"利人主导、利人所有"并以联合国斡旋为主渠道的政治进程。我们强调需要根据联合国安理会决议，就西撒哈拉问题达成持久和双方接受的政治解决方案。支持联合国西撒哈拉全民投票特派团（西撒特派团）履职。

17. 我们欢迎中东局势的积极发展，欢迎金砖国家为支持中东地区发展、安全与稳定所作努力。我们核可 2023 年 4 月 26 日金砖国家中东事务副外长/特使会议联合声明。我们欢迎沙特阿拉伯王国和伊朗伊斯兰共和国恢复外交关系，强调通过对话和外交缓和紧张局势、管控分歧是在这一具有重要战略意义的地区实现和平共处的关键。我们重申支持也门主权、独立和领土完整，赞赏有关各方在实现停火和寻求政治解决方案以结束冲突方面发挥的积极作用。我们呼吁各方开展包容性直接谈判，支持向也门人民提供人道主义、救济和发展援助。我们支持一切尊重叙利亚主权和领土完整的、通过谈判达成的政治解决方案，支持推动叙利亚危机持久解决。我们欢迎阿拉伯叙利亚共和国重新加入阿拉伯国家联盟。我们对巴勒斯坦被占领土上因以色列持续占领和扩大非法定居点引起的暴力升级导致的严峻人道主义局势深表关切。我们呼吁国际社会支持以包括联合国安理会和大会的相关决议以及《阿拉伯和平倡议》在内的国际法为基础的直接谈判，推动实现"两国方案"，从而建立一个完全主权的、独立的、可实现的巴勒斯坦国。我们赞赏联合国近东巴勒斯坦难民救济和工程处（近东救济工程处）广泛开展的工作，呼吁国际社会加大对近东救济工程处行动的支持，缓解巴勒斯坦人民人道主义局势。

18. 我们对海地安全、人道主义、政治和经济局势的持续恶化表示严重关切。我们认为当前的危机需要海地人主导的解决方案，包括在当地政治力量、机构和社会之间开展全国对话，凝聚共识。我们呼吁国际社会支持海地解散帮派，强化安全形势，为社会和经济长期发展奠定基础的努力。

19. 我们忆及在联合国安理会、联合国大会等场合就乌克兰境内及周边冲突表达的国家立场。我们赞赏地注意到旨在通过对话和外交手段和平解决冲突的相关调解和斡旋建议，包括非洲和平代表团及其提出的和平路径。

20. 我们呼吁加强裁军和不扩散，包括《禁止细菌（生物）及毒素武器的发展、生产及储存以及销毁这类武器的公约》（《禁止生物武器公约》）、《关于禁止发展、生产、储存和使用化学武器及销毁此种武器的公约》（《禁止化学武器公约》），认识到维护上述公约完整性和有效性对维护全球稳定及世界和平与安全的作用。我们强调应遵守和加强《禁止生物武器公约》，包括通过一项有法律约束力的、特别是包含高效核查机制的《公约议定书》。我们重申支持确保外空活动的长期可持续性，防止外空军备竞赛和武器化，包括通过谈判达成一项具有法律约束力的多边文件。我们认识到2014年提交裁军谈判会议的"防止在外空放置武器、对外空物体使用或威胁使用武力条约"更新草案的价值。我们强调，透明度和建立信任措施等务实、不具约束力的承诺也可能有助于防止外空军备竞赛。

21. 我们重申应根据国际法，通过和平外交手段解决伊朗核问题，强调维护伊朗核问题全面协议和联合国安理会第2231号决议对国际防扩散以及更广泛的和平与稳定的重要性，希望有关各方早日恢复全面、有效执行伊朗核问题全面协议。

22. 我们强烈谴责一切形式和表现的恐怖主义，不论恐怖主义在何时、何地、由何人实施。我们认识到恐怖主义、助长恐怖主义的极端主义和激进主义导致的威胁。我们决心打击一切形式和表现的恐怖主义，包括恐怖分子跨境转移、恐怖融资网络和为恐怖分子提供庇护。我们重申恐怖主义不应与任何宗教、民族、文明或种族挂钩。我们重申坚定致力于在尊重国际法，特别是《联合国宪章》和人权基础上，为预防和打击恐怖主义威胁的全球努力作出更大贡献，强调各国在打击恐怖主义方面负有首要责任，联合国应继续在该领域发挥中心协调作用。我们还强调，国际社会应采取全面、平衡的方式，包括在当前疫情背景下，有效遏制构成严重威胁的恐怖主义活动。我们反对在打击恐怖主义和助长恐怖主义的极端主义方面采取双重标准。我们呼吁尽快在联合国框架下完成和通过《全面反恐公约》，并在裁军谈判会议上发起多边谈判，制定遏制化学和生物恐怖主义行为的国际公约。我们欢迎金砖国家反恐工作组及五个分工作组根据《金砖国家反恐战略》和《金砖国家反恐行动计划》开展的活动。我们期待进一步深化反恐合作。

23. 我们强调信息通信技术对促进增长和发展的巨大潜力，同时认识到其在引发犯罪活动和威胁方面已出现和潜在风险。我们对滥用信息通信技术的犯罪活动水平和日益复杂程度上升表示关切。我们欢迎特设委员会制订打击为犯罪目的使用信息通信技术的全面国际公约的持续努力，重申致力于共同及时落实联合国大会第75/282号决议授权。

24. 我们重申致力于促进开放、安全、稳定、可及、和平的信息通信技术环境，强调加强对信息通信技术和互联网使用的共识与合作的重要性。我们支持联合国在推动关于信息通信技术安全的建设性对话中发挥领导作用，包括在2021—2025年联合国开放式工作组框架下就信息通信技术的安全和使用开展的讨论，并在此领域制定全球性法律框架。我们呼吁以全面、平衡、客观的方式处理信息通信技术产品和系统的开发和安全。我们强调建立金砖国家关于确保信息通信技术使用安全的合作法律框架的重要性，认为应通过落实《金砖国家网络安全务实合作路线图》以及网络安全工作组工作，继续推进金砖国家之间的务实合作。

25. 我们重申致力于加强反腐败国际合作和金砖国家协作，致力于继续履行相关国际协定，特别是《联合国反腐败公约》。我们认识到腐败不分地域，在任何社会和人道主义事业中都会滋生。我们通过能力建设，包括开展培训项目、分享当前各自采用的最佳措施，共同为打击腐败奠定了坚实基础。我们将继续加强这些努力，并增加对腐败新途径的了解。我们将通过信息共享网络和司法协助加强国际合作，打击非法资金流动，打击腐败避风港，支持根据金砖国家国内法律法规调查、起诉和非法资产返还。

四、促进彼此增长

26. 我们注意到疫情给人类带来冲击和困难，疫后复苏不均衡加剧全球不平等。由于贸易碎片化、持续的通胀高企、全球融资条件趋紧，特别是发达经济体升息、地缘局势紧张以及债务脆弱性增加，全球经济增长动能减弱，经济前景有所回落。

27. 我们鼓励多边金融机构和国际组织发挥建设性作用，就经济政策凝聚全球共识，防止经济混乱和金融分散的系统性风险。我们呼吁多边开发银行继续落实《二十国集团多边开发银行资本充足框架独立审议报告》中的建议，这些建议应在多边开发银行治理框架内自愿实施，以提高其贷款能力，同时维护多边开发银行的长期金融稳定、良好的债权人评级和优先债权人地位。

28. 我们认为多边合作对降低地缘政治和经济碎片化带来的风险、加强共同关心领域的努力至关重要。这些领域包括但不限于贸易、减贫、消除饥饿、可持续发展，包括获得能源、水和粮食、燃料、化肥，气候变化减缓与适应、教育、卫生及疫情预防、准备和应对等。

29. 我们注意到，一些国家的高债务水平压缩了其应对当前发展挑战所需的财政空间。外部冲击，特别是发达经济体货币政策剧烈收紧所致的溢出效应加剧了这些发展挑战。利率上升和融资条件收紧加剧了许多国家的债务脆弱性。我们认为，有必要妥善处理国际债务问题，以支持经济复苏和可持续发展，同时考虑到各国法律和内部程序。在官方双边债权人、私人债权人和多边开发银行的参与下，根据共同行动和公平负担的原则，以可预期、有序、及时、协调方式落实二十国集团《债务处理共同框架》是共同应对债务脆弱性问题的重要途径之一。

30. 我们重申由发达国家、新兴市场和发展中国家共同组成的二十国集团在国际经济和金融合作领域继续发挥首要多边论坛作用的重要性。通过该机制，主要经济体共同寻求全球挑战的应对方案。我们期待印度担任主席国的二十国集团领导人第十八次峰会在新德里成功举办。我们注意到印度、巴西和南非分别于2023年至2025年担任二十国集团主席国，将为积聚持续变革势头提供机遇。我们支持他们在担任二十国集团主席国期间保持连续性和协作，祝愿他们的努力取得圆满成功。因此，我们致力于采取平衡方式，在2023年印度、2024年巴西和2025年南非担任主席国期间，继续放大并将全球南方的声音进一步纳入二十国集团议程。

31. 我们认识到，金砖国家携手应对全球经济风险挑战，对实现全球复苏和可持续发展具有重要作用。我们重申致力于加强宏观经济政策协调，深化经济合作，推动实现强劲、可持续、平衡和包容的经济复苏。我们强调在相关部长级和工作组机制内继续落实《金砖国家经济伙伴战略2025》的重要性。我们将探寻加速落实2030年可持续发展议程的解决方案。

32. 我们认识到金砖国家粮食总产量占世界的三分之一，重申致力于加强金砖国家农业合作，促进五国的可持续农业和农村发展，增强金砖国家和全球粮食安全。我们强调，加强农业投入的稳定可及对确保全球粮食安全具有重要战略意义。我们重申实施《金砖国家农业合作行动计划（2021—2024）》的重要性，欢迎《金砖国家粮食安全合作战略》。我们强调需要有韧性的粮食供应链。

33. 我们认识到数字经济在促进全球经济增长方面的活力。我们还认识到，贸易投资对促进可持续发展、国家和地区工业化、向可持续的消费和生产方式过渡所发挥的积极作用。我们认识到数字时代贸易和投资发展面临的挑战，承认金砖各国的数字发展水平不同，需要应对各自面临的挑战，包括各类数字鸿沟。我们欢迎成立金砖国家数字经济工作组。我们重申，开放、高效、稳定、可靠是应对经济复苏挑战、促进国际贸易和投资的关键。我们鼓励金砖国家进一步合作，加强供应链和支付系统的互联互通，推进贸易投资流动。我们同意按照《金砖国家服务贸易合作框架》的规定，与金砖国家工商理事会和金砖国家女性工商联盟加强服务贸易领域的交流合作，推动落实《金砖国家服务贸易合作路线图》和《金砖国家专业服务贸易合作框架》等相关文件。

34. 我们重申支持非盟《2063年议程》，支持非洲通过非洲大陆自贸区投入运行等方式促进一体化的努力。我们强调非洲大陆自贸区将为投资，特别是基础设施建设方面的投资提供可预测的环境，为助力同非洲大陆伙伴形成合作、贸易和发展的合力提供机遇。我们强调加强金砖国家同非洲之间伙伴关系对解锁互利的贸易投资增长和基础设施发展机遇具有重要意义。我们欢迎《妇女和青年贸易议定书》取得的进展，认识到其在促进非洲经济中妇女青年经济金融包容性方面的潜力。我们强调工业化、基础设施建设、粮食安全、促进可持续发展的农业现代化、医疗以及应对气候变化等对非洲可持续发展的意义重大。

35. 我们进一步注意到，非洲大陆仍然处于全球贸易体系的边缘，可从金砖五国合作中获益良多。《非洲大陆自由贸易协定》（AFCFTA）和金砖合作为非洲大陆从商品出口国的历史角色向更高生产力附加值转变提供了机遇。我们欢迎并支持非盟作为二十国集团成员参加新德里二十国集团峰会。

36. 我们致力于加强金砖国家内部合作，加强金砖国家新工业革命伙伴关系，为加快工业发展创造新机遇。我们支持金砖国家内部通过金砖国家工业能力中心（BCIC）、金砖国家新工业革命伙伴关系创新基地、金砖国家初创企业论坛以及与金砖国家其他相关机制的协作，在新技术人力资源开发方面进行合作，开展培训项目，应对新工业革命挑战，实现包容性和可持续工业化。我们重申致力于继续讨论与联合国工发组织合作建立金砖国家工业能力中心，共同支持金砖国家工业4.0技能发展，促进新工业革命伙伴关系并提高生产力。我们期待与联合国工发组织合作，请金砖国家新工业革命伙伴关系咨询组与联合国工发组织协调。

37. 我们认识到中小微企业对充分释放金砖国家经济潜力的关键作用，重申其参与生产网络和价值链的重要性。我们将继续共同致力于消除各种制约因素，例如缺乏便捷的信息和融资渠道、技能短缺、网络影响、过度监管负担及采购相关的限制因素，确保企业更便捷地获取信息和融资、技术升级和市场连接。我们核可《金砖国家中小微企业合作框架》，该框架将促进金砖国家在展会展览信息交流等方面的合作，鼓励中小微企业参与选定的活动，以促进中小微企业间开展可能达成交易的互动和合作。金砖国家成员将促进商务代表团交流，推动中小微企业举办具体行业的企业对企业（B2B）会议，以加强金砖国家中小微企业间合作和商业联盟，并特别关注妇女和青年所有的中小微企业。各成员将提供中小微企业、商业发展机遇以及合作可能性等相关信息，以促进金砖国家中小微企业发展。此外，我们将促进贸易政策、市场情报等信息共享，以提升中小微企业国际贸易参与度。我们将推动企业获取资源和能力，包括有助于改善中小微企业参与经济活动和全球价值链的技能、知识网络和技术。我们将就推动金砖国家中小微企业融入全球贸易和价值链的举措和方式交换意见，包括分享如何通过区域一体化支持中小微企业发展的经验。

38. 我们重申致力于促进就业以实现可持续发展，包括开发技能以确保有韧性的复苏，考虑性别问题的就业，以及包括工人权益在内的社会保障政策。我们重申致力于尊重、促进并实现全民体面劳动和社会公正。我们将基于"德班行动呼吁"加大力度有效废除童工，于2030年前加速实现社会保障全民覆盖。我们将投资技能开发体系，提升非正规经济和新就业形态劳动者相关高水平技能可及性，提高经济、社会、环境可持续和包容性经济的生产力。我们将探索成立一个落实体面劳动生产力生态体系的金砖平台。

39. 我们认识到旅游业复苏的紧迫性和增加游客互访量的重要性，将进一步加强金砖国家绿色旅游联盟，采取措施，打造更有韧性、可持续、包容的旅游业。

40. 我们同意加强标准化领域交流与合作，充分发挥标准作用，促进可持续发展。

41. 我们同意继续深化金砖国家在竞争领域合作，为国际经贸合作营造公平竞争的市场环境。

42. 我们同意通过金砖国家知识产权合作机制（IPRCM），加强知识产权对话与合作。今年正值知识产权局局长合作十周年之际，我们欢迎其工作计划与可持续发展目标对接。

43. 我们支持加强金砖国家内部统计合作。数据、统计和信息是知情决策和有效决策的基础。今年是首份《金砖国家联合统计手册》和《金砖国家联合统计摘要》发布十周年。我们支持继续发布《金砖国家联合统计手册（2023）》和《金砖国家联合统计摘要（2023）》，吸引更多用户使用。

44. 我们认识到快速、廉价、透明、安全、包容的支付体系有广泛益处。我们期待金砖国家支付工作组（BPTF）关于在金砖国家推进《二十国集团完善跨境支付路线图》有关要素的报告。我们欢迎金砖国家成员分享跨境支付系统互联互通等支付基础设施方面的经验，相信这将进一步加强金砖国家间合作，鼓励进一步就支付工具开展对话，以促进金砖国家成员与其他发展中国家间的贸易和投资流动。我们强调，鼓励金砖国家同其贸易伙伴在开展国际贸易和金融交易时使用本币的重要性。我们还鼓励加强金砖国家间代理银行网络，促进本币结算。

45. 我们责成财长和/或央行行长们研究金砖国家本币合作、支付工具和平台，于下次领导人会晤前提交报告。

46. 我们认识到新开发银行（NDB）在促进其成员国基础设施和可持续发展方面的关键作用。我们祝贺巴西联邦共和国前总统迪尔玛·罗塞夫女士担任新开发银行行长，相信她将为新开发银行有效履行职能作出贡献。我们期待新开发银行为可持续发展提供并维持最有效的融资方案，稳步扩员、改善治理、提高运营效率，以实现新开发银行 2022—2026 年总体战略。我们欢迎孟加拉国、埃及和阿拉伯联合酋长国三个新开发银行新成员。我们鼓励新开发银行根据自身治理机制和成员国优先事项和发展目标，在知识分享过程中发挥积极作用，在经营方针中纳入成员国最佳实践。我们认为新开发银行是全球多边开发银行大家庭的重要成员，因为它是由新兴市场国家和发展中国家为新兴市场国家和发展中国家创建的机构，具有独特的地位。

47. 我们欢迎去年建立的金砖财金智库网络，欢迎使该网络投入运作的努力。我们将推动各成员国明确并指定牵头智库。我们核可南非担任主席期间制定的金砖财金智库网络的《运行指导原则》，该文件为智库网络在治理、产出交付和资金方面的运作提供指导。

48. 我们认识到基础设施投资为人类、社会、环境和经济发展提供支持。我们注意到基础设施需求不断增长，对基础设施规模、创新和可持续性的要求更高。我们强调金砖国家为基础设施投资持续提供良好机遇。我们进一步认为，利用政府有限的资源撬动私人资本、专业知识和效率，对于弥合金砖国家基础设施投资缺口至关重要。

49. 我们将继续支持政府和社会资本合作（PPP）及基础设施工作组分享基础设施有效开发和交付方面的知识、良好做法和经验，使各成员国从中受益。在这方面，工作组整理了指导原则，推动基础设施交付采用务实方式，并在基础设施建设和交付中使用政府和社会资本合作等混合融资方案。我们期待于今年晚些时候举行基础设施投资研讨会，与金砖国家政府、投资者和融资方讨论如何与私营部门合作，促进在基础设施交付中使用绿色、转型和可持续金融。

50. 金砖国家应急储备安排（CRA）仍是缓解未来危机影响的重要机制，是对现有国际金融和货币安排的补充，有助于加强全球金融安全网。我们重申致力于不断加强应急储备安排，并期待 2023 年晚些时候圆满完成第六次演练。我们也支持在修订《金砖国家应急储备安排中央银行间协议》未决技术问题方面取得的进展，核可将"后疫情时代的挑战"作为 2023 年金砖国家经济简报的拟议主题。

51. 我们欢迎在可持续金融、转型金融、信息安全、金融技术和支付等共同关心的议题上继续开展合作，并期待在相关工作机制下继续在这些领域开展工作，包括开展技术研究解决在金融领域气候数据缺失的问题，支持增强网络安全、发展金融技术的提议，包括分享该领域的知识及经验。

五、推动可持续发展

52. 我们再次呼吁通过动员必要的执行手段，以平衡全面方式，在经济、社会和环境三大领域，落实 2030 年可持续发展议程。我们敦促捐助国履行官方发展援助承诺，根据受援国国家政策目标，推动能力建设和技术转让，并向发展中国家提供额外发展资源。由此，我们强调将于 2023 年 9 月在纽约举行的可持续发展峰会和将于 2024 年 9 月举行的未来峰会将为国际社会重申对落实 2030 年议程承诺带来重要机遇。

53. 我们认识到以综合、全面的方式落实可持续发展目标的重要性，特别是通过消除贫困和应对气候变化，同时促进可持续的土地利用和水资源管理、保护生物多样性、可持续利用其组成部分和生物多样性，以及公平、公正地分享利用遗传资源所产生的惠益，包括按照《生物多样性公约》第 1 条并根据各国的国情、优先事项和能力，适当获取遗传资源。我们还强调技术与创新、国际合作、公私伙伴关系、南南合作的重要意义。

54. 我们强调在生物多样性保护和可持续利用方面开展合作的重要性，如保护技术研发、保护区开发以及打击野生动物非法贸易。此外，我们将继续积极参与生物多样性相关的国际公约，如《生物多样性公约》及其议定书，推动落实"昆明—蒙特利尔全球生物多样性框架"（"昆蒙框架"）、《濒危野生动植物物种国际贸易公约》和《联合国防治荒漠化公约》，落实《减少土地退化和加强陆地栖息地保护全球倡议》。

55. 我们欢迎 2022 年 12 月举行的《生物多样性公约》第十五次缔约方大会（CBD COP-15）历史性地通过了"昆蒙框架"。因此，我们承诺根据共同但有区别的责任原则以及各自国情、优先事项和能力，努力实现"昆蒙框架"所有全球长期目标和具体行动目标，实现其阻止和扭转生物多样性丧失的使命以及人与自然和谐共生的愿景。我们敦促发达国家提供充足的执行手段，包括资金、能力建设、技术和科学合作，以及技术获取和转让，以全面落实《生物多样性公约》。我们还认识到在商业中开展可持续利用生物多样性合作的潜力，支持当地经济发展、工业化、就业和可持续商业机会。

56. 我们再次强调落实《联合国气候变化框架公约》（UNFCCC）及其《巴黎协定》以及恪守共同但有区别的责任和各自能力原则的重要性，加强低成本气候技术转让能力建设，并为环境可持续项目动员可负担、充足且及时拨付的新的额外资金。我们同意，有必要捍卫、推动和加强气候变化的多边应对，共同推动《联合国气候变化框架公约》第 28 次缔约方大会（UNFCCC COP28）取得积极成果。我们认识到，发达国家应增强支持气候行动的执行手段，包括提供充足、及时、可负担的气候融资、技术合作、能力建设和技术转移。此外，有必要建立全面的资金安排处理气候变化的损失和损害，包括将《联合国气候变化框架公约》第 27 次缔约方大会上同意建立的损失和损害基金投入运作，以使发展中国家受益。

57. 我们同意应对气候变化挑战，同时按照共同但有区别的责任和各自能力的原则，并根据各国不同的国情，确保向低碳和低排放经济公正、可负担和可持续转型。我们主张在各国确定的发展优先事项的基础上，实现公正平等和可持续的转型，呼吁发达国家以身作则，支持发展中国家实现这种过渡。

58. 我们强调发达国家应支持发展中国家获得现有和新兴的低排放技术和解决方案，以避免、减少和消除温室气体排放，加强适应行动，应对气候变化。我们强调需要加强低成本技术转让，为环境可持续项目动员可负担、充足、新的和及时拨付的额外资金。

59. 我们决心将为今年在迪拜举行的第 28 次缔约方大会取得成功作出贡献，重点是推动落实和合作。作为评估落实《巴黎协定》长期目标集体进展、促进《联合国气候变化框架公约》下《巴黎协定》多方面气候行动的主要机制，全球盘点必须有效、并明确气候变化全球应对的差距，同时为所有国家，特别是发达国家提高雄心奠定基础。我们呼吁发达国家弥合发展中国家在减缓和适应行动执行手段方面的显著差距。

60. 我们欢迎巴西申办《联合国气候变化框架公约》第 30 次缔约方大会，2025 年将是全球应对气候变化未来的关键一年。

61. 我们进一步敦促发达国家兑现承诺，包括 2020 年前每年调动 1000 亿美元资金，延及 2025 年，以支持发展中国家的气候行动。此外，2025 年前将适应资金在 2019 年基础上翻一番对于实施适应行动至关重要。此外，我们期待根据发展中国家需求和优先事项，于 2025 年前设定一个具有雄心的新的气候资金集体量化目标。这将需要发达国家提供额外的、赠予性和/或优惠的、及时拨付且足够的资金支持，平衡推进适应和减缓行动。这包括支持落实国家自主贡献（NDCS）。

62. 我们认识到，需要加强支持实施环境和气候变化方案的金融机制和投资，加大改革这些金融机制以及多边开发银行和国际金融机构的力度。我们呼吁这些机构的股东采取果断行动，扩大气候投融资规模，支持与气候变化相关的可持续发展目标，使其体制安排符合目的。

63. 我们反对贸易壁垒，包括某些发达国家以应对气候变化为借口设置的贸易壁垒，并重申致力于加强对此类问题的协调。我们强调，为应对气候变化和生物多样性丧失而采取的措施必须符合世贸组织规定，不能构成任意或不合理的歧视手段，也不能成为对国际贸易的变相限制，更不能对国际贸易造成不必要障碍。任何此类措施都必须以共同但有区别的责任和各自能力原则为指导，以各国不同的国情为考量依据。我们对任何与世贸组织规则不一致，可能扭曲国际贸易、增加新的贸易壁垒并将应对气候变化的负担转嫁给金砖国家和其他发展中国家的歧视性措施表示关切。

64. 我们承诺加紧努力，增强在全球大流行病预防、准备和应对方面的集体能力，加强未来共同抵御此类大流行病的能力。鉴此，我们认为继续支持金砖国家疫苗研发中心很重要。我们期待将于2023年9月20日在联合国大会举行的大流行病预防、准备和应对高级别会议，并呼吁会议取得动员政治意愿和持续领导力的积极成果。

65. 我们认识到基本医疗保健对全民医疗保健、医疗系统韧性、卫生危机预防与应对的关键基础性作用。我们相信将于2023年9月在联合国大会召开的全民健康覆盖高级别会议将为全民健康覆盖动员最高政治支持，促进实现联合国可持续发展目标3（健康福祉）项下全民医保基础任务的关键步骤。我们重申支持世界卫生组织领导下抗击结核病的国际倡议，期待积极参与今年9月在纽约举行的联合国结核病问题高级别会议，鼓励会议发出坚定的政治宣示。

66. 考虑到金砖各国的国家法律和优先事项，我们承诺根据以往金砖国家卫生部长会议及其成果和金砖国家传统医药高级别论坛，继续开展传统医药合作。

67. 我们注意到，金砖国家在核医学和放射制药领域拥有重要经验和潜力。我们欢迎设立金砖国家核医学工作组的决定，以扩大该领域合作。

68. 我们欢迎南非在2023年全年主办金砖国家科技创新指导委员会会议，这是管理和确保金砖国家科技创新领域活动成功举办的主要协调机制。我们呼吁指导委员会对金砖国家科技创新工作组的主题重点领域和组织框架进行战略审查，以确保与金砖国家当前的政策重点更好地保持一致。我们赞赏南非举办第八届金砖国家青年科学家论坛并同时组织第六届金砖国家创新青年奖评奖。我们赞赏金砖国家科技和创新框架计划成功通过资助大量金砖国家间优秀研究项目，将科学家联系起来。我们还赞赏金砖国家科技和创新框架计划秘书处为推动2024年启动金砖国家科技和创新旗舰项目征集相关讨论所作努力。我们认可《金砖国家创新合作行动计划（2021—2024年）》实施进展。我们鼓励对金砖国家技术转移中心和金砖国家创新网络等倡议采取进一步行动。我们还欢迎金砖国家科技创新创业伙伴关系工作组在创新创业领域采取更多行动，例如支持金砖国家孵化培训和网络、金砖国家技术转让培训计划和金砖国家创业论坛。

69. 我们祝贺我们的航天机构通过金砖国家卫星星座数据样本交换，成功落实了《金砖国家遥感卫星星座合作协议》；于2022年11月举办首届金砖国家遥感卫星星座应用论坛；于2023年7月召开金砖国家航天合作联委会第二次会议，并继续成功实施金砖国家卫星星座试点项目。我们鼓励金砖国家航天机构继续提升遥感卫星数据共享与应用合作水平，为金砖国家经济社会发展提供数据支撑。

70. 我们强调能源可及对实现可持续发展目标的基础性作用，注意到能源安全面临的突出风险，同时我们强调金砖国家作为能源产品和服务的主要生产者和消费者，有必要加强合作。我们相信能源安全、可及性和能源转型都很重要，应加以平衡。我们欢迎在能源转型供应链方面加强合作和投资，注意到全面参与清洁能源全球价值链的必要性。我们进一步承诺加强包括关键能源基础设施在内的能源系统韧性，推动清洁能源利用，促进能源科技研究创新。我们将通过激励能源投资流动来应对能源安全挑战。我们认同，基于各国的优先事项和国情高效利用所有能源的方式，即包括生物燃料、水电、核能和在零排放和低排放技术和工艺基础上生产的氢在内的可再生能源及化石能源，这些能源方式对于向灵活、具有韧性和可持续的能源系统公正过渡至关重要。我们认识到化石燃料在支持能源安全和能源转型方面的作用。我们呼吁金砖五国在技术中立方面开展合作，并进一步敦促采用共同、有效、明确、公平和透明的标准和规则，评估排放量、制定可持续项目的兼容分类标准以及核算碳单位。我们欢迎在金砖国家能源研究合作平台机制下开展联合研究和技术合作，赞赏举办金砖国家青年能源峰会等活动。

71. 我们继续致力于加强金砖国家人口问题合作，因为人口年龄结构变化同时带来挑战和机遇，特别是在妇女权利、青年发展、残疾人权利、就业和劳动世界的未来、城镇化、移民和老龄化等方面。

72. 我们重申金砖国家灾害管理合作的重要性。我们强调减少灾害风险措施对建设有抗灾能力的社区、交流灾害管理最佳实践信息、采取气候变化适应举措、整合本土知识系统以及改善对预警系统和抗灾基础设施投资的重要性。我们进一步强调，应通过将减少灾害风险纳入政府和社区规划的主流，全面包容减少灾害风险。我们鼓励通过加强国家应急系统能力的联合活动扩大金砖国家内部合作。

73. 我们赞同南非在其担任金砖国家主席国期间高度重视面向未来的教育和技能培养变革。我们支持促进金砖国家内部学术资格互认的原则，以确保有技能的专业人员、学者和学生的流动，并在遵守适用的国内法前提下，承认在对方国家获得的学历。我们欢迎金砖国家教育部长第十次会议提出的具体建议，这些建议重点关注教育与培训的关键领域，如创业精神培养、适应不断变化世界的技能、失学青年、气候变化、劳动力市场情报、儿童早期开发及全球大学排名。我们赞赏金砖国家教育合作，包括职业教育合作取得的进展，特别是成立聚焦加强交流对话的金砖国家职业教育合作联盟，以及金砖国家职业教育合作联盟章程的提前达成，这有助于推动职业教育务实合作，促进职业教育与产业融合。

74. 我们承诺加强金砖国家间技能交流与合作。我们支持教育和职业技术教培领域的数字化转型，每个金砖国家都致力于确保国内教育的可及性和公平性，促进高质量教育发展。我们同意探索建立金砖国家数字教育合作机制的机会，开展数字教育政策对话，共享数字教育资源，打造智能教育系统，通过加强金砖国家网络大学和该领域其他机构间倡议（包括金砖国家大学联盟）合作，共同推动金砖国家教育数字化变革，发展可持续教育。我们欢迎金砖国家网络大学国际理事会考虑金砖国家网络大学扩员，让更多金砖国家的大学加入进来。我们强调分享扩大幼儿全面保育和教育可及性最佳做法的重要性，为金砖国家儿童创造更好的人生开端。我们欢迎促进金砖国家内部交流、通过多种学习途径使学习者掌握适应未来的技能的决定。

六、深化人文交流

75. 我们重申金砖国家人文交流对增进相互理解、友谊和合作的重要性。我们赞赏在 2023 年主席国南非主持下，在包括媒体、文化、教育、体育、艺术、青年、民间社会和学术交流等领域取得的积极进展，认同人文交流对丰富我们的社会和发展我们的经济具有至关重要作用。

76. 我们认识到青年是加速实现可持续发展目标的推动力。青年领导力对于加快以代际团结、国际合作、友谊和社会变革原则为前提的公正转型至关重要。必须通过培育创业和创新文化促进青年可持续发展。我们重申金砖国家青年峰会作为有意义地参与青年事务平台的重要性，认识到其作为青年参与金砖国家事务协调架构的价值。我们欢迎达成《金砖国家青年理事会框架》。

77. 我们赞赏金砖国家工商论坛成功举行。在金砖国家工商理事会成立十周年之际，我们欢迎理事会重点回顾其业已实现的里程碑以及取得进展的领域。我们进一步欢迎理事会有意跟踪金砖国家内部贸易流动，明确贸易表现未达预期的领域并提出解决方案。

78. 我们认可妇女在经济发展中扮演的关键角色，赞赏金砖国家女性工商联盟。我们认识到包容的创业精神和妇女对资金的可及性有助于她们参与商业企业、创新和数字经济。我们欢迎提高女性农民农业生产力，增加获得土地、技术和市场机会的倡议。

79. 在金砖国家学术论坛成立 15 周年之际，我们认识到其作为金砖国家领军学者审议和讨论当前面临各类问题的平台所具有的价值。金砖国家智库理事会也庆祝了其增进金砖国家学术界研究和能力建设合作的十年。

80. 金砖国家政党开展对话在凝聚共识、深化合作方面发挥建设性作用。我们注意到 2023 年 7 月成功举办的"金砖+"政党对话会，欢迎其他金砖国家今后继续举办类似活动。

81. 我们重申对金砖国家政府签署和通过的所有文化领域合作文书及协定的承诺，承诺通过金砖国家文化工作组抓紧实施《落实〈金砖国家政府间文化合作协议〉行动计划（2022—2026 年）》。

82. 我们承诺确保将文化纳入国家发展政策，将其作为实现联合国 2030 年可持续发展议程所列目标的推动力和促进器。我们还重申致力于根据世界文化政策与可持续发展会议（MONDIACULT22）决定，将文化和创意经济作为国际公共产品予以推广。

83. 我们同意支持保护、保存、修复和推广文化遗产，包括物质文化遗产和非物质文化遗产。我们承诺采取强有力的措施，打击非法贩运文物，鼓励文化和遗产利益攸关方开展对话，并通过探索技术创新解决方案和推动政策制定，改变文化内容生产、传播和获取方式，促进文化和创意部门数字化。我们重申致力于支持文化企业、博物馆和文化机构参与金砖国家主办的国际展览和节庆活动，并在组织此类活动时相互协助。

84. 我们欢迎 2023 年南非担任金砖主席国期间成立体育联合工作组，搭建金砖体育合作框架。我们期待 2023 年 10 月在南非举办的金砖国家运动会取得成功。我们承诺为金砖国家提供必要支持，使其能够按照相关规则参加在本国举行的国际体育赛事和会议。

85. 我们强调所有金砖国家都拥有丰富的传统体育文化，同意相互支持，在金砖国家间和全世界推广传统运动项目和本土运动项目。我们鼓励我们的体育组织开展各类线上线下交流活动。

86. 我们赞赏金砖国家通过金砖国家城镇化论坛等机制在提高城市韧性方面取得的进展，赞赏金砖国家致力于进一步加强各级政府和社会在落实 2030 年可持续发展议程和促进可持续发展目标本土化方面的包容性合作。

七、机制建设

87. 我们重申基于共同利益和重要优先领域，继续夯实金砖国家团结合作的重要性，以进一步增强金砖国家战略伙伴关系。

88. 我们满意地注意到金砖机制建设所取得的进展，强调金砖合作应顺应时代变化，做到与时俱进，在共识基础上确保各领域合作重点更加突出，金砖战略伙伴关系更加高效、成果更加务实。我们责成协调人继续定期讨论金砖机制建设，包括整合和优化相关合作。

89. 我们欢迎其他新兴市场国家和发展中国家应金砖主席国南非的邀请，作为"金砖之友"参加金砖国家领导人以下级别的会议，以及在 2023 年约翰内斯堡金砖国家领导人第十五次会晤期间举办的金砖—非洲外围对话和"金砖+"对话会。

90. 我们赞赏全球南方国家加入金砖国家的强烈意愿。金砖国家秉持金砖精神，坚持包容性多边主义，就扩员进程的指导原则、标准和程序达成一致。

91. 我们决定邀请阿根廷共和国、阿拉伯埃及共和国、埃塞俄比亚联邦民主共和国、伊朗伊斯兰共和国、沙特阿拉伯王国、阿拉伯联合酋长国从 2024 年 1 月 1 日起成为金砖国家正式成员。

92. 我们责成外长们进一步讨论金砖伙伴国模式及潜在伙伴国名单，在下次金砖国家领导人会晤前提交报告。

93. 巴西、俄罗斯、印度和中国赞赏南非作为 2023 年金砖国家主席国所做工作，对南非政府和人民主办金砖国家领导人第十五次会晤致以诚挚谢意。

94. 巴西、印度、中国和南非将全力支持俄罗斯担任 2024 年金砖国家主席国并在喀山举办金砖国家领导人第十六次会晤。

金砖国家领导人第十四次会晤北京宣言

一、序言

1. 我们，巴西联邦共和国、俄罗斯联邦、印度共和国、中华人民共和国、南非共和国领导人于 2022 年 6 月 23 日至 24 日举行金砖国家领导人第十四次会晤。本次会晤主题是"构建高质量伙伴关系，共创全球发展新时代"。

2. 我们忆及在过去 16 年中，金砖国家秉持互尊互谅、平等相待、团结互助、开放包容、协商一致的精神，互信不断增强，互利合作不断深化，人文交流不断密切，取得了一系列重大成果。我们重申基于共同利益和优先领域，进一步加强金砖团结合作的重要性，从而进一步巩固金砖战略伙伴关系。

3. 我们高兴地注意到，尽管面临新冠肺炎疫情等挑战，金砖国家在 2022 年继续共同加强团结，深化经贸财金、政治安全、人文交流、公共卫生、可持续发展等领域合作，举办了一系列会议和活动，推动金砖合作取得实实在在的成果。

4. 我们欢迎在此次领导人会晤期间举行的全球发展高层对话会，这体现了包括金砖外围对话/"金砖+"合作在内的金砖伙伴关系的开放包容性。我们期待对话会为加强国际团结合作落实 2030 年可持续发展议程注入新的动力。

二、加强和改革全球治理

5. 我们重申对多边主义的承诺，维护国际法，包括作为其不可或缺基石的《联合国宪章》宗旨和原则，维护联合国在国际体系中的核心作用，在此体系中各主权国家合作维护和平与安全，推动可持续发展，促进和保护民主、所有人的人权和基本自由，并基于相互尊重、正义、平等的精神加强合作。

6. 我们忆及五国外长 2021 年通过的《金砖国家关于加强和改革多边体系的联合声明》并回顾其中的原则，一致认为加强和改革多边体系包括以下方面：

应使全球治理更具包容性、代表性和参与性，以促进发展中国家和最不发达国家，特别是非洲国家，更深入和更有意义地参与全球决策进程和架构，并使全球治理更符合当代现实；

应以包容的协商与合作为基础，符合所有人利益，尊重主权独立、平等、彼此正当利益和关切，使多边组织反应更迅速、有效、透明、可信；

应使多边组织反应更加迅速，更加有效、透明、民主、客观，坚持聚焦行动和聚焦解决方案，更加可信，并合作构建基于国际法准则和原则、相互尊重、公平正义、合作共赢精神以及当代世界现实的国际关系；

应利用数字和技术工具等创新包容的解决方案，促进可持续发展，并帮助所有人可负担和公平地获取全球公共产品；

应加强各国及国际组织的能力，使其能够更好地应对新的、传统和非传统挑战，包括来自恐怖主义、洗钱、网络领域、信息流行病和虚假新闻的挑战；

应将以人民为中心的国际合作作为核心，促进国际和地区和平与安全，促进经济社会发展，保护大自然平衡。

7. 我们忆及联合国大会第 75/1 号决议，再次呼吁改革联合国主要机构。我们致力于为联合国安理会改革相关讨论注入新活力，继续努力振兴联合国大会，并加强联合国经社理事会。我们回顾 2005 年世界首脑会议成果文件，重申需要对联合国包括其安理会进行全面改革，使之更具代表性、效力和效率，增强发展中国家代表性，以应对全球挑战。中国和俄罗斯重申重视巴西、印度和南非在国际事务中的地位和作用，支持其希望在联合国发挥更大作用的愿望。

8. 我们赞赏印度和巴西分别在 2021—2022 和 2022—2023 年间作为联合国

安理会成员发挥的作用。4 个金砖国家成员同在联合国安理会，这能进一步提升我们就国际和平与安全事务开展对话的重要性，并将为五国通过常驻联合国代表团以及其他国际场合的定期交流、在共同关心的领域继续合作提供机会。

9. 我们重申各国应本着平等相待和相互尊重的原则开展合作，促进和保护人权与基本自由。我们同意继续以公平、平等的方式同等重视和对待包括发展权在内的各类人权。我们同意在金砖国家及联合国大会、人权理事会等多边框架下就共同关心的问题加强合作，认为需要以非选择性、非政治性和建设性方式促进、保障及实现各国人权，避免双重标准。我们呼吁尊重民主和人权，强调不仅应在国内治理，也应在全球治理层面得到体现。我们重申致力于促进和保护民主、所有人的人权和基本自由，在互利合作的基础上构建人类命运共同体。

10. 我们强调全球经济治理对各国确保可持续发展至关重要，进一步忆及支持新兴市场和发展中国家拓展和加大参与国际经济决策和规则制定进程。我们重申支持二十国集团在全球经济治理中发挥领导作用，强调二十国集团应保持完整、应对当前全球性挑战。我们呼吁国际社会强化伙伴关系，强调要推动世界经济走出危机，实现强劲、可持续、平衡和包容的疫后经济复苏，必须加强宏观政策协调。我们敦促主要发达国家采取负责任的经济政策，管控好政策外溢效应，避免给发展中国家造成严重冲击。

11. 我们重申支持以世界贸易组织为代表的开放、透明、包容、非歧视和以规则为基础的多边贸易体制。我们将建设性参与世贸组织的必要改革，构建开放型世界经济，支持贸易和发展，维护世贸组织在全球贸易规则制定和治理中的突出地位，支持包容性发展，维护包括发展中成员和最不发达国家在内的世贸组织成员的权利和利益。我们认识到，世贸组织规则确立的特殊与差别待遇是促进实现世贸组织有关经济增长和发展目标的工具。我们呼吁世贸组织所有成员避免采取违反世贸组织精神和规则的单边主义和保护主义措施。我们强调当务之急是尽快启动上诉机构成员遴选程序，以恢复具有约束力的、两级审理的世贸组织争端解决机制。我们认为上诉机构危机的解决刻不容缓，且不应与任何其他议题挂钩。我们核可经贸部长们通过的《金砖国家加强多边贸易体制和世贸组织改革声明》。我们赞赏世贸组织第 12 届部长级会议成功结束，这体现了多边主义的价值。我们鼓励世贸组织成员保持势头，在世贸组织第 13 届部长级会议上取得进一步实质成果。

12. 我们重申支持一个以份额为基础且资源充足的国际货币基金组织为中心的强劲、有效的全球金融安全网。我们呼吁在 2023 年 12 月 15 日前如期成功完成第 16 次份额总检查，减轻国际货币基金组织对临时资源的依赖，以解决新兴市场和发展中国家代表性不足的问题，使其实质性参与国际货币基金组织治理，并保护最贫穷和最弱小成员国的发言权和份额。我们欢迎外部资源充足的国家通过特别提款权转借，向有需要的国家提供支持，并欢迎国际货币基金组织关于设立韧性与可持续性信托的决定，期待其尽早运作。

13. 我们注意到，新冠肺炎疫情给人类带来严重冲击和困难。复苏不均衡加剧全球不平等。全球经济增长动能减弱，经济前景有所回落。我们对全球发展面临严重阻碍深感关切，包括南北差距、复苏分化、现存的发展断层、技术鸿沟等。这对落实联合国 2030 年可持续发展议程构成重大挑战，尤其经济和卫生的疤痕效应在当前疫情后可能仍然持续，对新兴市场和发展中国家来说更是如此。我们敦促主要发达经济体采取负责任的经济政策，管控好政策溢出效应，避免给发展中国家造成严重冲击。我们鼓励多边金融机构和国际组织在凝聚全球关于经济政策共识和防范经济扰乱和金融碎片化系统性风险方面发挥建设性作用。我们欢迎加快落实 2030 年可持续发展议程的举措。

三、团结抗击疫情

14. 我们重申，必须确保各国人民特别是发展中国家人民能够获取安全、有效、可及和可负担的诊断工具、药品、疫苗和关键医疗用品，确保疫苗公平分配，加快推进疫苗接种，弥合全球"免疫鸿沟"。我们支持世界卫生组织在抗击疫情中发挥领导作用，支持"新冠疫苗实施计划""全球合作加速开发、生产、公平获取新冠肺炎防控新工具倡议"等。我们认识到世界贸易组织关于新冠疫苗知识产权豁免提议的讨论的重要性，支持各国特别是发展中国家加强能力建设和疫苗及其他健康工具的本地化生产。我们强调需要继续加强金砖国家在检测方法、治疗、研发、疫苗生产与互认、针对新冠病毒新变种的疫苗安全性和有效性研究、新冠疫苗接种和检测证书（特别是用于国际旅行的证书）互认等领域的合作。

15. 我们重申支持多边主义，继续支持世界卫生组织在全球卫生治理中发挥领导作用，支持联合国相关机构开展活动。金砖国家将加强多边技术合作，增强应对重大突发公共卫生事件、全民健康覆盖、疫苗研发、预防和治疗性医疗保健以及数字健康系统的能力。我们同意通过在金砖国家卫生机构间建立更紧密合作关系、探索在卫生领域开展合作项目深化现有合作。

16. 我们欢迎金砖国家传统医药高级别会议的召开。

17. 我们强调金砖国家应进一步做好应对新冠肺炎疫情及未来其他突发公共

卫生事件的准备，加强突发公共卫生事件预警、大流行病预防和响应以及医疗救治最佳实践等方面的交流与合作。我们欢迎在线启动金砖国家疫苗研发中心，赞赏《加强疫苗合作，共筑抗疫防线》倡议。我们欢迎其他国家，尤其是新兴市场和发展中国家参与疫苗研发中心工作，提高防控传染病能力。我们支持并强调根据《国际卫生条例（2005）》以及世界卫生组织全球疫情警报和反应网络建立金砖国家预防大规模传染病早期预警机制的紧迫性，强调金砖国家应共同采取积极、有效措施，防范和减少传染病跨境传播风险，为改善全球卫生作出贡献。

18. 我们支持继续举办金砖国家结核病研究网络会议，为实现世界卫生组织2030年终结结核病目标作出贡献。我们支持金砖国家药品监管机构尽早签署《关于在医疗产品监管领域开展合作的谅解备忘录》，欢迎2022年下半年举行金砖国家人口问题研讨会。

19. 我们呼吁国际机构和慈善人士从包括非洲国家在内的发展中国家生产商采购疫苗和加强针，确保其疫苗生产能力得以保存。此举对打造卫生体系韧性，提高应对新变种及未来包括大流行病在内突发卫生事件的能力至关重要。在此背景下，获得诊断和治疗对于采取高质量和可负担的医疗措施，提升总体监测能力非常关键。

四、维护和平与安全

20. 我们欢迎2022年5月19日金砖国家外长会晤通过的关于"应对国际形势新特点新挑战　加强金砖国家团结合作"的联合声明，欢迎2022年6月15日第十二次金砖国家安全事务高级代表会议，赞赏他们就多个战略议题开展富有成果的讨论。

21. 我们承诺尊重各国主权、领土完整，强调应通过对话协商以和平方式解决国家间的分歧和争端，支持一切有利于和平解决危机的努力。

22. 我们讨论了乌克兰局势，并忆及在联合国安理会、联合国大会等场合就乌克兰问题表达的国别立场。我们支持俄罗斯同乌克兰谈判。我们还讨论了对乌克兰境内外人道局势的关切，支持联合国秘书长、联合国机构和红十字国际委员会根据联大第46/182号决议确立的人道、中立和公正原则提供人道援助的努力。

23. 我们坚定支持一个和平、安全和稳定的阿富汗，同时强调尊重阿富汗主权、独立、领土完整、国家统一，不干涉阿富汗内政。我们强调，各方应鼓励阿富汗当局通过对话和谈判实现民族和解，建立广泛、包容和有代表性的政治架构。我们重申安理会有关决议的重要性。我们强调，阿富汗领土不能被用来威胁或攻击任何国家，不能被用来庇护或训练恐怖分子，不能被用来为恐怖主义行为提供资金支持，重申在阿富汗打击恐怖主义的重要性。我们呼吁阿富汗当局努力打击与毒品有关的犯罪，使阿富汗摆脱毒品危害。我们强调应为阿富汗人民提供紧急人道援助，维护阿富汗人民，包括妇女、儿童及不同种族的基本权利。

24. 我们重申需要根据国际法，通过和平和外交手段解决伊朗核问题，强调维护伊核问题全面协议和联合国安理会 2231 号决议对国际核不扩散体系及更大范围的和平稳定的重要性，希望旨在恢复伊核问题全面协议的外交努力取得成功。

25. 我们支持通过多双边谈判解决朝鲜半岛所有相关问题，包括完全无核化，维护东北亚和平稳定。我们重申支持全面、和平、外交、政治解决方案。

26. 我们重申支持中东北非地区和平繁荣。我们强调应对该地区发展安全挑战的重要性，呼吁国际社会支持中东维稳促和努力。

27. 我们赞赏非洲国家、非洲联盟、次区域组织为应对地区挑战，包括维护和平安全、战后重建和谋求发展所作努力，呼吁国际社会继续提供支持。我们强调非盟与联合国根据《联合国宪章》开展协作。

28. 我们呼吁持续努力加强军控、裁军、防扩散条约和协议体系，保持其完整性，维护全球稳定及国际和平与安全，进一步强调要确保裁军、防扩散及军控领域有关多边机制的有效性、高效性和协商一致原则。

29. 我们呼吁加强《禁止生物武器公约》《禁止化学武器公约》等国际军控、裁军与防扩散体系，维护其完整性和有效性，维护全球战略稳定和世界和平安全。我们强调遵守和加强《禁止生物武器公约》的必要性，包括通过一项有法律约束力的、包含高效核查机制的公约议定书。我们重申支持确保外空活动长期可持续，防止外空军备竞赛和武器化，包括通过谈判达成一项具有法律约束力的多边文书。我们注意到 2014 年向日内瓦裁军谈判会议提交和更新的"防止在外空放置武器、对外空物体使用或威胁使用武力条约"草案。我们强调采取务实的透明与建立信任措施有助于防止外空军备竞赛。

30. 我们重申致力于无核武器世界，强调对核裁军的坚定承诺，支持日内瓦裁军谈判会议 2022 年度会议就此开展工作。我们注意到中国、法国、俄罗斯、英国、美国领导人 2022 年 1 月 3 日发表的《关于防止核战争与避免军备竞赛的联合声明》，特别指出"核战争打不赢也打不得"。

31. 我们重申致力于促进开放、安全、稳定、可及、和平的信息通信技术环境，强调加强对信息通信技术和互联网使用的共识与合作的重要性。我们支持联合国在推动关于信息通信技术安全的建设性对话中发挥领导作用，包括在2021—2025 年联合国开放式工作组框架下就信息通信技术的安全和使用开展的讨论，并在此领域制定全球性法律框架。我们呼吁以全面、平衡、客观的方式处理信息通信技术产品和系统的发展和安全。我们强调建立金砖国家关于确保信息通信技术使用安全的合作法律框架的重要性，认为应通过落实《金砖国家网络安全务实合作路线图》以及网络安全工作组工作，继续推进金砖国家务实合作。

32. 我们强调信息通信技术在促进经济增长和发展方面潜力巨大，同时也认识到它可能带来新的犯罪活动和威胁，对信息通信技术非法滥用的水平和复杂性不断上升表示关切。欢迎联合国政府间特别专家委员会的工作，旨在就打击利用信息通信技术实施犯罪制订一项全面国际公约，重申将合作执行联合国大会 75/282 号决议授予委员会的授权。

33. 我们强烈谴责一切形式和表现的恐怖主义，不论恐怖主义在何时、何地、由何人实施。我们认识到恐怖主义、助长恐怖主义的极端主义和激进主义导致的威胁。我们决心打击一切形式和表现的恐怖主义，包括恐怖分子跨境转移、恐怖融资网络和为恐怖分子提供庇护。我们重申恐怖主义不应与任何宗教、民族、文明或种族挂钩。我们重申坚定致力于在尊重国际法，特别是《联合国宪章》和人权基础上，为预防和打击恐怖主义威胁的全球努力作出更大贡献，强调各国在打击恐怖主义方面负有首要责任，联合国应继续在该领域发挥中心协调作用。我们还强调，国际社会应采取全面、平衡的方式，包括在当前疫情背景下，有效遏制构成严重威胁的恐怖主义活动。我们反对在打击恐怖主义和助长恐怖主义的极端主义方面采取双重标准。我们呼吁尽快在联合国框架下完成和通过《全面反恐公约》，并在裁军谈判会议上发起多边谈判，制定遏制化学和生物恐怖主义行为的国际公约。我们欢迎金砖国家反恐工作组第七次会议及五个分工作组会议达成的成果，赞赏主席国举办金砖国家"反恐怖融资定向金融制裁"专题研讨会，期待举办金砖国家"加强发展中国家反恐能力建设"研讨会以及金砖国家警察培训等活动。我们期待进一步深化反恐领域合作。

34. 我们期待进一步深化反恐合作，重申联合国安理会在实施制裁方面具有独一无二的权威性，呼吁进一步整合和加强联合国安理会各制裁委员会工作方法，以确保其有效性、反应迅速和透明度，并以客观事实为基础，避免包括列名在内的制裁委工作政治化。

35. 我们重申加强反腐败国际合作的承诺，愿在尊重各国法律制度基础上，就反腐败追逃追赃、民事和行政事项相互提供法律协助、资产返还等加强经验交流和务实合作。我们欢迎通过《金砖国家拒绝腐败避风港倡议》，将进一步通过教育培训项目加强反腐败能力建设，并加强多边框架下的反腐败交流与合作。我们欢迎召开金砖国家首次反腐败部长级会议。

36. 我们对世界范围内依然严峻的毒品形势表示关切，重申支持以联合国三大禁毒公约及各个政治承诺为基础的现有国际禁毒体制，赞赏金砖国家禁毒工作组为打击跨国毒品犯罪、推动全球毒品问题共治发挥的积极作用，愿进一步加强禁毒合作。

五、促进经济复苏

37. 我们认识到，金砖国家携手应对全球经济风险挑战，对实现全球复苏和可持续发展具有重要作用。我们重申继续加强宏观经济政策协调，深化经济领域务实合作，推动实现后疫情时代强劲、持续、平衡和包容经济复苏。我们强调在相关部长级和工作组机制内继续落实《金砖国家经济伙伴战略2025》的重要性。

38. 我们认识到，数字经济在减轻新冠肺炎疫情影响、实现全球经济复苏中的活力。我们还认识到，贸易投资对促进可持续发展、国家和地区工业化、向可持续的消费和生产模式过渡所发挥的积极作用。我们注意到中国举办的"'买在金砖'线上促销"活动，核可《金砖国家数字经济伙伴关系框架》《金砖国家贸易投资与可持续发展倡议》《金砖国家加强供应链合作倡议》。我们认识到数字时代贸易和投资发展面临的挑战，承认金砖国家的数字发展水平不同，各自需要应对数字鸿沟等挑战。我们欢迎将电子商务工作组升级为数字经济工作组。我们同意通过推进落实《金砖国家电子商务消费者保护框架》，促进电子商务消费者保护。我们重申全球、区域和国内生产和供应链的开放、高效、稳定、透明、可靠和韧性，对于抗击新冠肺炎疫情、应对经济复苏挑战和促进国际贸易投资至关重要。我们鼓励金砖国家合作加强供应链互联互通，推进贸易投资流动。我们同意加强金砖国家服务贸易交流合作并加强《金砖国家服务贸易合作框架》中确定的国家联络点与金砖国家工商理事会的接触，以推动落实《金砖国家服务贸易合作路线图》《金砖国家专业服务合作框架》等相关文件。我们注意到主席国关于建立金砖国家服务贸易网络的提议，将继续就此开展讨论。

39. 我们祝贺新开发银行入驻上海永久总部大楼并在印度设立区域办公室。我们欢迎新开发银行接纳四位新成员的决定，期待银行按照渐进、地域平衡原则持续推进扩员工作，吸纳发达国家和发展中国家，提高银行国际影响力，增强新兴市场和发展中国家在全球治理中的代表性和发言权。我们支持新开发银行尽可能获得高评级，加强机制建设。我们赞赏新开发银行在应对疫情挑战、支持成员经济复苏中发挥的重要作用。我们注意到新开发银行理事会年会批准了银行第二个总体战略（2022—2026），期待战略的顺利实施。我们鼓励新开发银行坚持成员国主导、需求导向的原则，多渠道动员各类资源，加强知识分享与创新，继续助力成员国实现可持续发展目标，进一步提高践行宗旨的效率和效力，努力打造领先的多边开发机构。

40. 我们欢迎建立金砖财金智库网络。我们期待智库网络独立开展工作，在受权情况下为金砖国家开展知识分享、交流经验和实践以及就财金议题开展合作提供智力支持，以应对全球性挑战、维护新兴市场和发展中国家共同利益。

41. 我们认识到基础设施投资在促进可持续发展方面的关键作用。我们重申，政府和社会资本合作是撬动私营部门、弥补基础设施缺口、扩大基础设施资产规模的有效模式。我们核可《金砖国家政府和社会资本合作推动可持续发展技术报告》。我们欢迎金砖国家开展经验和良好实践的交流与共享，并鼓励在基础设施投资和政府与社会资本合作方面开展进一步合作。我们期待同新开发银行和金砖国家政府与社会资本合作和基础设施工作组继续就基础设施投资数字平台保持技术接触，并呼吁加强这方面的工作。

42. 我们认可加强应急储备安排机制的重要性，该机制有助于加强全球金融安全网，并补充现有国际货币和金融安排。我们支持对应急储备安排条约的修订，并欢迎在应急储备安排其他相关文件修订方面取得的进展。我们期待修订文件的完成，这将有助于提高应急储备安排机制的灵活性和反应能力。我们欢迎第五次应急储备安排演练，期待演练顺利完成。我们支持完善应急储备安排与国际货币基金组织之间的协调框架。作为精简后的应急储备安排研究工作的一部分，我们欢迎五国央行联合完成《2022年金砖国家经济报告》。

43. 我们强调在现有工作机制下持续开展工作的重要性，包括金融领域信息安全和作为经验和知识交流平台的金砖国家支付工作组，并欢迎各国央行在支付领域进一步合作。

44. 我们致力于加强金砖国家合作，巩固金砖国家新工业革命伙伴关系，共同创造新的发展机遇。我们鼓励通过金砖国家工业能力中心、金砖国家新工业革命伙伴关系创新基地、金砖国家初创企业活动以及与其他相关金砖机制的协作，在人力资源开发方面进行合作，开展培训项目，应对新工业革命面临的挑战，推进包容、可持续工业化。我们支持金砖国家新工业革命伙伴关系项目与新开发银行等金融机构基于市场原则探索合作机制。我们认为包括金砖国家创新启动平台和金砖国家初创企业论坛在内的金砖国家初创企业活动十分重要，能够为金砖国家初创企业搭建网络，促进互动，提供指导。我们欢迎金砖国家新工业革命伙伴关系创新基地主办的活动，包括第四届金砖国家新工业革命伙伴关系论坛、2022年金砖国家工业创新大赛和创新基地培训计划，这些活动旨在将新工业革命伙伴关系的愿景转化为实际行动，惠及所有金砖成员。我们欢迎金砖国家工业互联网与数字制造发展论坛，金砖国家政府、产业界和学术界的代表与会并讨论了数字制造的发展。我们还欢迎发布《金砖国家制造业数字化转型合作倡议》。

45. 我们赞赏金砖国家科技创新合作进展，包括金砖国家科技创新指导委员会在推进旗舰项目倡议、为全球性挑战寻找有效科技创新方案方面的成果。我们鼓励就技术转移中心网络、"创新金砖"网络、旗舰项目联合研究、青年科学家论坛、青年创新奖等相关倡议进一步开展工作。

46. 我们赞赏信息通信领域合作进展，包括通过数字金砖任务组职责范围并决定举办数字金砖论坛年会。我们鼓励金砖国家未来网络研究院和数字金砖任务组尽快制定各自工作计划，开展新兴技术研发和应用领域合作。我们期待7月金砖国家通信部长会取得丰硕成果。我们支持数字经济工作组与信息通信技术合作工作组及其框架下的数字金砖任务组、金砖国家未来网络研究院等机制之间开展切实可行的协调互动，根据各自优势并在各自国内法律框架内推进金砖数字经济合作，避免重复劳动。

47. 我们赞赏金砖国家海关达成《金砖国家政府间关于海关事务的合作与行政互助协定》，以及在行政互助、能力建设、执法合作等领域取得的新进展。我们肯定金砖国家海关执法合作的重要性，将继续加强相关合作。我们支持金砖国家海关举行能力建设战略研讨会和执法合作研讨会，积极开展"智能化"实践与合作，在"'智能化'合作促进构建金砖国家海关高质量伙伴关系"主题下推动构建金砖国家海关伙伴关系。

48. 我们强调能源安全对实现可持续发展目标的根本性作用。我们认识到各国能源转型因国情而异，强调按照可持续发展目标7确保普遍获得可负担、可靠、可持续的现代能源至关重要。我们欢迎《金砖国家能源报告2022》，支持在金砖国家能源研究合作平台机制下开展联合研究、技术合作等，赞赏举办金砖国家青年能源峰会等活动。

49. 我们鼓励金砖国家银行间合作机制继续在支持五国经贸合作方面发挥重要作用，赞赏五国开发银行与新开发银行续签《关于开展总体合作的谅解备忘录》。我们欢迎金砖国家经济研究奖第七次评奖，鼓励并激发金砖国家国民就金砖国家相关议题开展高阶博士研究。

50. 我们重申应促进就业以实现可持续发展，包括开发技能以确保有韧性的复苏，考虑性别问题的就业，以及包括工人权益在内的社会保护政策。我们欢迎金砖国家劳动研究机构网络就新冠肺炎背景下的收入和就业支持所作的研究，概述了疫情的影响、应对措施及后疫情时代的变革。

51. 我们认识到中小微企业对于金砖国家经济至关重要，重申其参与生产网络和价值链的重要性。我们同意继续深化金砖国家在竞争领域合作，为国际经贸合作营造公平竞争的市场环境。我们同意加强标准化领域交流与合作，充分发挥标准作用，促进金砖国家可持续发展。我们致力于就税收信息交换、能力建设、征管创新等议题加强合作与协调，形成"金砖税务最佳实践"这一特色知识产品，为其他发展中国家提供借鉴参考。我们支持深化知识产权合作，加强知识产权保护制度交流互鉴，期待在专利、商标、外观设计等领域取得更多务实成果。我们支持加强金砖国家统计合作，继续发布《金砖国家联合统计手册2022》。

六、加快落实 2030 年可持续发展议程

52. 我们对新冠肺炎疫情阻碍 2030 年可持续发展议程落实，在减贫、消除饥饿、医疗保健、教育、应对气候变化、清洁水和环境保护等方面多年进展出现的倒退表示关切。我们重申致力于平衡全面推进经济、社会和环境三大领域工作，落实 2030 年议程。我们强调国际社会应更加重视发展问题，重振全球发展伙伴关系，通过筹集必要资源推进实现所有可持续发展目标，为 2030 年议程落实注入新动力。我们敦促捐助国履行官方发展援助承诺，根据受援国国家政策目标，向发展中国家提供额外发展资源，推动发展中国家能力建设和技术转让。我们强调金砖国家发展机构加强对话的重要性。

53. 我们共同纪念《联合国气候变化框架公约》达成 30 周年，并重申各方应坚持共同但有区别的责任和各自能力原则，考虑不同国情，按照国家自主贡献的制度安排，在已有共识基础上，准确、平衡和全面实施《联合国气候变化框架公约》及其《巴黎协定》。我们回顾《巴黎协定》的相关规定，强调《巴黎协定》应在可持续发展和消除贫困框架下强化全球气候变化威胁应对，温室气体排放达峰对发展中国家需要更长时间。我们强调，发达国家对全球气候变化负有历史责任，应率先提高减缓行动力度，并扩大对发展中国家的资金、技术、能力建设等必要支持。我们支持埃及成功举办《联合国气候变化框架公约》第二十七次缔约方大会，推动其以落实为优先方向，并以强化适应及落实和增

强发达国家向发展中国家的资金支持和技术转移为重点。

54. 我们反对绿色贸易壁垒，重申将在相关问题上加强协调。我们强调应对气候变化和生物多样性丧失的所有措施必须完全按照符合世界贸易组织协定的方式来设计、批准和实施，不得构成任意或不合理的歧视或对国际贸易的变相限制，不得对国际贸易形成不必要的壁垒。我们对任何扭曲国际贸易、可能导致新的贸易摩擦风险以及将应对气候变化的负担转嫁给其他贸易伙伴、发展中国家和金砖国家成员的歧视性措施表示关切。

55. 我们赞赏《生物多样性公约》第十五次缔约方大会第一阶段会议取得的积极成果及其《昆明宣言》，欢迎和支持中国主办《生物多样性公约》第十五次缔约方大会第二阶段会议，呼吁各缔约方共同达成既具雄心又平衡务实的"2020年后生物多样性框架"。

56. 鉴于金砖国家粮食总产量约占全球的三分之一，我们致力于加强金砖国家农业合作，促进五国农业农村可持续发展，维护金砖国家和全球粮食安全。我们强调包括化肥等在内的农业生产资料对于确保全球粮食安全具有战略意义。我们强调应落实《金砖国家农业合作行动计划（2021—2024）》，欢迎《金砖国家粮食安全合作战略》。

57. 我们注意到以大数据、人工智能为代表的数字技术突破应用可为全球可持续发展发挥重要作用。我们注意到金砖国家可持续发展大数据论坛的举办，支持人工智能技术信息交流与技术合作。我们忆及第七届金砖国家通信部长会议宣言。该宣言认识到人工智能技术的迅速发展和巨大潜力及其对经济增长的价值。我们认为需相互合作，通过建立信任、信心、安全，加强透明度和问责，发展值得信赖的人工智能，最大限度发挥其潜力，造福于全社会和人类，尤其是边缘和脆弱人群。我们对涉及人工智能的风险和伦理困境表示关切，例如隐私、操纵、偏见、人机交互、就业、影响和奇点等。我们鼓励金砖成员共同努力解决上述问题，分享最佳实践，开展比较研究，推动制定共同治理方式，指导金砖国家在推进人工智能发展的同时，以符合伦理和负责任的方式使用人工智能。

58. 我们欢迎根据《金砖国家遥感卫星星座合作协议》建立金砖国家航天合作联委会并召开首次会议，对金砖国家卫星星座数据交换及联合观测工作程序的制定感到满意，赞赏启动星座数据共享与交换工作。我们鼓励金砖国家航天机构继续发挥星座效能，广泛开展星座数据应用，助力金砖国家可持续发展。

59. 我们赞赏举办金砖国家可持续发展高层论坛的提议，期待以此为契机加强抗击疫情、数字化转型、产业链供应链韧性和稳定、低碳发展等领域合作。

60. 我们重申金砖国家灾害管理部门开展交流对话的重要性，鼓励在综合减灾能力、灾害韧性基础设施、应急救援与响应等重点领域开展合作，推动完善全球和区域灾害治理。

61. 我们支持非盟《2063 年议程》，支持非洲通过发展非洲大陆自由贸易区等方式促进一体化的努力，强调工业化、基础设施发展、粮食安全、卫生健康以及应对气候变化等问题对非洲可持续发展的重要性。我们支持非洲在后疫情时代实现经济复苏与可持续发展。

七、深化人文交流

62. 我们重申人文交流在增进金砖国家及五国人民间相互了解和友谊、促进合作等方面的重要性。我们赞赏在 2022 年主席国中国的领导下，治国理政、文化、教育、体育、艺术、电影、媒体、青年和学术交流等领域取得的合作进展，并期待在上述领域进一步加强交流合作。

63. 我们赞赏签署《落实〈金砖国家政府间文化合作协定〉行动计划（2022—2026 年）》，鼓励在其框架下推动文化领域数字化发展，在文化艺术、文化遗产、文化产业和文化联盟等方面继续深化合作，构建包容互鉴的文化伙伴关系。

64. 我们认识到旅游业复苏的紧迫性和增加游客互访量的重要性，将进一步加强金砖国家绿色旅游联盟工作，采取措施，打造有韧性、可持续、包容的旅游业。

65. 我们赞赏金砖国家教育合作，包括职业教育合作取得的进展，特别是成立金砖国家职业教育联盟。该联盟聚焦加强职业教育交流对话，推动职业教育务实合作，促进职业教育与产业融合，加强研究协作，支持职业教育标准互认。举行金砖国家职业技能大赛将加强金砖国家交流合作。我们支持包括职业教育在内的教育数字化转型，致力于实现教育可及性与公平性，促进教育高质量发展。我们重申教育数字化及通过加强金砖国家网络大学和金砖国家大学联盟合作促进可持续教育发展的重要性。

66. 我们赞赏金砖国家工商论坛成功举行并欢迎《金砖国家工商界北京倡议》，鼓励金砖国家工商理事会加强农业经济、航空、放松监管、数字经济、能源与绿色经济、金融服务、基础设施、制造业和技能发展等领域合作。我们赞赏金砖国家女性工商联盟为深化金砖国家经贸合作所作贡献和开展的活动，欢迎其举办第二届金砖国家女性创新大赛，持续赋能女性创新创业。

67. 我们赞赏金砖国家体育交流取得的进展及其在促进运动员公平、包容、不受歧视地成长中发挥的作用。我们期待金砖国家体育部长会的成功举办。

68. 我们赞赏举办政党、智库和民间社会组织相关论坛，肯定机制化举办金砖国家民间社会组织论坛的提议。

69. 我们支持举办第五届金砖国家媒体高端论坛，并在论坛框架下继续开展媒体培训班项目。

70. 我们期待举行金砖国家青年峰会，支持青年优先发展理念，鼓励加强金砖国家青年交流。我们欢迎金砖国家电影节在上海举办，期待继续推进电影领域交流与合作。我们肯定金砖国家在推动城市发展方面取得的成绩，赞赏金砖国家城镇化论坛、友好城市暨地方政府合作论坛、国际城市论坛等机制在促进金砖国家间城市建立友好关系，推动落实 2030 年可持续发展议程等方面的贡献。

八、完善金砖机制建设

71. 我们赞赏金砖机制建设取得的重要进展，强调金砖合作应该顺应时代变化，做到与时俱进，在共识基础上确保各领域合作重点更加突出，金砖战略伙伴关系更加高效、成果更加务实。

72. 我们强调金砖国家拓展同其他新兴市场和发展中国家合作的努力，支持根据金砖国家事务协调人 2021 年通过的修订版《金砖国家建章立制文件》，通过包容、平等和灵活的做法和倡议，进一步推进金砖外围对话和"金砖+"合作。我们赞赏主席国中国在 2022 年 5 月 19 日金砖国家外长会晤期间以"在全球治理中进一步发挥新兴市场和发展中国家作用"为主题举行对话会。

73. 我们支持通过讨论推进金砖国家扩员进程。我们强调需在充分协商和共识基础上通过金砖国家事务协调人渠道明确扩员进程的指导原则、标准和程序。

74. 南非、巴西、俄罗斯和印度赞赏中国担任 2022 年金砖国家主席国所做工作，对中国政府和人民主办金砖国家领导人第十四次会晤表示感谢。

75. 巴西、俄罗斯、印度和中国将全力支持南非 2023 年金砖国家主席国工作并主办金砖国家领导人第十五次会晤。

金砖国家领导人第十三次会晤新德里宣言

前言

1. 我们，巴西联邦共和国、俄罗斯联邦、印度共和国、中华人民共和国、南非共和国领导人于 2021 年 9 月 9 日举行金砖国家领导人第十三次会晤。本次会晤主题是"金砖 15 周年：开展金砖合作，促进延续、巩固与共识"。

2. 在金砖国家合作机制成立 15 周年之际，我们重申致力于加强金砖政治安全、经贸财金、人文交流"三轮驱动"合作。我们忆及在和平、法治、尊重人权和基本自由、民主等方面的共同价值观，承诺推动以联合国为核心，以国际法及包括主权平等和尊重各国领土完整在内的《联合国宪章》宗旨和原则为基础的，更加包容、公平，更具代表性的多极国际体系，在互利合作的基础上构建人类命运共同体。

3. 2021 年，金砖国家克服新冠肺炎疫情带来的持续挑战，保持合作势头和延续性，基于共识原则，巩固各项活动。我们对此表示赞赏。我们欢迎签署《金砖国家遥感卫星星座合作协定》，制定《金砖国家海关事务合作与行政互助协定》，并就《金砖国家主管部门关于医疗产品监管合作的谅解备忘录》进行讨论。我们赞赏就《金砖国家反恐行动计划》《金砖国家农业合作行动计划（2021—2024）》《金砖国家创新合作行动计划（2021—2024）》、金砖国家绿色旅游联盟等合作成果达成共识。我们重申致力于通过现有各部长级会议和工作组渠道，落实《金砖国家经济伙伴战略 2025》。我们还欢迎启动金砖国家农业研究平台，欢迎就金砖国家数字公共产品平台进行讨论。

4. 我们欢迎今年在外交、国家安全事务、财金、经贸、工业、劳动就业、农业、能源、卫生和传统医药、环境、教育、海关、青年、文化、旅游等领域举行的 100 多场部长级和其他高级别会议，欢迎各领域取得的重要成果。这些活动旨在进一步加强金砖战略伙伴关系，促进五国和五国人民的共同利益。

巩固和盘点

5. 在金砖机制成立 15 周年之际，我们回顾以往丰硕合作成果并为之自豪，包括建立新开发银行、应急储备安排、能源研究平台、新工业革命伙伴关系和科技创新合作框架等成功合作机制。同时，我们也在思考金砖合作的前进道路。

我们赞赏印度继续推进历届金砖主席国工作，在各类平台和机制下巩固金砖各项活动，提高其相关性、效率和效力，同时认可这些活动的重要性。我们赞赏协调人通过了修订版《金砖国家建章立制文件》，就金砖合作工作方法、参与范围和主席国职权等进行规范。我们重申致力于在各层级合作中维护并进一步加强基于共识的工作方法，这是我们合作的标志性特征。我们赞赏印度在今年主席国主题中突出延续、巩固与共识的原则。

全球健康挑战和新冠病毒肺炎

6. 近两年来，新冠肺炎疫情在全球政治、经济和社会等领域造成不可估量的损失。我们向所有新冠肺炎疫情遇难者表示最深切的哀悼，向生活和生计受到疫情影响的人们表示支持。我们呼吁通过动员政治支持和必要的财政资源，为应对新冠肺炎疫情及其他当前和未来卫生挑战做好更充分准备并加强国际合作。

7. 我们强调，以真正的伙伴精神，在包括世界卫生组织等现有国际框架内合作应对新冠肺炎疫情是国际社会的共同责任。我们注意到溯源研究合作是应对新冠肺炎疫情的重要方面。我们支持通过基于科学、包括各领域专业知识、透明、及时、非政治化和不受干扰的研究进程，增强国际社会对新型病原体出现过程的了解和预防未来大流行病的能力。

8. 我们认识到，在相互关联的全球化世界中，只有每个人都安全，所有人才能安全。新冠疫苗的生产为战胜疫情带来了最大希望，大规模免疫接种是一项全球公共产品。令人遗憾的是，在疫苗和诊疗手段获取方面还存在明显不平等现象，对世界上最贫困和最脆弱的人群而言尤其如此。因此，我们认识到安全、有效、可及和可负担的疫苗至关重要。在这方面，我们特别注意到世界贸易组织正在进行的关于新冠肺炎疫苗知识产权豁免和《与贸易有关的知识产权协定》和《关于〈与贸易有关的知识产权协定〉和公共卫生的多哈宣言》规定灵活运用的讨论。我们还强调，全球监管机构对疫苗安全性和有效性进行科学、客观评估至关重要。

9. 我们重申将继续努力，通过提供资金支持、捐赠、本地生产以及促进疫苗、诊疗手段和救生设备出口等方式，支持世界各国抗击疫情，欢迎金砖国家为此所作贡献。五国通过双边、国际组织和"新冠疫苗实施计划"，以赠款和捐赠等方式，共提供了超过 10 亿剂疫苗。

10. 我们满意地注意到金砖国家在包括疫苗合作等领域开展合作，加强疫情防范和应对。我们欢迎在以线上方式尽快启动金砖国家疫苗研发中心方面取得的进展。我们支持根据《国际卫生条例（2005）》和世界卫生组织全球疫情警报和反应网络，建立金砖国家预防大规模传染病早期预警系统取得的进展，通过机制性合作识别未来大流行病和预测疫情。我们强调在新冠疫苗接种及检测证书互认方面加强国际合作的重要性，特别是借此促进国际旅行。

11. 我们祝贺印度举办金砖国家数字健康高级别会议并欢迎会议取得的成果，包括加强在国家层面的数字健康系统应用合作，建立一个统一的多方面整体框架，在所有平台提供用户友好型界面，对数据加以保护，并利用数字技术加强疫情防控合作。

12. 我们重申致力于加强金砖国家应对其他卫生挑战合作，包括针对主要疾病特别是结核病的持续传播制定有效的联合应对措施。我们赞赏金砖国家结核病研究网络在新冠疫情期间开展的工作。我们认识到通过金砖国家传统医药研讨会、传统医药高级别会议和传统医药专家会分享经验和知识的重要性，鼓励在传统医药领域进一步开展交流。

加强和改革多边体系

13. 我们认为，尽管联合国及其相关机构取得了许多成就，但其能否继续保持成功和影响，取决于其适应当今世界现实和应对相互关联的挑战的能力。因此，我们决心加强和改革多边体系，使全球治理反应更加迅速，更加有效、透明、民主、有代表性和负责任。我们重申致力于维护国际法，包括作为其不可或缺基石的《联合国宪章》宗旨和原则，维护联合国在国际体系中的核心作用。新冠疫情使我们更加确信，富有效力和代表性的多边主义对于增强应对当前和未来全球挑战的韧性、增进人民福祉以及实现这个星球的可持续未来至关重要。

14. 我们支持五国外长通过的《金砖国家关于加强和改革多边体系的联合声明》，回顾其中的原则，我们一致认为加强和改革多边体系包括以下方面：

应使全球治理更具包容性、代表性和参与性，以促进发展中国家和最不发达国家，特别是非洲国家，更深入和更有意义地参与全球决策进程和架构，并使全球治理更符合当代现实；

应以包容的协商与合作为基础，符合所有人利益，尊重主权独立、平等、彼此正当利益和使多边组织反应更迅速，更加有效、透明、可信的关切；

应使多边组织反应更加迅速，更加有效、透明、民主、客观，坚持聚焦行动和聚焦解决方案，更加可信，并合作构建基于国际法准则、相互尊重、公平正义、合作共赢精神以及当代世界现实的国际关系；

应利用数字和技术工具等创新包容的解决方案，促进可持续发展，并帮助所有人可负担和公平地获取全球公共产品；

应加强各国及国际组织的能力，使其能够更好地应对新的、突发的、传统和非传统挑战，包括来自恐怖主义、洗钱、网络领域、信息流行病和虚假新闻的挑战；

应将以人民为中心的国际合作作为核心，促进国际和地区和平与安全，促进经济社会发展，保护大自然平衡。

15. 我们忆及联合国大会第 75/1 号决议，再次呼吁改革联合国主要机构。我们致力于为联合国安理会改革相关讨论注入新活力，继续努力振兴联合国大会，并加强联合国经社理事会。我们回顾 2005 年世界首脑会议成果文件，重申需要对联合国包括其安理会进行全面改革，使之更具代表性、效力和效率，增强发展中国家代表性，以应对全球挑战。中国和俄罗斯重申重视巴西、印度和南非在国际事务中的地位和作用，支持其希望在联合国发挥更大作用的愿望。

16. 我们赞赏南非和印度分别在 2019—2020 年、2021—2022 年担任联合国安理会非常任理事国期间所作贡献，祝贺巴西成功当选 2022—2023 年安理会非常任理事国。2022 年将有 4 个金砖国家成员同在联合国安理会，这将进一步提升我们就国际和平与安全事务开展对话的重要性，并将为五国通过常驻联合国代表团以及其他国际场合的定期交流、在共同关心的领域继续合作提供机会。

17. 我们重申，支持一个强劲、基于份额且资源充足的国际货币基金组织作为全球金融安全网的中心。我们对第 15 轮份额总检查未能完成份额和治理改革深感失望，并呼吁于 2023 年 12 月 15 日前如期圆满完成第 16 次份额总检查，以降低国际货币基金组织对临时资源的依赖，解决新兴市场国家和发展中国家代表性不足的问题，使其实质性参与国际货币基金组织治理，保护最贫穷和最弱小成员国的发言权和份额，制定更好反映成员国经济体量的新份额公式。我们欢迎国际货币基金组织批准 6500 亿美元等值的特别提款权的普遍增发。我们认识到迫切需要以透明和负责任的方式加强其在未来危机期间满足各国融资需求的能力。

18. 我们重申支持以世界贸易组织为核心、透明、以规则为基础、开放、包容、非歧视的多边贸易体制，并为此重申支持对世贸组织进行必要和亟须的改革，特别是维护其核心地位、核心价值和基本原则。世贸组织大部分成员均为发展中国家，改革要兼顾包括发展中国家和最不发达国家在内的所有成员的利益。关键是，所有世贸组织成员均应避免采取违反世贸组织精神和规则的单边和保护主义措施。我们强调确保恢复和维持两级审理的世贸组织争端解决机制至关重要，包括尽快遴选上诉机构所有成员。

19. 我们认识到，当前的全球性挑战尤其是新冠肺炎疫情，有力地提醒我们必须加强国家间的合作。我们注意到世界卫生组织、各国政府、非营利组织、学术界和工商界为应对疫情采取的措施，期待国际社会改革和加强世界卫生组织的政策应对，以抗击新冠肺炎疫情和未来其他健康挑战。

20. 我们呼吁持续努力加强军控、裁军、防扩散条约和协议体系，保持其完整性，维护全球稳定及国际和平与安全，确保裁军、防扩散及军控领域有关多边机制的有效性、高效性和协商一致性。

和平、安全与反恐合作

21. 我们注意到金砖国家继续在相关机制内就和平与安全等热点问题开展积极对话。我们欢迎金砖国家安全事务高级代表会议成果，赞赏其围绕反恐、信息通信技术安全使用、全球、地区和国家安全威胁、执法机构合作前景以及金砖国家卫生安全和医疗卫生合作前景等议题进行富有意义的讨论。我们欢迎会议通过《金砖国家反恐行动计划》。

22. 我们对世界上有关地区持续的冲突和暴力表示关切，赞同外长们在上次外长会晤中关于非洲、中东和北非局势、巴以、叙利亚、也门、阿富汗、朝鲜半岛、伊朗核和缅甸等问题的立场。我们重申坚持不干涉内政原则，一切冲突都应根据国际法及《联合国宪章》，通过外交和政治方式和平解决。我们强调，不接受以使用或威胁使用武力，或者其他任何有违《联合国宪章》宗旨和原则的方式，侵犯别国领土完整或政治独立。

23. 我们对阿富汗局势最新发展表示关切。我们呼吁停止暴力，并以和平方式稳定局势。我们强调有必要促进阿人内部包容性对话以确保和平稳定，恢复法治和秩序。我们对喀布尔哈米德·卡尔扎伊国际机场附近发生恐怖袭击并造成大量人员伤亡表示最强烈谴责。我们强调要优先打击恐怖主义，包括防止恐怖组织利用阿富汗领土作为恐怖分子庇护所、对其他国家发动恐袭以及在阿境内进行毒品交易的企图。我们强调需要改善阿人道主义状况，维护包括妇女、儿童和少数群体在内的人权。

24. 我们重申维护伊朗核问题全面协议对于国际和地区和平与稳定的重要性，以及根据国际法通过和平和外交手段解决伊核问题的必要性。

25. 我们重申《禁止细菌（生物）及毒素武器的发展、生产和储存以及销毁这类武器的公约》（《禁止生物武器公约》）的重要性，强调应遵守和强化《禁止生物武器公约》，包括达成具有法律约束力的附加议定书以建立有效核查机制。我们重申对禁止化学武器组织（禁化武组织）的支持，并呼吁《禁止化学武器公约》各缔约国维护公约及公约的完整性，开展建设性对话，恢复禁化武组织内协商一致的精神。

26. 我们承诺防止外空军备竞赛及其武器化，确保外空活动的长期可持续性，包括通过一项具有法律约束力的多边文书。在这方面，我们注意到"防止在外空放置武器、对外空物体使用或威胁使用武力条约"草案。我们重申对《关于各国探索和利用包括月球和其他天体在内外层空间活动的原则条约》的支持。我们通过实施和制定联合国和平利用外空委员会的相关指导方针，共同维护外空活动的长期可持续性并增强空间行动的安全性。

27. 我们继续承诺致力于促进开放、安全、稳定、可及、和平的信息通信技术环境。我们重申应秉持发展和安全并重原则，全面平衡处理信息通信技术进步、经济发展、保护国家安全和社会公共利益和尊重个人隐私权利等的关系。我们强调联合国应发挥领导作用，推动通过对话就信息通信技术安全和使用、普遍同意的负责任国家行为规则、准则和原则达成共识，同时不排斥其他相关国际平台。为此，我们欢迎联合国信息安全开放式工作组以及政府专家组圆满完成其工作，欢迎2021—2025年联合国开放式工作组更新授权。我们期待通过落实《金砖国家确保信息通信技术安全使用务实合作路线图》和网络安全工作组开展的各项活动，推进金砖国家在这一领域的务实合作。我们强调要建立金砖国家信息通信技术安全使用合作的法律框架，并承认在研提相关倡议方面所做工作，包括缔结金砖国家网络安全政府间协议和相关双边协议。

28. 我们对滥用信息通信技术从事犯罪活动不断增长的现象，以及由此带来的风险和威胁深表关切。联合国网络犯罪政府间专家组的工作成功结束，根据联合国大会第75/282号决议，联合国关于制定打击为犯罪目的使用信息和通信技术全面国际公约的开放式特设政府间专家委员会已开始工作，我们对此表示欢迎。我们对在保护儿童免受网上性剥削和其他不利于儿童健康和成长内容的毒害方面面临日益严峻的挑战表示关切，并期待金砖国家加强合作，制定旨在保护儿童网上安全的倡议。

29. 我们强烈谴责一切形式和表现的恐怖主义，不论恐怖主义在何时、何地、由何人实施。我们认识到恐怖主义、助长恐怖主义的极端主义和激进主义导致的威胁。我们决心打击一切形式和表现的恐怖主义，包括恐怖分子跨境转移、恐怖融资网络和为恐怖分子提供庇护。我们重申恐怖主义不应与任何宗教、民族、文明或种族挂钩。我们重申坚定致力于在尊重国际法，特别是《联合国宪章》和人权基础上，为预防和打击恐怖主义威胁的全球努力作出更大贡献，强调各国在打击恐怖主义方面负有首要责任，联合国应继续在该领域发挥核心协调作用。我们还强调，国际社会应采取全面、平衡的方式，包括在当前疫情背景下，有效遏制构成严重威胁的恐怖主义活动。我们反对在打击恐怖主义和助长恐怖主义的极端主义方面采取双重标准。我们呼吁尽快在联合国框架下完成和通过《全面反恐公约》，并在裁军谈判会议上发起多边谈判，制定遏制化学和生物恐怖主义行为的国际公约。

30. 我们欢迎金砖国家反恐工作组第六次会议及其分工作组会议达成的成果。我们核可金砖国家安全事务高级代表通过的《金砖国家反恐行动计划》。该计划旨在落实《金砖国家反恐战略》，明确金砖国家反恐合作的方式和行动，包括确保金砖国家在理解、识别和共同应对持续存在和新出现的恐怖主义威胁方面加强协调，并在联合国和其他多边反恐框架内开展合作。这将有助于补充和加强金砖国家之间现有的双多边合作，在打击极端化和恐怖主义、利用互联网从事恐怖活动、恐怖分子跨境流动，以及加强软目标保护、情报共享和反恐能力建设等方面为全球防范和打击恐怖主义威胁作出实质性贡献。我们赞赏今年主席国举办的"网络恐怖主义和反恐调查中数字取证的作用"、"金砖国家数字取证"等研讨会，并期待在这些领域深化合作。

31. 我们对非法生产和跨国贩卖毒品情况深表关切，认为这对公共安全、国际和地区稳定以及人类健康、安全和福祉构成威胁。我们重申对联合国三项禁毒公约的承诺，以及联合国会员国所作的各项政治承诺，包括2009年联合国大会通过的《关于以综合、平衡战略开展国际合作，应对世界毒品问题的政治宣言和行动计划》，以及2016年联合国大会世界毒品问题特别会议成果文件等，并认识到维护国际禁毒机制的必要性。我们认可金砖国家禁毒合作的重要性，欢迎禁毒工作组最近一次会议所取得的成果。

32. 我们重申在国际反腐败问题上加强合作并采取行动，包括加强多边框架下的合作，以及根据国内法律制度，就资产返还、拒绝为腐败人员提供避风港、查找腐败所得等事项开展合作。我们将继续通过各种教育和培训项目加强反腐败能力建设。我们欢迎2021年"预防和打击腐败的挑战和举措，加强国际合作"联合国大会特别会议，并重申致力于落实大会政治宣言。

33. 我们重申致力于打击非法资金流动、洗钱和恐怖融资，并在金融行动特别工作组和区域性反洗钱组织以及其他多边、地区和双边场合紧密合作。我们重视并鼓励金砖国家在反洗钱、反恐怖融资等关键问题上开展对话。

34. 我们重申联合国安理会在实施制裁方面具有独一无二的权威性，并进一步强调必须避免采取任何违反国际法特别是《联合国宪章》的强制性措施。我们呼吁进一步整合和加强联合国安理会各制裁委员会工作方法，以确保其有效性、反应迅速和透明度，并期待金砖国家继续就这些问题进行交流。

可持续发展及其创新实现手段

35. 我们重申致力于从经济、社会和环境三个方面落实 2030 年可持续发展议程。我们关切地注意到，新冠肺炎疫情对落实 2030 年可持续发展议程带来干扰，并逆转了多年来在减贫、消除饥饿、医疗保健、教育、应对气候变化、获得清洁水和环境保护等方面取得的进展。新冠病毒对每个人尤其是世界上最贫困和最脆弱人群带来巨大影响。因此，我们呼吁国际社会构建全球发展伙伴关系，应对新冠肺炎疫情带来的影响，并通过推进执行手段加快落实 2030 年可持续发展议程，同时要特别关注发展中国家的需求。我们敦促捐助国落实官方发展援助承诺，根据受援国国内政策目标，向发展中国家提供能力建设、技术转让等额外发展资源。

36. 我们注意到大规模电子政务平台、人工智能、大数据等数字和技术手段对促进发展和提高金砖国家疫情应对效率的重要作用。我们鼓励更广泛应用这些平台和技术，实现信息和通信对民众的可负担性和可及性。这需要电信和信息通信技术系统的无缝运行，并采取必要措施减轻疫情对社会经济的负面影响，实现可持续的包容性复苏，特别是要确保教育的延续性和保障就业，尤其是中小微企业的用工。我们认识到，在国家间以及国家内部存在着数字鸿沟。为了不让任何人掉队，我们敦促国际社会制定促进数字资源对所有人包容可及的方案，无论其居住在世界何地。

37. 我们认识到，疫情也加速了全球数字技术应用，并向我们表明获得正确数据可以为制定应对危机的每一步政策提供指南。进入"可持续发展目标行动十年"之际，我们相信金砖国家必须将技术和数据的有效和高效应用作为各项发展的优先方向，并鼓励在这方面深化合作。我们赞赏今年主席国印度将"数字技术实现可持续发展目标"确定为今年优先合作领域之一，注意到印度倡议的"金砖国家数字公共产品平台"可以作为金砖国家为实现可持续发展目标而创建的开源技术应用储存库，造福金砖各国和其他发展中国家。这项倡议将由金砖各国有关机构进一步讨论。我们期待将于 2021 年 10 月在中国北京举行的第二届联合国全球可持续交通大会取得成功。

38. 和平利用空间技术可以对实现 2030 年可持续发展议程作出贡献。因此，我们赞赏金砖国家航天机构签署《金砖国家遥感卫星星座合作协定》，这将有助于提升我们在全球气候变化、灾害管理、环境保护、预防粮食和水资源短缺、社会经济可持续发展等方面的研究能力。

39. 我们认识到农业和乡村振兴对实现 2030 年可持续发展议程的重要性，重申致力于加强金砖国家农业合作，促进粮食安全和农村地区全面发展。我们欢迎建立金砖国家农业信息交流系统和金砖国家农业研究平台，欢迎通过《金砖国家农业合作行动计划（2021—2024）》。

40. 我们赞赏金砖国家科技创新合作在汇集五国研究人员共同应对新挑战方面的重要性，注意到金砖国家科技创新指导委员会和联合研究项目取得的进展，特别是在各专题工作组方面。我们期待尽早制定《金砖国家创新合作行动计划（2021—2024）》。

41. 我们欢迎进一步推进金砖国家贸易投资合作，以及有关金砖国家新工业革命伙伴关系倡议的讨论。我们重申共同合作建立工业能力中心，欢迎在中国建立金砖国家新工业革命伙伴关系创新基地，以及印度提出的金砖国家新工业革命伙伴关系创业活动等倡议。

42. 新冠肺炎疫情从根本上改变了教育和技能的提供方式，我们认为，运用数字解决方案确保包容和公平的优质教育、加强研究和学术合作至关重要。我们致力于通过交流最佳实践经验和专业知识，加强在儿童早期发展、小学、中学、高等教育以及职业技术教育与培训领域的合作，并将探索在该领域创建金砖国家合作平台的可能性。我们欢迎教育部长会议宣言，呼吁在开发、分配和获取公开数字内容等方面进行合作，消除数字鸿沟。

43. 我们欢迎金砖国家劳工和就业部长承诺通过建立包容性劳动力市场和社会保障体系实现以人民为中心的复苏。我们期待金砖国家劳动研究机构网络关于金砖国家以数字技术促正规化实践的研究成果。

44. 我们重申金砖国家在灾害管理领域继续开展交流对话的重要性，并期待召开金砖国家灾害管理部长级会议。我们鼓励在以人民为中心、用户友好型和因地制宜创新方法基础上，进一步开展技术合作，分享运用地理空间、数字技术开发高性能多灾种早期预警系统和提前预报方面的成功经验做法，以提高综合减灾能力，减轻灾害风险。

45. 我们强调实现 2030 年可持续发展议程及其目标的重要性，重申致力于实现所有可持续发展目标，包括可持续发展目标 12，即确保可持续消费和生产模式作为可持续发展的关键因素。我们同意在英国举行的《联合国气候变化框架公约》（UNFCCC）第二十六次缔约方会议和在中国举行《生物多样性公约》第十五次缔约方大会筹备过程中保持密切合作。我们强调"2020 年后全球生物多样性框架"的重要性并支持通过这一框架，该框架将以平衡的方式实现《生物多样性公约》的三项主要目标。

46. 我们重申致力于全面落实《联合国气候变化框架公约》及其《京都议定书》和《巴黎协定》，并根据各国不同国情，坚持 UNFCCC 共同但有区别的责任原则和各自能力原则等。我们认识到，在实现可持续发展和努力消除贫困的背景下，发展中国家的温室气体排放达峰需要更长时间。我们强调需要采取一种全面的方法应对气候变化，关注包括减缓、适应、融资、能力建设、技术转让和可持续生活方式等在内的所有方面。我们鼓励金砖国家就此开展进一步讨论并举办相关活动。我们回顾《巴黎协定》的相关条款，这些条款要求附件二所列发达国家向发展中国家提供资金、能力建设支持和技术转让等必要的实施手段，帮助发展中国家有能力在可持续发展的背景下实施气候行动。

47. 我们强调，化石燃料、氢能、核能和可再生能源等的可持续和高效利用以及提高能效和使用先进技术，对于各国实现能源转型、建立可靠的能源体系和加强能源安全至关重要。我们欢迎金砖国家能源研究合作平台正在进行的务实合作，并注意到《金砖国家能源技术报告2021》。

48. 我们欢迎金砖国家旅游部长会议进一步推动金砖国家旅游合作。我们赞赏发起金砖国家绿色旅游联盟，推动塑造更具韧性、更可持续、更包容的旅游业。

49. 我们重申各国应本着平等相待和相互尊重的原则开展合作，促进和保护人权与基本自由。我们同意继续以公平、平等的方式同等重视和对待包括发展权在内的各类人权。我们同意在金砖国家及联合国人权理事会等多边框架下就共同关心的问题加强合作，认为需要以非选择性、非政治性和建设性方式促进、保障及实现各国人权，避免双重标准。

经贸财金合作促进可持续发展

50. 我们欢迎经贸财金领域合作取得的进展，进一步增强了我们面对新冠肺炎疫情挑战，实现可持续发展目标的能力。我们强调在相关部长级和工作组机制内继续落实《金砖国家经济伙伴战略2025》的重要性。

51. 我们认识到，金砖国家宏观经济稳定对实现全球复苏和稳定具有重要作用。我们核可金砖国家财长和央行行长通过的《金砖国家财长和央行行长声明——全球经济展望和应对新冠肺炎疫情危机》。我们将继续努力加强合作，推动实现后疫情时代强劲、可持续、平衡和包容经济增长。同时，也欢迎金砖国家分享本国在经济领域应对疫情的政策经验。

52. 我们赞赏金砖国家海关署长会议取得的成果，鼓励金砖国家海关在联合执法网络、能力建设和行政互助等领域进一步合作。我们欢迎达成《金砖国家海关事务合作与行政互助协定》，支持在印度金砖国家海关培训中心举办海关培训研讨会，并在共同商定的领域开展金砖国家海关联合执法行动。

53. 我们认识到要加强基础设施和信息共享，更好发现投资机遇、撬动私营部门投资和满足金砖国家基础设施投资需求。我们欢迎金砖国家基础设施及政府和社会资本合作工作组编写的《社会基础设施：融资和数字技术应用技术报告》。该报告体现了金砖国家推动知识分享的集体努力。我们期待同新开发银行和金砖国家基础设施及政府和社会资本合作工作组继续就基础设施投资数字平台保持技术接触，并呼吁加强这方面的工作。

54. 我们欢迎金砖国家经贸部长会议的成果特别是《第十一届金砖国家经贸部长会议联合公报》，核可《金砖国家多边贸易体制合作声明》《专业服务合作框架》《电子商务消费者保护框架》《知识产权合作下开展遗传资源、传统知识和传统文化保护合作》等文件。我们欢迎通过《〈金砖国家经济伙伴战略2025〉贸易投资领域实施路线图》。我们强调在努力应对疫情及其影响的同时，要继续努力创造有利环境，加强金砖国家间贸易，特别是增值贸易。

55. 我们欢迎中小微企业圆桌会议的成果，会议有助于加强中小微企业发展领域合作，帮助相关企业融入全球价值链。我们也欢迎金砖国家财政部和央行正在开展的金融科技服务中小微企业调查和数字普惠金融报告相关工作。

56. 我们赞赏新开发银行克服新冠肺炎疫情影响，在扩员方面取得实质性进展。我们重申，扩员进程应是渐进的，体现成员地域代表性平衡，并应有助于银行获得最高信用评级，实现机构发展目标。我们满意地注意到新开发银行理事会年会相关讨论，期待新开发银行制定第二个五年总体战略（2022—2026年）。我们肯定新开发银行在应对疫情引发的健康和经济挑战中发挥的重要作用，鼓励新开发银行积极为包括运用数字技术在内的更多社会基础设施项目提供资金。我们还敦促银行在动员和催化私人资本方面发挥更大作用，并与其他多边开发银行和开发性金融机构开展更多联合融资项目。我们期待银行今年入驻位于中国上海的永久总部大楼，并期待印度区域办公室年内开业。

57. 我们认为加强应急储备安排机制非常重要。我们欢迎第四次应急储备安排演练顺利完成，支持完善应急储备安排同国际货币基金组织的协调框架。

58. 我们欢迎五国央行就新冠肺炎疫情对金砖国家国际收支影响进行首次联合研究，欢迎发布《2021年金砖国家经济报告》。上述工作是五国提高应急储备安排分析研究能力相关努力的一部分。

59. 我们肯定金砖国家支付工作组通过对话和讨论继续开展支付合作，注意到金砖国家本币债券基金取得的进展并期待其运营。

60. 我们认可《金融信息安全法规电子手册》和《金砖国家信息安全风险最佳实践汇编》是金砖国家信息安全快速沟通机制下有关规则和最佳实践的综合性文件。

61. 我们欢迎金砖国家银行间合作机制继续努力落实《金砖国家开发性金融机构负责任融资备忘录》。

62. 我们认识到公平竞争对企业发展、消费者权益保护和疫后经济复苏增长的重要作用，并将继续深化竞争领域务实合作。我们支持 2021 年 11 月和 2023 年在中国和印度分别举行金砖国家国际竞争大会。

63. 我们强调有必要继续实施技术规则、标准、计量和合格评定程序工作机制，促进金砖国家间贸易合作。

人文交流

64. 我们重申人文交流在增进金砖国家及五国人民间相互了解和友谊、促进合作等方面的重要性。我们满意地注意到，在今年主席国印度的领导下，治国理政、文化、教育、体育、艺术、电影、媒体、青年和学术交流等合作领域取得进展，并期待在上述领域进一步合作。

65. 我们支持金砖国家工商机构进一步合作。我们欢迎金砖国家工商论坛、工商理事会和女性工商联盟成功举行的各场会议，赞赏他们为加强五国经贸联系、促进贸易投资所作努力。

66. 我们欢迎金砖国家工商理事会发起的"2021 年金砖国家可持续发展目标解决方案奖"，以表彰金砖国家通过创新解决方案实现可持续发展目标所做工作。我们认识到这些奖项将有助于交流分享可持续发展目标领域的知识和最佳实践。我们也赞赏金砖国家工商理事会充分运用数字技术成功组织线上贸易博览会，各国企业、企业家和相关参与者齐聚数字平台，为金砖国家经济合作提供动力。

67. 我们赞赏金砖国家在应对城市发展新挑战方面取得的进展，并注意到金砖国家智慧城市研讨会、城镇化论坛、友好城市暨地方政府合作论坛等活动为此所作贡献。

68. 我们赞赏文化合作取得的进展，并肯定文化在增进五国人民相互了解方面的作用。我们欢迎金砖国家文化部长会议取得的成果，期待在该领域进一步交流。

69. 我们欢迎举办金砖电影节开幕活动，并满意地注意到金砖国家将作为重点嘉宾国参加 2021 年 11 月举行的印度国际电影节。

70. 我们认识到，青年在科学、教育、艺术文化、创新、能源、外交、志愿服务和创业等领域保持交流，这将确保金砖国家合作的美好未来，并赞赏印度克服疫情影响举办金砖国家青年论坛。

71. 我们期待即将举行的 2021 年金砖国家体育部长会议，鼓励金砖国家在体育领域开展合作。我们支持中国举办 2022 年北京冬奥会、冬残奥会。

72. 我们赞赏金砖国家智库理事会会议和学术论坛取得的成果，肯定在加强五国学术界对话和交流，促进面向未来的研究、政策分析和知识分享方面取得的进展。我们欢迎金砖国家民间社会论坛的成果并注意到其建议。

73. 中国、南非、巴西和俄罗斯赞赏印度担任 2021 年金砖国家主席国所作工作，对印度政府和人民主办金砖国家领导人第十三次会晤表示感谢。

74. 巴西、俄罗斯、印度和南非将全力支持中国 2022 年金砖国家主席国工作并主办金砖国家领导人第十四次会晤。

金砖国家领导人第十二次会晤莫斯科宣言

一、前言

1. 我们，巴西联邦共和国、俄罗斯联邦、印度共和国、中华人民共和国、南非共和国领导人于 2020 年 11 月 17 日举行金砖国家领导人第十二次会晤。本次会晤主题是"深化金砖伙伴关系，促进全球稳定、共同安全和创新增长"。

2. 2020 年，在主席国俄罗斯领导下，金砖国家克服全球性挑战，保持合作势头和延续性，打造务实成果，造福各国人民。我们对此表示赞赏，并感到满意。我们肯定俄罗斯为推动金砖政治安全、经贸财金、人文交流"三轮驱动"合作、深化金砖战略伙伴关系作出的坚定努力，注意到金砖国家举行了一百余场实体活动和视频活动，所取得的各项成果推动金砖互利务实合作取得新进展。

二、团结共创美好世界

3. 我们忆及 2020 年是联合国成立和第二次世界大战结束 75 周年。我们将永远铭记金砖国家为此作出的巨大贡献，包括士兵和平民的牺牲。我们重申致力于建设一个和平、稳定、繁荣、相互尊重和平等的世界；致力于维护以《联合国宪章》宗旨和原则为基石的国际法；致力于维护以联合国为核心的国际体系，呼吁各主权国家合作维护和平与安全，推动可持续发展，促进和保护民主、所有人的人权和基本自由，在互利合作的基础上构建人类命运共同体。

4. 我们认为第二次世界大战的胜利是我们的共同财富。我们向所有曾为反抗法西斯主义、暴政、军国主义和殖民主义而战斗的人们致敬，向所有曾为殖民地解放和民族自由而战斗的人们致敬。我们强调应保护他们的纪念碑，不得亵渎或破坏。我们忆及联合国诞生于第二次世界大战的灾难之中，其作为人类共同的事业，旨在使后世免遭惨不堪言之战祸。自成立以来，联合国帮助构建了现代国家关系的架构。我们进一步敦促各国坚决反对纳粹意识形态、种族主义、排外、殖民主义沉渣泛起，坚决反对歪曲历史。

5. 我们呼吁国际社会在坚持主权平等、尊重各国领土完整、尊重彼此利益和关切基础上，努力构建更加公平、公正、包容、平等、更具代表性的多极国际体系，以此庆祝联合国成立75周年。我们重申不干涉他国内政原则，坚持根据正义和国际法原则和平解决国际争端，反对使用武力、威胁使用武力或以其他任何违反联合国宗旨和原则的方式，侵犯他国领土完整或政治独立。我们进一步强调不应采取任何没有国际法和《联合国宪章》依据的强制性措施。

6. 我们重申坚持多边主义，恪守相互尊重、主权平等、民主、包容和加强协作的原则。我们将继续推动加强全球治理，通过改革提升其包容性、代表性和民主性，提升发展中国家在国际事务决策中的实质性参与度，推动全球治理体系更符合当代现实。我们认为，应重振和改革包括联合国、世界贸易组织、世界卫生组织、国际货币基金组织等国际组织在内的多边体系，加强国际合作，应对当前相互交织的全球挑战，维护各国和各国人民的利益。为此，我们强调国际组织应全面坚持会员国主导，促进所有国家的利益。

7. 我们祝贺印度当选为2021-2022年联合国安理会非常任理事国，赞赏南非作为2019-2020年联合国安理会非常任理事国期间所作贡献。我们也注意到巴西提出竞选2022-2023年安理会非常任理事国。这将为金砖国家就联合国安理会事务增进对话、在拥有共同利益的领域继续开展合作提供契机，包括通过五国常驻联合国及其他多边机构代表团定期会晤等进行对话。

8. 我们注意到2020年9月21日联合国大会第75/1号决议，再次呼吁改革联合国主要机构。我们致力于为联合国安理会改革相关讨论注入新活力，继续努力振兴联合国大会，并加强联合国经社理事会。

9. 我们回顾2005年世界首脑会议成果文件，重申需要对联合国包括其安理会进行全面改革，使之更具代表性、效力和效率，增强发展中国家代表性，以应对全球挑战。

10. 我们重申应加强国际合作，提升各国和国际社会能力，共同有效、务实、协调、迅速地应对新冠肺炎疫情及其负面影响等新的全球性威胁。我们强调迫切需要通过国家间合作恢复国际信任、经济增长和贸易，增强市场稳定和韧性，维持就业和收入水平，特别是保护最弱势社会群体的就业和收入。

11. 我们向受到新冠肺炎疫情及其后果影响的所有人民和国家表达支持，向因疫情身故的遇难者家属以及所有生命和生计受到影响的人表示最深切的慰问和同情。我们向所有在危险和困难条件下尽职履责、不顾个人安危帮助他人的卫生工作者、医生、护士以及医院、综合诊所、药房、救护、研究机构工作人员表达衷心感谢。

12. 我们认为一旦出现安全、优质、有效、可及和可负担的新冠疫苗，开展大规模免疫接种有利于预防、遏制和阻断新冠病毒，结束疫情大流行。我们注意到世界卫生组织、各国政府、非营利性组织、研究机构、医药行业有关加快新冠疫苗和治疗手段的研发和生产倡议，支持在上述方面开展合作。我们将努力确保疫苗面世后，将以公平、平等和可负担方式分配。为此，我们支持全球合作加速开发、生产、公平获取新冠肺炎防控新工具倡议。

三、政治安全合作

13. 我们注意到，尽管受新冠肺炎疫情影响，五国仍继续在金砖有关机制框架下就热点政治以及和平与安全问题开展了密集对话。我们欢迎 2020 年 9 月 4 日举行的金砖国家正式外长会晤。会晤期间，外长们就重大国际和地区问题以及金砖国家合作交换了意见，探讨了在第 75 届联大上支持彼此倡议并开展更紧密合作的可能性。我们也欢迎 2020 年 4 月 28 日举行的金砖国家应对新冠肺炎疫情特别外长会。

14. 我们欢迎 2020 年 9 月 17 日举行的第十次金砖国家安全事务高级代表视频会议，赞赏他们加强了金砖国家在反恐、信息通信技术安全使用、重大国际和地区热点问题、维和及跨国有组织犯罪等问题上的对话。

15. 我们重申致力于共同努力通过政治和外交手段和平解决争端。我们注意到联合国秘书长的全球停火倡议，忆及联合国安理会第 2532 号决议要求，除针对安理会列名的恐怖组织开展的军事行动外，有关冲突各方立即全面停止敌对行动，呼吁在新冠肺炎疫情背景下实现持久的人道主义停火。

16. 我们支持采取紧急政治和外交努力，维护和加强国际和平与安全。我们致力于维护战略稳定机制和军控体系，对相关体系遭到破坏表示遗憾。我们强调 2010 年俄美《关于进一步削减和限制进攻性战略武器措施的条约》对核裁军和核不扩散机制的根本重要性，呼吁双方尽快就条约延期达成一致。

17. 我们强调《禁止细菌（生物）及毒素武器的发展、生产和储存以及销毁这类武器的公约》（《禁止生物武器公约》）作为国际大规模杀伤性武器削减和控制机制支柱的根本重要性。我们强调应遵守和强化《禁止生物武器公约》，包括达成具有法律约束力的附加议定书以建立有效核查机制。我们支持立即重启关于附加议定书的谈判。《禁止生物武器公约》的职能，包括联合国安理会关切的事项，不应被其他机制替代。应依照《禁止生物武器公约》解决履约关切。

18. 我们重申支持维护《禁止化学武器公约》这一有效的裁军和不扩散机制，呼吁各缔约国维护《禁止化学武器公约》的完整性，开展建设性对话，恢复禁止化学武器组织（禁化武组织）内协商一致的精神。

19. 我们强调确保外空活动安全、和平利用外空、防止外空军备竞赛的重要性。我们强调迫切需要就具有法律约束力的多边文书开展谈判，以填补包括防止在外空放置武器、对外空物体使用或威胁使用武力在内的有关外空国际法律机制的空白。我们强调透明和建立信任等务实措施，包括"不首先在外空部署武器"的倡议，也有助于实现这一目标。我们重申透明和建立信任措施可补充而非替代有效的具有法律约束力外空机制。

20. 我们重申应严格遵守《外空条约》确立的各项原则，为促进可持续及和平利用外空作出贡献，维护各国利益和福祉。我们重申应根据包括《联合国宪章》在内的国际法，开展和平探索和利用外空的活动，为后代保护好外空。和平利用有关空间技术有助于实现可持续发展目标。我们强调金砖国家在遥感卫星领域进一步开展合作的重要性。

21. 我们强调应确保包括空间行动安全在内的外空活动的长期可持续性。我们欢迎联合国和平利用外空委员会第六十二届会议通过报告，提出关于外空活动长期可持续性的 21 条指南。我们支持为解决该问题设立的工作组，并为落实其商定的架构和工作方案作出贡献。

22. 我们对世界有关地区暴力上升、武装冲突持续并在国际和地区层面产生严重影响深表关切。我们一致认为，一切冲突都应根据国际法，特别是《联合国宪章》，通过政治对话和谈判以和平方式和外交手段解决。

23. 我们重申对阿拉伯叙利亚共和国主权、独立、统一和领土完整的坚定承诺。我们坚信军事手段不能解决叙利亚冲突。我们重申致力于根据联合国安理会第 2254 号决议推进联合国推动的"叙人主导、叙人所有"的政治进程，最终实现宪法改革和自由公正的选举。我们强调，在阿斯塔纳进程保证方以及其他相关国家的决定性参与下设立的日内瓦叙利亚宪法委员会对于通过政治手段解决冲突非常重要。我们欢迎联合国秘书长叙利亚问题特使为确保委员会可持续性和有效性所作努力。我们深信，为达成普遍一致，宪法委员会的成员应致力于在不受外来干涉的情况下作出妥协并开展建设性合作。我们欢迎签署《伊德利卜冲突降级区局势稳定谅解备忘录附加议定书》。我们重申打击一切形式恐怖主义的国际义务，强调团结一致打击联合国安理会列名的叙利亚恐怖组织的重要性。我们强调要根据联合国人道主义原则保障人道主义援助畅通和叙利亚冲突后重建，为叙利亚难民安全、自愿、有尊严地回国，并为国内流离失所者返回永久居住地创造条件，以实现叙利亚和整个地区的长期稳定与安全。我们对所有弱势人群表示关切，谴责以种族或宗教为由实施迫害。

24. 我们相信，如果巴以冲突得不到解决，将继续破坏中东和平与稳定。我们继续致力于在该地区实现公正和持久和平，认为必须以联合国相关决议和"阿拉伯和平倡议"等业已存在国际法律框架为指引谋求两国方案，建立一个独立的、自立的巴勒斯坦国，并与邻国和平共处。我们认为需要作出新的、创造性的外交努力，公正、持久、全面解决巴以冲突。我们强调巴以双方尽早启动直接谈判的重要性。

25. 我们向遭受2020年8月4日贝鲁特港口大爆炸的黎巴嫩人民表示支持，大爆炸造成大量人员伤亡和大规模破坏。我们呼吁国际社会向黎巴嫩提供援助，帮助该国克服灾难影响，尽快实现政治和社会经济形势回归正常。考虑到黎巴嫩人民通过政治方式解决当前该国面临挑战的愿望，我们强调黎巴嫩各政治力量应在当前复杂形势下团结协作，采取果断措施缓和紧张局势，放弃使用暴力，防止局势失控。

26. 我们重申继续支持伊拉克政府努力实现国家重建和发展，并在相互尊重和包容基础上开展全国对话。我们强调应无条件地尊重伊拉克的主权和领土完整，反对任何国家干涉该国内政。我们强调应支持伊拉克人民打击各种形式的极端主义和恐怖主义，实现经济复苏。我们认为伊拉克的稳定对地区和国际安全非常重要，对"伊斯兰国"等恐怖和极端组织在伊拉克境内制造的令人发指的非人道暴行表示最强烈谴责。

27. 我们再次对也门共和国人道主义危机和持续冲突表示严重关切，这一冲突对整个地区的安全和稳定造成严重影响。我们重申也门境内应全面停止敌对行动，并建立在联合国斡旋下的包容性谈判进程。我们重申只有在充分考虑也门不同政治力量正当利益的基础上开展建设性对话，才能取得进展。如果也门不实现可持续和平，人道主义危机只会继续恶化。我们进一步强调向也门人民提供紧急人道主义援助的重要性，以使该国所有人和所有地区都能快速、安全、不受阻碍地获得人道主义物资。

28. 我们对海湾地区局势持续紧张、包括单方面行动深表关切。我们重申金砖国家支持通过谈判和外交接触解决现有分歧，强调应在该地区推动一个各国携手应对共同威胁和挑战的积极、建设性议程。

29. 我们呼吁在阿富汗伊斯兰共和国实现长期和平，重申对阿富汗人民建设一个稳定、包容、和平、独立、繁荣的主权国家的坚定支持。我们欢迎阿富汗启动内部谈判，将继续支持"阿人主导、阿人所有"的和平进程。我们对阿富汗发生的恐怖袭击表示最强烈谴责，对不稳定的安全环境表示关切。

30. 我们欢迎阿塞拜疆和亚美尼亚领导人达成自 2020 年 11 月 10 日起在纳戈尔诺—卡拉巴赫冲突地区实现全面停火的协议，支持作出进一步政治和外交努力，为实现该地区全面持久和平创造必要条件。

31. 我们支持继续通过双边及多边外交谈判解决包括完全无核化在内的朝鲜半岛所有问题，维护东北亚和平与稳定。我们重申致力于通过和平、外交和政治方式全面解决朝鲜半岛问题。

32. 我们呼吁国际社会根据非洲人民自己提出的"以非洲方式解决非洲问题"原则，支持旨在加强非洲大陆和平与安全的区域和次区域倡议。我们赞赏非盟致力于推进"2020 年消弭枪声"倡议。我们强调加强联合国与非盟在国际和平与安全领域伙伴关系的重要性。

33. 我们支持非盟《2063 年议程》，支持包括通过落实《非洲大陆自由贸易区协定》等方式促进非洲一体化和发展的努力。我们注意到非盟弥补基础设施短板，特别是在《非洲发展新伙伴计划》框架下推进相关工作取得的进展，注意到促进投资以支持工业发展、创造就业、确保粮食安全、消除贫困、实现非洲可持续发展的重要性。我们重申愿与非洲大陆进一步开展合作，增强非洲大陆应对新冠肺炎疫情造成的卫生、经济和社会叠加影响的能力。

34. 我们重申对利比亚主权、独立、领土完整和国家统一的坚定承诺，呼吁利比亚冲突各方保持克制，强调在利比亚实现长期持久停火的重要性，确保在联合国主持下，通过"利人主导、利人所有"的政治进程，达成全面和可持续的解决方案。我们欢迎在利比亚政治对话框架下恢复包容性的国内对话。我们重申应全面落实 2020 年 1 月 19 日利比亚问题柏林峰会相关决定以及联合国安理会第 2510 号决议，注意到在联合国大力协助下，利比亚内部军事、政治和经济三轨谈判同步取得进展。我们鼓励联合国秘书长及时任命利比亚问题特别代表，注意到非盟和阿拉伯国家联盟在促进利比亚国内和平对话和政治进程方面发挥了重要作用。

35. 我们支持苏丹领导层为加强民族和解、克服社会和经济危机采取的举措。我们赞赏苏丹政府致力于在全国范围内，主要是在达尔富尔、南科尔多凡和青尼罗河地区结束国内武装冲突。我们欢迎苏丹政府和反对派武装运动于2020年10月3日签署《朱巴和平协定》，鼓励缔约方尽快执行协定的主要条款。

36. 我们对刚果民主共和国局势表示关切，谴责针对平民和联合国维和人员的袭击。我们呼吁在现有法律框架内促进该国和平，为难民和国内流离失所者返回家园创造条件，希望看到切实进展。

37. 我们再次强烈谴责一切形式的恐怖主义，不论恐怖主义在何时、何地、由何人实施。我们重申恐怖主义不应与任何宗教、民族、文明或种族挂钩。我们重申坚定致力于在尊重国际法和《联合国宪章》基础上，为预防和打击恐怖主义威胁的全球努力作出更大贡献，强调各国在打击恐怖主义方面负有首要责任，联合国继续在该领域发挥核心协调作用。我们还强调，国际社会应采取全面、平衡的方式，包括在当前疫情背景下，有效遏制构成严重威胁的恐怖主义活动。为消除化学和生物恐怖主义威胁，我们强调应在裁军谈判会议上发起多边谈判，制定遏制化学和生物恐怖主义行为的国际公约。我们呼吁尽快在联合国框架下完成和通过《全面反恐公约》。

38. 我们欢迎金砖国家反恐工作组第五次会议及其分工作组首次会议达成的成果。这些成果进一步促进了金砖国家在打击恐怖主义及反恐融资、外国恐怖作战人员、极端化、利用互联网从事恐怖活动以及反恐能力建设等方面的合作。我们核可《金砖国家反恐战略》，该战略旨在充实和加强金砖国家合作，为全球防范和打击恐怖主义威胁作出实质性贡献。我们指定金砖国家安全事务高级代表牵头审议《战略》落实情况以及金砖国家反恐工作组相关工作，包括制定反恐工作计划。

39. 我们强调应秉持发展和安全并重原则，全面平衡处理信息通信技术进步、经济发展、保护国家安全和社会公共利益和尊重个人隐私权利等的关系。我们强调联合国应发挥领导作用，推动通过对话就信息通信技术安全和使用、普遍同意的负责任国家行为规则、准则和原则达成共识，同时不排斥其他相关国际平台。强调适用于本领域的国际法和原则的重要性。外长们对联合国开放工作组以及政府间专家组的工作表示欢迎，并注意到其讨论取得进展。

40. 我们强调要建立金砖国家信息通信技术安全使用合作的法律框架。我们注意到金砖国家网络安全工作组的活动，认可网络安全工作组在研提相关倡议方面所做工作，包括缔结金砖国家网络安全政府间协议和相关双边协议。我们重申推进金砖国家间合作的重要性，包括考虑提出相关倡议和落实《金砖国家确保信息通信技术安全使用务实合作路线图》。

41. 我们强调数字革命在促进经济增长和发展方面潜力巨大，同时也意识到它可能带来新的犯罪活动和威胁。我们对信息通信技术非法滥用的水平和复杂性不断上升，以及对缺乏打击将信息通信技术用于犯罪目的的多边框架表示关切。我们还认识到，数字革命的新挑战和新威胁需要各国合作应对，并探讨制定法律框架，包括在联合国主持下商定关于打击将信息通信技术用于犯罪目的的全面国际公约。我们注意到根据 2019 年 12 月 27 日联合国大会第 74/247 号决议，在联合国主持下设立了相关开放性政府间专家特设委员会。

42. 我们对在保护儿童免受网上性剥削和其他不利于儿童健康和成长内容的毒害方面面临日益严峻的挑战表示关切，并期待金砖国家加强合作，制定旨在保护儿童网上安全的倡议。

43. 我们对跨国非法毒品贩卖日益猖獗，及其对公共安全和国际与地区稳定构成的威胁表示关切。我们强调支持联合国三大禁毒公约，维护国际禁毒机制。我们认为金砖国家禁毒合作非常重要，注意到 2020 年 8 月 12 日举行的第四次金砖国家禁毒工作组会议。

44. 我们重申致力于促进国际反腐败合作，特别是着眼 2021 年召开的联合国大会反腐败特别会议，金砖国家应在各国法律体系允许的范围内，就所有与反腐败执法有关的问题加强多边框架内合作，包括在资产返还和拒绝为腐败人员和资产提供避风港方面加强合作。我们欢迎 2021 年联合国大会反腐败特别会议，并将努力推动将缔结《联合国反腐败公约》作为国际反腐败合作的重要渠道。我们鼓励金砖国家反腐败工作组继续在这方面开展工作。

45. 我们重申致力于打击非法资金流动、洗钱和恐怖融资，并在金融行动特别工作组和区域性反洗钱组织以及其他多边、地区和双边场合紧密合作。我们重视并鼓励金砖国家在反洗钱、反恐怖融资等关键问题上加强对话。

四、经贸财金以及政府间合作

46. 我们认识到新冠肺炎疫情造成了复杂交织的挑战，对世界经济、医疗体系、金融、发展、社会中最弱势群体的福祉带来不利影响。在这方面，我们重申致力于同国际社会一道，为医疗卫生事业和经济复苏作出贡献。考虑到金砖国家在全球经济和贸易的分量，我们致力于引领重振多边合作，巩固国际努力，为应对当前危机和确保经济增长制定共同、高效和可持续的解决方案。

47. 我们将加强必要努力，推动金砖国家快速实现后疫情时代强劲、可持续、平衡和包容的经济发展和增长。我们认识到金砖各国为支持经济增长采取了大量财政、货币和金融稳定措施，重申我们决心继续利用现有的政策工具保护人民的生命和福祉。

48. 我们高度重视就各国为有效缓解当前危机的后果、全面落实 2030 年可持续发展议程而采取的国别措施及中短期一揽子刺激计划开展信息交流。我们各国的政策重点不仅局限于最大程度减缓当前新冠肺炎疫情的影响，还包括深化国际合作和国际贸易、构建适当的工业和农业产品供应链，尽最大可能减少对供应链干扰，加强社会保障体系和医疗卫生系统，增加公共和私营部门投资，推行强劲、可持续的宏观经济政策，提升经济复原力，维护金融稳定，实施重要的结构性改革，确保推进经济、社会、环境等可持续发展议程的三大支柱，不让任何一个人掉队，并优先帮助落在最后面的人。我们认为需就金砖国家后疫情时代经济议程中的复合型问题加强合作。

49. 我们重申开放、稳定、安全的全球市场的重要性，认为要根据世界贸易组织规则在金砖五国及其所在地区层面为加强关键卫生产品、粮食及其他工业、农业产品生产构建更具韧性的全球产业链。我们呼吁世贸组织所有成员确保其为应对新冠肺炎疫情所采取的举措应该是有针对性、适度、透明和暂时性的，不制造不必要的贸易障碍或扰乱全球供应链，并符合世贸组织规则。我们欢迎加强上述所有领域国际合作。我们将继续探索具体方式，在不妨碍保护公共卫生努力的基础上促进人员流动。

50. 我们重视二十国集团作为国际经济合作和协调行动的主要论坛在克服当前全球挑战中继续发挥作用，承诺在二十国集团框架下继续就金砖国家共同关心的问题保持协调和协作，推进新兴市场国家和发展中国家利益和优先事项，包括对《二十国集团行动计划》进行更新。

51. 我们重申致力于推动一个强健、以份额为基础、资源充足的国际货币基金组织，在全球金融安全网发挥中心作用。我们欢迎国际货币基金组织为应对新冠肺炎疫情造成的危机采取的举措。国际货币基金组织紧急融资以及减贫与增长信托、防灾救济基金为最贫困国家提供债务减缓，帮助受影响的成员解决紧急的国际收支需求，缓解对卫生和经济的负面影响。我们呼吁国际货币基金组织利用应对既往危机的经验，探索更多工具，服务成员应对不断演变的疫情危机需要。考虑到对国际货币基金组织融资的巨大需求，我们将密切审视对基金资源的需求。因此，我们期待各方尽快采取行动，在一致同意的时间框架内完成第 16 轮份额总检查，落实早已应该完成的国际货币基金组织治理改革。

52. 我们欢迎为低收入国家提供支持的国际努力，支持"暂缓最贫困国家债务偿付倡议"，并将其期限延长 6 个月。我们鼓励世界银行等多边开发银行进一步采取共同努力支持缓债倡议。我们强烈鼓励私人债权人在符合条件的国家向其提出请求时以可比方式参与该倡议。此外，我们呼吁加大对信用评级机构下调债务国评级风险的关注，这将对债务国市场融资资格，以及主权国家申请缓债的意愿造成影响。

53. 我们肯定国际贸易在促进经济复苏方面的关键作用，将继续全力支持透明、开放、包容、非歧视、基于规则的以世界贸易组织为代表的多边贸易体制。所有世贸组织成员应避免采取违反世贸组织精神和规则的单边和保护主义措施，这至关重要。

54. 我们支持对世贸组织进行必要改革，使其在应对全球经济挑战时更具韧性和有效性，完善其关键职能，服务所有成员的利益。考虑到世贸组织大多数成员是发展中国家，改革必须维护世贸组织的中心地位、核心价值和基本原则，兼顾包括发展中国家和最不发达国家在内的所有成员的利益。我们敦促所有世贸组织成员建设性地参与解决上诉机构问题，使其能够迅速全面恢复运转。我们肯定金砖国家经贸部长会议通过的《金砖国家关于多边贸易体制和世贸组织改革的联合声明》。

55. 我们注意到落实《金砖国家经济伙伴战略》的进展，强调《战略》在拓展金砖合作方面的作用。我们欢迎《金砖国家经济伙伴战略2025》，为推动金砖贸易、投资、金融、数字经济、可持续发展方面合作提供重要指南，促进金砖国家经济快速恢复，提升人民生活水平。我们将继续落实《金砖国家经贸合作行动纲领》，指导金砖国家经贸合作。

56. 我们欢迎《金砖国家投资便利化谅解》，该《谅解》强调采取自愿行动，提升透明度和效率、促进金砖合作，以此促进投资和可持续发展。我们也注意到中小微企业营商环境的改善，欢迎《促进中小微企业有效参与国际贸易指南》，《指南》旨在推动中小微企业融入全球价值链，并提升中小微企业运营业绩。我们认识到，推出适当的工具和举措，在国别、金砖机制以及国际层面创造良好投资环境，可促进国际贸易，推动可持续发展和包容性增长。

57. 我们认为加强基础设施数据共享对更好发现投资机遇、利用私营部门投资，满足金砖国家基础设施投资需要非常重要。我们注意到关于探索在自愿基础上通过金砖国家基础设施投资数字平台，分享已有基础设施投资项目国别数据的倡议。我们注意到金砖国家基础设施和政府和社会资本合作工作组取得的进展，期待金砖国家进一步合作，并探索新开发银行参与该倡议的可行模式。

58. 我们赞赏新开发银行为减轻疫情造成的人员、社会和经济损失以及恢复金砖国家经济增长提供金融资源，特别是为应对疫情及其后果采取及时措施，通过抗疫紧急援助项目向成员国提供最高可达100亿美元紧急贷款。

59. 我们赞赏新开发银行过去五年取得的显著成就，赞赏银行首任行长卡马特先生任职期间展现的坚强领导力。我们欢迎特罗约先生担任新一任行长，期待在他的领导下，银行继续推进机制建设。我们欢迎在莫斯科设立新开发银行第三个区域中心——欧亚区域中心，并期待明年在印度开设区域中心。

60. 我们支持新开发银行根据其理事会有关决定推进扩员进程。这将加强新开发银行作为全球发展融资机构的作用，并为其成员国境内基础设施和可持续发展项目动员资源作出进一步贡献。新开发银行扩员进程应是渐进的，在成员地域代表性方面应是平衡的，并应有助于银行实现获得最高信用评级和完善机构发展的目标。我们欢迎根据这些原则同潜在扩员候选国开启正式谈判，推动尽早实现扩员。

61. 我们肯定应急储备安排相关文件修订更新方面的进展，认可金砖国家央行在加强应急储备安排分析能力方面所作努力。我们欢迎将《金砖国家经济公报》作为支持应急储备安排的年度分析文件。我们欢迎将提前还款作为新增复杂因素的第三次演练成功完成。

62. 我们赞赏在国家支付系统合作方面开展的持续工作，特别是成立金砖支付工作组，期待在这方面进一步取得进展。

63. 我们欢迎设立金砖国家信息安全快速沟通机制，帮助五国央行交流网络威胁信息，分享应对金融领域网络攻击的经验。

64. 我们注意到在建立金砖国家本币债券基金方面的进展，期待其投入运营。

65. 我们重申应促进产业增长，欢迎在金砖国家新工业革命伙伴关系等框架下进一步推动贸易投资合作。我们鼓励金砖国家同联合国工发组织开展互利合作，通过适当后续讨论，探讨建立金砖国家工业能力中心。我们注意到中国关于建立金砖国家新工业革命伙伴关系创新基地的倡议。

66. 我们认识到数字经济的重要作用，认为数字经济是实现工业现代化和转型、促进包容性经济增长、支持紧密的全球贸易和商业活动的重要工具，将促进金砖国家实现可持续发展目标。同时，我们认为数字技术和电子商务前所未有的发展也带来了挑战，强调应聚焦弥合数字鸿沟，支持发展中国家应对数字经济的社会经济影响。面对电子商务的加速发展和线上交易的增多，我们将通过金砖国家电子商务工作组加强合作。我们认识到可探讨成立工作组，研究金砖国家、其他国家和国际协会在电子商务消费者保护方面的经验，并通过推出试点项目和倡议等，为探讨制定保护金砖国家消费者的务实框架奠定基础。

67. 我们重申愿意在平等、非歧视以及充分尊重主权和国家利益的基础上进一步深化能源领域国际合作，并注意到能源在促进可持续发展方面的关键作用。我们认为确保为所有人提供可负担的、可靠和可持续的现代能源依然是国际能源政策的优先事项，我们将加强合作，消除能源贫困。我们强调，所有形式的能源可持续和高效利用、能效以及技术普及对各国能源转型、建立可靠的能源体系和加强能源安全至关重要。我们强调基于五国在世界能源生产和消费7中的份额，金砖国家在全球能源合作中作出更大贡献的重要性。

68. 我们将促进培育能源相关商品贸易，推动技术合作，促进相互投资，就监管和能源政策交换意见，强化能源领域战略伙伴关系。我们欢迎金砖国家就能源领域热点问题进行非正式磋商，并在国际组织和国际场合进行讨论。我们将加强对话，在全球层面促进金砖国家利益。我们欢迎通过《金砖国家能源合作路线图》，欢迎金砖国家能源研究平台开展包括撰写联合报告在内的务实合作。我们注意到扩大联合研究范围、实施联合项目、强化能源研究平台的重要性。

69. 我们强调金砖国家应在知识产权、技术法规、标准、计量和合格评定等领域进一步加强合作。我们赞赏金砖各国知识产权主管部门间的合作，赞赏金砖国家在技术法规标准计量合格评定程序工作机制下的合作成果，我们重申进一步加强合作的重要性。

70. 我们赞赏金砖国家在应对城市新挑战中取得的进展，注意到金砖国家城镇化论坛对相关努力作出的贡献。

71. 我们认识到旅游业是金砖国家经济的重要驱动力，注意到新冠肺炎疫情给旅游业带来负面影响，欢迎金砖国家就旅游业合作进一步开展对话。

72. 我们忆及金砖五国农业产出占全球总量三分之一以上，强调金砖国家在确保农业和粮食行业可持续性以及全球粮食安全和营养方面的作用和责任。我们强调，在应对新冠肺炎疫情蔓延时，采取的紧急措施应有针对性、适度、透明、及时并符合世贸组织规则，并在满足各国需要的同时尽量减少对全球粮食供应链和农产品市场稳定的影响。我们承诺如果在抗击疫情过程中不再需要这些措施，将立即予以撤销。

73. 我们将考虑新冠肺炎疫情影响，通过深化农业南南合作以及符合世贸组织农业规则的支持方式，促进农村地区全面发展，增强农业、农村和农民的抗风险能力。农村的发展对平衡改善全球农业生产、保障粮食安全和实现农业领域可持续发展目标具有重要意义。我们认识到避免粮食损失和浪费的重要性，鼓励金砖国家共同努力减少粮食损失和浪费。

74. 我们忆及自2015年《乌法宣言》以来所有金砖国家领导人宣言，重申致力于进一步加强金砖国家在应对卫生挑战、增强人类福祉，包括通过制定共同的有效措施，应对主要疾病（如艾滋病、肺结核、疟疾和其他疾病）持续传播，预防大流行病的暴发。我们欢迎各国制定和实施适合本国国情的抗击新冠肺炎疫情的政策和举措。我们忆及《金砖国家领导人第十次会晤约翰内斯堡宣言》决定建立金砖国家疫苗研发中心，鼓励中心尽早投入有效运作。我们欢迎金砖国家发布应对新冠肺炎病毒传播相关举措总结，注意到俄罗斯关于预防大规模传染病风险早期预警机制的倡议，将进一步研究讨论。我们认为包括世卫组织在内的联合国系统在协调全球综合施策应对新冠肺炎疫情中发挥了根本性作用，联合国各会员国作出了核心努力。我们强调金砖国家应单独或共同采取协调、果断行动，对国际公共卫生安全作出更多积极贡献。

75. 我们注意到金砖国家科技创新框架计划取得的进展，该计划吸引了多个来自金砖国家的资助方参与，为百余个不同主题的金砖国家项目提供了支持，为金砖五国研究机构和科学家建立联系网络提供了便利，为应对共同社会挑战制定可负担的解决方案。我们认识到金砖国家科技创新合作在应对新冠肺炎疫情传播及其影响中发挥的重要作用，包括金砖国家科技创新框架计划下发起的特别联合研发项目征集以及专家在线交流。我们认可金砖国家科技创新架构下科技创新指导委员会取得的进展，特别是在专题工作组方面取得的进展。

76. 我们强调教育对于提升人力资本、开展技能重塑与提升、助力疫后经济复苏、实现可持续发展和经济包容增长发挥着关键作用。我们致力于在职业教育与培训及高等教育等方面加强合作，分享数字技术领域的最佳实践和专业知识，提供高质量、稳定可及的教育工具，促进远程教育和混合学习。

77. 我们继续承诺加强国际合作，以杜绝利用税收规则的漏洞和错配进行逃避税的行为。我们致力于改进税收透明度和信息交流标准相关国际共识标准的遵从情况，并期待推动情报交换工作取得进一步进展，提高金砖国家税务机关在打击、监测和阻止非法资金流动、逃税和避税方面的技术能力。

78. 我们注意到金砖国家竞争管理部门合作取得的进展，这些合作旨在为重点市场以及对社会经济发展至关重要的市场提供公平竞争环境，完善竞争政策和执法。我们注意到《金砖国家竞争法律与政策领域合作谅解备忘录》延期。我们认可金砖国家国际竞争法律与政策中心的活动。我们注意到 2021 年中国将举办第七届金砖国家国际竞争大会。

79. 我们强调金砖国家统计部门应在统计方法方面继续开展合作，确保各国统计方法具有可比性，我们期待金砖国家就此定期开展密切交流。

80. 我们重申致力于落实 2030 年可持续发展议程，认识到消除一切形式的贫困，包括极端贫困，是最大的全球挑战，也是实现可持续发展不可或缺的要求。我们认识到非洲、亚洲和拉丁美洲的许多发展中国家从新冠肺炎疫情及其造成的影响中恢复需要更长时间。我们呼吁捐助国履行其官方发展援助承诺，促进能力建设，向发展中国家转移技术，提供额外的发展资源。

81. 我们重申金砖国家持续就自然灾害管理进行对话的重要性，肯定金砖国家自然灾害管理工作组会议成果，并鼓励在此领域进一步开展合作。

82. 我们重申致力于落实气候变化《巴黎协定》，该《协定》是根据各国不同国情以及《联合国气候变化框架公约》规定的"共同但有区别的责任"和各自能力等原则制定的。我们敦促附件二所列发达国家增加对发展中国家的资金、技术和能力建设援助，支持发展中国家的减缓和适应行动。我们认可 2020 年 7 月 30 日通过的《第六次金砖国家环境部长会议联合声明》。我们欢迎金砖国家环境友好技术平台取得的进展，包括建立平台架构模型的倡议。我们期待在环境问题上进一步加强合作，尤其是共同应对"金砖国家清洁河流项目"重点关注的海洋塑料垃圾问题。

83. 我们认为应共同努力推动联合国《生物多样性公约》第十五次缔约方大会制定和通过"2020 年后全球生物多样性框架"，包括实施支持机制，平衡推进生物多样性保护、可持续利用其组成部分、以公平、平等方式分享利用遗传资源的惠益。

84. 我们呼吁金砖国家在相关多边论坛下加强合作，共同打击海关违法行为，开发海关技术，开展能力建设合作。我们欢迎《金砖国家海关合作战略框架》落实取得重要进展。五国在达成《海关事务合作与行政互助协定》技术共识方面取得了重大进展，我们对此感到鼓舞，并欢迎尽早缔结协定。

85. 我们支持在金砖国家工商理事会框架下就促进贸易投资、基础设施建设、数字经济、能源领域最佳实践交流、有效监管、负责任的商业行为、发展融资等加强互动，密切金砖国家间的商业联系。我们也欢迎金砖国家银行间合作机制的活动，包括在制定金砖国家发展机构负责任融资和高效绿色金融机制原则方面取得的进展。

86. 我们欢迎《关于建立金砖国家女性工商联盟的宣言》，女性工商联盟为促进金砖国家女性经济赋权提供了坚实平台，旨在拓展女性在推动经济增长方面的作用。

五、人文交流

87. 我们重申人文交流在增进金砖国家及其人民间相互了解、促进友谊与合作方面的重要性。我们满意地注意到，在金砖国家主席国俄罗斯的领导下，治国理政、文化、体育、艺术、电影、青年和学术交流等领域的活动基本没有因疫情影响而中断，为这一支柱领域合作取得实质性进展作出贡献。我们鼓励更多样化的倡议和活动。

88. 我们强调金砖国家议会交流的重要性，满意地注意到2020年举行了金砖国家议会论坛以及青年议员论坛。我们期待进一步加强金砖国家议会合作，为深化金砖伙伴关系作出更大贡献。我们也注意到已举办的金砖国家友好城市暨地方政府合作论坛、第二届金砖国家城市论坛以及相关活动。

89. 我们对金砖国家首席大法官论坛取得的成果表示赞赏。该论坛讨论了通过行政司法程序、根据"数字时代"新现实调整法院机制等举措，保护经济实体、企业家和消费者权益等问题。

90. 我们注意到金砖国家最高审计机关负责人第二次会议的成果，认识到要本着包容、开放的精神，通过互利知识分享，推进金砖国家在这一领域的合作，包括在最高审计机关国际组织内的合作。

91. 我们赞赏金砖国家文化合作取得的进展，认可相关合作在加强各国人民相互理解方面发挥的作用。我们欢迎第五届文化部长会相关成果，期待在现有各种文化和文化遗产保护倡议中加强交流，包括加强五国国家博物馆、图书馆、美术馆、剧院之间的交流。我们满意地注意到第五届金砖国家电影节的组织工作。我们注意到俄方关于成立金砖国家文化工作组的倡议。

92. 我们对首届金砖国家体育部长会以及《金砖国家体育部门间合作谅解备忘录》表示欢迎。我们认为举办年度金砖国家运动会非常重要，期待金砖国家在体育领域加强合作。我们期待中国主办北京冬季奥运会。

93. 我们致力于保持金砖国家伙伴关系的延续性，以使金砖国家的后代和青年能够共享繁荣，传承友谊。我们认识到，在科学、创新、能源、信息通信技术、志愿服务、创业等领域进一步促进金砖国家青年沟通交流潜力巨大，意义重大。我们满意地注意到金砖国家举办了青年官员会议、青年外交官论坛、青年科学家论坛和其他与青年相关的活动，以及金砖国家全球青年能源峰会、金砖国家青年能源机制框架下的合作等非正式倡议。五国举办了第四届金砖国家中小学生线上数学大赛，五国儿童踊跃参与，令人鼓舞。我们对即将举办的年度金砖国家青年峰会表示欢迎。

94. 我们满意地注意到金砖国家举行了教育部长会，赞赏教育合作取得的进展。我们鼓励整合金砖国家网络大学和金砖国家大学联盟，推动两者各项活动形成合力。我们欢迎深化大学网络成员间合作，加强大学能力建设，增强他们在推动数字化转型和创新、提供高质量教育、促进经济增长和繁荣方面的作用。

95. 我们赞赏金砖国家智库理事会会议和学术论坛取得的成果，认可在促进金砖国家专家学者交流对话、推动面向未来的研究政策分析和知识共享等方面取得的进展。金砖国家智库理事会应继续完善内部机制，加强同金砖国家政府部门以及新开发银行、金砖国家工商理事会等机制的联系。我们注意到金砖国家举办了民间论坛，也注意到发起金砖解决方案奖。

96. 印度、中国、南非和巴西赞赏俄罗斯担任 2020 年金砖国家主席国所作工作，对俄罗斯政府和人民主办金砖国家领导人第十二次会晤表示感谢。

97. 巴西、俄罗斯、中国和南非将全力支持印度 2021 年金砖国家主席国工作并主办金砖国家领导人第十三次会晤。

金砖国家领导人第十一次会晤巴西利亚宣言

一、前言

1. 我们，巴西联邦共和国、俄罗斯联邦、印度共和国、中华人民共和国、南非共和国领导人于 2019 年 11 月 14 日在巴西利亚举行金砖国家领导人第十一次会晤。本次会晤主题是"金砖国家：经济增长打造创新未来"。

2. 作为充满活力的金砖国家的领导人，我们重申坚持主权、相互尊重、平等原则，共同致力于建设一个和平、稳定和繁荣的世界。这些理念、价值观和目标为金砖国家互利务实合作奠定了坚实基础，提供了明确指南。我们将在历届领导人会晤在经济、政治安全、人文交流等支柱领域取得成果基础上，继续加强金砖合作，增进五国人民福祉，增进五国传统友谊纽带。

3. 我们对 2019 年金砖主席国取得的成就感到满意。我们回顾今年举行的一百多场会议和活动，欢迎在金融、贸易、外交、国家安全事务、通信、环境、劳动就业、科技创新、能源、农业、卫生、文化等领域召开的部长级会议以及其他高级别会议。我们也注意到新开发银行理事会会议。

4. 我们对金砖合作成果表示欢迎，包括建立"创新金砖"网络等。欢迎金砖国家科技创新合作新架构得到通过，该架构将由金砖国家科技创新指导委员会实施。欢迎通过《金砖国家能源研究合作平台工作章程》。我们还对举行金砖国家反恐战略研讨会、母乳库研讨会和资产返还会议表示欢迎。我们赞赏签署《金砖国家贸易和投资促进机构合作谅解备忘录》以及建立金砖国家女性工商联盟。我们赞赏 2019 年金砖国家主席国推动批准结核病合作研究计划等倡议。

二、加强和改革多边体系

5. 我们坚持多边主义，致力于通过主权国家合作维护和平与安全，促进可持续发展，确保促进和保护所有人的人权和基本自由，推动构建人类命运共同体。我们重申致力于应对多边主义当前面临的重大挑战，维护联合国在国际事务中的核心作用，尊重包括《联合国宪章》及其宗旨和原则在内的国际法。

6. 我们重申迫切需要强化和改革多边体系，包括联合国、世界贸易组织、国际货币基金组织和其他国际组织。我们将继续努力推动多边体系向更加包容、民主、更具代表性的方向发展，提升新兴经济体和发展中国家在国际事务决策中的参与度。我们重申致力于推动国际秩序朝着更加公平、公正、平等、更具代表性的多极化方向发展。我们还强调国际组织必须坚持会员国全面主导，促进所有国家的利益。

7. 我们回顾 2005 年世界首脑会议成果文件，重申需要对联合国包括其安理会进行全面改革，使之更具代表性、效力和效率，增强发展中国家代表性，以应对全球挑战。中国和俄罗斯重申重视巴西、印度和南非在国际事务中的地位和作用，支持其希望在联合国发挥更大作用的愿望。

8. 我们继续致力于从经济、社会、环境三个领域平衡、全面地推进可持续发展。各国所有地区的人民，包括偏远地区的人民都应充分享受可持续发展的好处。这一领域的国际合作同所有其他领域一样，必须尊重国家主权、国内法律和体制框架和安排以及惯例和程序。

9. 我们重申落实 2030 年可持续发展议程的重要性，呼吁加倍努力确保其及时得到落实。我们呼吁发达国家全面履行官方发展援助承诺，向发展中国家提供额外的发展资源。

10. 我们重申致力于根据各自国情落实在《联合国气候变化框架公约》原则基础上制定的《巴黎协定》，坚持共同但有区别的责任原则和各自能力原则。我们敦促附件二所列发达国家加大对发展中国家的资金、技术和能力建设援助，支持发展中国家的减缓和适应行动。我们期待，至 2019 年底绿色气候基金的首次增资将大幅超过最初动员的资源，确保捐助方的捐款与发展中国家的雄心、需求和优先事项匹配。我们还致力于推动《联合国气候变化框架公约》第 25 次缔约方会议取得成功，特别是就《巴黎协定》工作计划所有剩余议程取得平衡和全面的成果。

11. 我们忆及《金砖国家区域航空伙伴关系谅解备忘录》的签署，重视金砖国家在航空领域的合作。考虑到航空业在金砖国家等新兴市场的关键作用以及"国际航空碳抵消和减排计划"对航空业发展的潜在影响，我们重申致力于在相关框架审议过程中加强合作。

12. 我们致力于推动制定 2020 年后全球生物多样性框架，支持将于 2020 年在中国昆明举行的《生物多样性公约》第十五次缔约方大会取得圆满成功。我们将就各自在生物多样性领域的立场深化对话和合作。我们期待《生物多样性公约》的三个目标在框架中能得到平衡考虑，避免忽视经常不被重视的可持续利用生物多样性组成部分和遗传资源获取与惠益分享的支柱性目标。

13. 我们致力于落实《联合国防治荒漠化公约》第十四届缔约方大会成果，实现 2030 年可持续发展目标 15.3，防治荒漠化，恢复退化的土地和土壤，努力建立一个土地退化零增长的世界。我们欢迎印度建立可持续土地恢复中心，就"关于土地退化零增长目标设定项目"开展能力建设以及数据和信息交换，促进该领域南南合作。我们认可《"投资土地，开启机遇"新德里宣言》和《鄂尔多斯宣言》。

14. 我们对国际和平与安全面临的持续威胁表示严重关切，承诺根据《联合国宪章》和所有适用的国际义务，为实现人人享有持久和平而努力。我们重申坚持诚信、主权平等、不干涉他国内政等原则，履行根据《联合国宪章》开展合作的义务。落实这些原则就不能采取违反国际法的强制措施。

15. 我们强调《禁止细菌（生物）及毒素武器的发展、生产及储存以及销毁这类武器的公约》是国际安全体系重要支柱之一。我们强调需要遵守和强化《公约》，包括达成附加议定书以建立有效核查机制等。我们重申《公约》是关于生化和毒素武器的核心文书。《公约》的职能，包括涉及联合国安理会的相关问题，不应同其他机制重叠。应以符合《公约》的方式解决执行过程中的问题。

16. 我们重申支持禁止化学武器组织，支持维护《禁止化学武器公约》这一有效的裁军和不扩散文书。我们强调《禁止化学武器公约》各缔约国需要团结一致，进行建设性对话，恢复禁止化学武器组织内协商一致的传统。

17. 我们对外空军备竞赛的可能性表示严重关切，重申需要根据《联合国宪章》等国际法开展外空探索和和平利用。我们强调迫切需要谈判具有法律约束力的多边文书，以填补包括防止在外空放置武器在内的有关外空国际法律机制空白。我们强调务实的透明和建立信任措施可能有助于实现这一目标。鉴此，我们欢迎联合国防止外空军备竞赛政府专家组所做相关工作，对专家组未能就其报告达成一致表示遗憾。我们强调关于该问题的任何文书都应该是非歧视性的，并包括保障出于和平目的开发相关技术权利的执行条款。

18. 我们强调开放、安全、和平、稳定、可及和非歧视的信息通信技术环境的重要性。我们强调需要在联合国框架下制定各方普遍接受的网络空间负责任国家行为规则、准则和原则，维护联合国在这方面的核心作用。鉴此，我们欢迎联合国建立的开放式工作组，以及建立新一届政府专家组。我们支持这两个机制，同时强调双进程可为该领域国际努力提供补充和协同。

19. 我们重申致力于打击滥用信息通信技术的犯罪和恐怖主义活动。在这方面的新挑战和威胁需要国际合作，包括为防止将信息通信技术用于犯罪目的探讨在联合国制定具有普遍约束力的文书等可能的合作框架。我们认可金砖国家通过网络安全工作组和《金砖国家网络安全务实合作路线图》在加强合作方面取得的进展，网络安全工作组修订了工作章程。基于此前金砖领导人会晤共识，我们重申金砖国家建立网络安全合作法律框架的重要性，认可网络安全工作组相关考虑和阐述。我们注意到俄罗斯提出的缔结金砖国家网络安全政府间协议的建议和巴西提出的金砖国家缔结相关双边协议的倡议。

20. 我们强烈谴责一切形式和表现的恐怖主义，恐怖主义不应与任何宗教、国家或文明挂钩，强调无论恐怖主义动机如何、何时何地由何人实施，都不能作为为恐怖主义正名的理由。我们敦促各方在联合国领导下根据国际法共同打击恐怖主义，强调国家及其相关机构在预防和打击恐怖主义方面承担首要作用。我们相信必须采取综合施策才能在打击恐怖主义方面取得实效。我们认为所有国家都有在本国领土内防止恐怖主义网络融资及恐怖行为的责任。我们呼吁尽快完成和通过联合国框架下的《全面反恐公约》。我们强调防止和打击恐怖融资以及执行联合国安理会相关决议的重要性，欢迎通过联合国安理会第 2462 号决议（2019）。为了消除生化恐怖主义威胁，我们强调需要在包括裁军谈判会议在内的场合发起遏制生化恐怖主义行为的多边谈判。

21. 我们认可金砖在反恐领域合作取得的进展，对金砖国家反恐工作组第四次会议取得的成果表示欢迎，包括建立专题分工作组以及在巴西利亚举行金砖国家反恐战略研讨会。

22. 我们重申致力于打击非法资金流动，在金融行动特别工作组、相关类似区域机制框架下以及在其他多边、地区和双边论坛中加强合作。我们强调维护和支持金融行动特别工作组目标的重要性，将加强合作，落实和提高金融行动特别工作组标准。我们重视并鼓励金砖国家在反洗钱、反恐怖融资等关键问题上加强对话，注意到金砖反洗钱和反恐怖融资理事会机制化建设的建议。我们强调国家金融情报中心工作的重要性。

三、经济财金合作

23. 自上次会晤以来，全球经济增长势头减弱，下行风险上升。贸易摩擦和政策的不确定性对信心、贸易、投资和增长带来影响。在此背景下，我们重申开放市场，维护公平、公正、非歧视的营商和贸易环境，结构性改革，有效和公平竞争，促进投资与创新，以及基础设施建设和发展融资的重要性。我们强调，发展中国家有必要提升全球价值链参与度。我们将继续在二十国集团框架下加强合作，维护新兴市场和发展中国家利益。

24. 我们注意到金砖国家是近十年全球增长的主要引擎，目前占全球产出的近三分之一。我们坚信，不断进行结构性改革将提高金砖国家增长潜力。拓展金砖成员国间贸易将进一步为加强国际贸易往来做出贡献。我们倡导继续使用财政、货币和结构性政策以实现强劲、可持续、平衡、包容性增长。我们呼吁主要发达经济体和新兴市场经济体在二十国集团以及其他机制下保持政策对话与协调，以推进上述目标，应对潜在风险。

25. 我们重申，支持强健、基于份额且资源充足的国际货币基金组织作为全球金融安全网的中心。第15轮份额总检查未能增加基金份额规模并调整成员国份额，包括未能做出有利于新兴市场和发展中国家的调整，它们在基金中的代表性仍不足，我们对此深感失望。我们也支持保护最贫困成员的话语权和代表性。我们呼吁国际货币基金组织在2010年共识原则的基础上推进份额和治理改革，认真并按照较为紧迫的时间表完成第16轮份额总检查。

26. 我们重申，基于规则的、透明、非歧视、开放、自由和包容的国际贸易非常重要。我们继续致力于维护和加强以世界贸易组织为核心的多边贸易体制。单边和保护主义措施与世贸组织的精神和规则相冲突，所有世贸组织成员避免采取这些措施极为重要。

27. 我们认识到对世贸组织进行必要改革的重要性，包括在第十二届世贸组织部长级会议的筹备过程中，以确保世贸组织的有效性和相关性，及其更好应对当前和未来挑战的能力。我们将与世界贸易组织所有成员开展工作，推动平衡、开放、透明的必要改革进程，以推动包容性和发展，改革必须维护世贸组织的中心地位、核心价值和基本原则，并考虑包括发展中成员和最不发达成员在内的所有成员利益。

28. 我们强调遵循两级有约束力裁决体系的世界贸易组织争端解决机制的重要性。世界贸易组织上诉机构对世贸组织正常有效运行以及相关规则得到执行起必要作用。我们强调破解世界贸易组织上诉机构成员遴选僵局的紧迫性，呼吁所有成员同意立即启动上诉机构成员遴选进程。

29. 我们将在适当框架下探索促进和便利对生产部门、电子商务、中小微企业、基础设施和互联互通进行投资的方式，促进经济增长、贸易和就业。我们将充分考虑国家法律和政策框架，以加强透明、有效、投资友好型的营商环境。

30. 我们赞赏地注意到新开发银行在基础设施和可持续发展融资中发挥的作用，同时强调新开发银行需要为建设强劲、平衡、高质量项目作出更多努力。我们也骄傲地注意到今年是《成立新开发银行的协议》在巴西福塔莱萨签署五周年，欢迎即将开展的新开发银行总体战略中期评估。

31. 我们欢迎新开发银行区域办公室开业，并在成员国开始运营。我们欢迎在巴西圣保罗成立美洲区域办公室、在巴西利亚成立分办公室，并期待 2020 年俄罗斯、印度两个区域办公室开业。在新开发银行总部核心职能基础上，上述区域办公室将有利于银行拓展业务，并为所有成员国提供更好的项目。

32. 我们认可新开发银行在扩员问题上取得的进展。新开发银行根据《成立新开发银行的协议》进行扩员，将加强其作为全球发展融资机构的作用，进一步增强金砖国家和其他新兴市场和发展中国家基础设施和可持续发展项目筹资能力。我们期待新开发银行理事会完成准备工作，以便尽早适时就银行扩员问题作出决定。

33. 我们还高度重视其他关键合作倡议，包括金砖国家政府和社会资本合作和基础设施工作组，该工作组推进了五国在基础设施领域的对话，包括二十国集团基础设施议程。新开发银行项目准备基金，尽早启动首批项目将有助于提高该基金的有效性。我们还将在多边开发银行中加强合作，以增强发展中国家和新兴经济体代表性。

34. 我们满意地注意到为确保应急储备安排准备随时可用而开展的进一步举措，欢迎应急储备安排的脱钩部分在增加复杂性的情况下，进行了第二次成功的、包括提前赎回在内的演练。

35. 我们注意到建立金砖国家本币债券基金所取得的进展，并期待其运营。我们支持现有合作机制以发展我们的本币债券市场。我们将基于各自中央银行的职能，就加强货币合作密切沟通。

36. 我们认为金砖国家关于国际支付系统的调查十分重要。

37. 我们积极评估《金砖国家经济伙伴战略》所取得的进展，包括在创新、可持续和包容性经济增长方面的进展，并期待在 2020 年由俄罗斯担任金砖国家主席国时就进展情况进行评估。我们赞赏成员国通过促进政策共享、信息交流、促进贸易和投资便利化并开展贸易研究等活动推动落实《金砖国家经贸合作行动纲领》。我们欢迎金砖国家贸易联合研究审议的结论，其指出金砖国家间贸易和投资的潜力，并指示我们的部长继续采取行动，为成员国之间的合作倡议提供支持。

38. 我们欢迎举行金砖国家工商论坛，认可金砖国家工商理事会在基础设施、制造业、能源、农业及生物科技、金融服务、区域航空、技术标准对接、技能开发和数字经济等领域开展的合作，以及促进成员间贸易和投资的努力。

39. 我们欢迎建立金砖国家女性工商联盟，该联盟旨在增强女性作为经济增长驱动力的作用，为成员国妇女经济赋权做出贡献，并对金砖国家工商界关注的问题提出独特见解。联盟议程、工作方法以及与其职能相关的其他事务将由联盟成员确定。我们期待每个国家选出 5 名成员并于 2020 年尽快举行联盟第一次会议。

40. 我们呼吁女性工商联盟和金砖国家工商理事会积极合作、加强协调，以相互促进，并加强女性对包括金砖国家工商理事会在内的所有金砖国家工商界倡议的参与度。

四、地区热点问题

41. 我们重申致力于共同努力通过政治和外交手段和平解决争端，认可联合国安理会负有维护世界和平与安全的首要责任。

42. 关于阿拉伯叙利亚共和国局势，我们重申对叙利亚主权、独立、统一和领土完整的坚定承诺。我们坚信军事手段不能解决叙利亚冲突。我们并重申致力于根据联合国安理会第 2254（2015）号决议推进"叙人主导、叙人所有"的由联合国支持的政治进程。我们对在联合国、阿斯塔纳保证方及所有推动政治解决叙利亚冲突的国家等努力下建立宪法委员会表示支持。我们呼吁各方保证人道主义援助渠道不受阻碍，全面落实在伊德利卜地区持久停火，但不适用于被安理会列名的恐怖组织和实体。我们重申打击一切形式恐怖主义的国际责任，强调团结一致打击被安理会列名的叙利亚恐怖组织的重要性。我们对弱势民族和宗教群体、少数民族和宗教少数派蒙受苦难表示关切。我们对叙利亚人道局势以及恐怖分子流窜的风险深表关切。我们敦促各方协助人道救援在叙利亚全境无条件送达所有人民。考虑到根据国际人权法和人道法在叙利亚全境保护平民的需要，我们欢迎在叙利亚东北部地区缓解危机的努力，特别是俄罗斯和土耳其于 10 月 22 日签署的谅解备忘录。

43. 我们重申对也门共和国持续冲突及重大人道危机表示关切，呼吁各方在也门全境实现人道主义人员和物资迅速、安全、不受干扰的准入。我们认识到也门冲突对地区安全与稳定造成重大冲击，重申支持斯德哥尔摩进程，以及联合国为实现由也门人民主导、在联合国支持下和平解决冲突所作努力。

44. 我们一致认为，中东北非其他地区冲突不应成为阻挠解决旷日持久的巴以冲突的借口。在联合国相关决议、马德里原则、"阿拉伯和平倡议"等现有国际框架下，我们重申两国方案能使以色列人民同巴勒斯坦人民和平安全共处。在此基础上，我们认为有必要采取新的、创造性的外交努力，以实现巴以冲突的公正、全面解决，实现中东地区和平稳定。

45. 我们对海湾地区危机持续，包括采取的单方面行动深表关切，重申支持通过谈判和外交接触解决现有分歧。我们强调有必要在地区推广一项积极、建设性议程，使各国能携手应对共同威胁和挑战。我们强调根据《联合国宪章》第25条，联合国会员国有义务接受和执行安理会决定。

46. 我们重申支持阿富汗人民建设稳定、包容、和平、繁荣国家的努力。我们坚信阿富汗问题没有军事解决办法。我们重申支持"阿人所有、阿人主导"的和平与和解进程。我们对同恐怖分子相关的袭击事件持续发生表达关切。

47. 我们重申支持通过和平、外交和政治手段解决朝鲜半岛问题，实现半岛完全无核化。我们强调维护东北亚和平稳定的重要性。

48. 我们赞赏非洲联盟及非洲次区域组织为解决地区问题、管控地区冲突、维护非洲大陆和平与安全所作努力，重申联合国同非盟合作的重要性。我们敦促各方立即停止在利比亚的一切军事行动，同联合国、非盟利比亚问题高级别委员会及相关利益攸关方合作，确保通过"利人主导、利人所有"的政治进程，实现利比亚问题全面、持久解决。

49. 我们对2019年8月17日在喀土穆签署《政治协议》和《宪法宣言》向苏丹人民表示祝贺，我们认为这是实现苏丹政治局势稳定的重要步骤。我们认可非盟及埃塞俄比亚政府的努力，他们的斡旋为谈判取得成果做出了贡献。

五、金砖务实合作

50. 我们欢迎巴西于2019年7月26日在里约热内卢举行金砖国家外长正式会晤。外长们就共同关心的重大国际政治、安全、经济、财金问题和如何加强金砖合作交换意见。我们也欢迎在第74届联合国大会期间举办金砖国家外长联大会晤，这和金砖国家常驻联合国代表团会晤都是我们在共同关心领域继续加强合作的重要平台。

51. 我们欢迎于2019年10月举行的第九次金砖国家安全事务高级代表会议，赞赏高级代表们就反恐、网络安全、重大国际和地区热点、维和、跨国有组织犯罪等问题加强对话。

52. 我们强调科技创新是经济增长的主要驱动力和塑造未来社会的关键元素。我们欢迎第七次金砖国家科技创新部长会达成的成果和提出的合作倡议。这些成果和倡议使五国的研究人员、青年科学家和政府机构间的合作日益密切，也使我们的创新系统联系更加紧密。我们对"创新金砖"网络等金砖国家创新合作行动计划落实成果表示满意。我们欢迎通过金砖国家科技创新合作新架构，新架构将在金砖国家科技创新指导委员会的指导下，对五国科技创新合作项目进行精简和强化。

53. 我们欢迎第五次金砖国家通信部长会议成果。我们将继续加强金砖国家间联合项目合作，创造新的合作机会，拓展和强化现有伙伴关系，包括采取必要行动早日设立数字金砖工作组。我们满意地注意到第一次金砖未来网络研究院理事会会议取得的成果。

54. 我们认识到新工业革命是至关重要的发展机遇，所有国家都应从中平等获益，我们同时意识到它带来的挑战。我们满意地注意到，在落实领导人约翰内斯堡会晤关于启动金砖国家新工业革命伙伴关系全面运作的决定方面取得的进展。我们也欢迎通过新工业革命伙伴关系工作计划和新工业革命伙伴关系咨询组工作职责。根据 2019 年 9 月在巴西举行的第二次金砖国家新工业革命伙伴关系咨询组会议通过的工作计划，我们将继续在工作计划确定的 6 个合作领域开展互利合作项目，包括建立金砖国家工业园和科技园、创新中心、技术企业孵化器和企业网络等。

55. 我们注意到金砖国家遥感卫星星座合作协定磋商工作取得的进展，并期待磋商早日完成。

56. 我们认识到能源在促进社会和经济发展以及环境保护方面的关键作用。我们认识到每个国家的能源转型都因其国情而异，我们强调确保各国人民获得清洁、可持续和负担得起的能源的重要性。在这方面，能源多样化对实现能源安全至关重要。为此目的，我们致力于继续有效利用化石燃料，并提高包括生物燃料、水电、太阳能和风能在内的可再生能源在我们经济中的比重。我们欢迎五国正在进行的能源领域合作。我们欢迎在巴西利亚举行的第四次能源部长会和《金砖国家能源研究合作平台工作章程》得到批准，这将便于深入交流意见和最佳实践，进一步推进我们的合作，为全球能源研究作出重大贡献。

57. 我们欢迎第九次金砖国家卫生部长会议的举行和金砖国家结核病研究网络于 2019 年制定的结核病合作研究计划，该计划旨在通过支持与结核病有关的诸多相关问题的科研项目，促进新的科学、技术和创新方法来降低结核病负担。

我们同时欢迎在第一次人类母乳库研讨会中提出的金砖国家母乳库网络倡议。我们强调各国共同采取行动促进药物和诊断工具的研究和开发，提高安全、有效、优质和可负担的基本药物的可及性，这对于遏制传染病和加强非传染病防控至关重要。

58. 我们欢迎4月和10月在国际货币基金组织和世界银行年会期间举行的金砖国家财长和央行行长会议成果。我们满意地注意到金砖国家财金合作进展。我们强调，加强金砖国家财金合作对更好服务实体经济，满足金砖国家人民的发展需求十分重要。

59. 我们注意到金砖国家海关部门在《金砖国家海关行政互助协定》草案磋商上取得的进展，并指示相关部门努力争取协定早日签署和生效。我们欢迎金砖国家海关合作战略框架落实工作取得的重大进展，特别是在经认证经营者项目方面。该项目包括监管互认和经营者互认，应于2022年底开始运作。我们注意到建立金砖国家海关培训中心的积极做法，并指示有关部门今后继续开展此类合作。我们认识到金砖国家海关合作委员会的潜力，要求金砖国家在相关多边框架下加强贸易便利化、执法、先进信息技术应用和能力建设等领域合作。

60. 我们支持促进贸易的努力，认识到低开发票等行为对贸易和产业政策以及征税产生负面影响，应予解决。

61. 我们赞赏金砖国家税务部门支持落实税收透明度和信息全球交换标准，以及防止税基侵蚀和利润转移行动计划最低标准。我们始终致力于解决经济数字化带来的税收挑战。我们期待对税基侵蚀和利润转移包容性框架所制定的双支柱方案的讨论取得进一步进展。我们欢迎最近在税收透明度方面取得的成就，包括在税收情报自动交换方面取得的进展。我们呼吁各方签署和批准《多边税收征管互助公约》。我们将继续加大努力，防止税基侵蚀和利润转移，加强税收情报交换，并根据发展中国家需要开展能力建设。我们致力于更深入地交流和分享经验和最佳实践，并在税收征管方面相互学习。

62. 我们赞赏第九次金砖国家经贸部长会在经贸联络组支持下所取得的积极成果，以及它们为深化金砖国家投资、电子商务、中小微企业等领域合作，以及会同金砖各国知识产权主管部门在知识产权领域所作努力。我们也欢迎《金砖国家贸易投资促进机构合作谅解备忘录》的签署。

63. 我们支持金砖国家经贸部长关于必须采取果断、协调的全球行动以促进经济增长的共识。促进贸易有利于全球经济增长，但是全球经济需求不足，需要更多增长点，例如对包括数字基础设施在内的基础设施投资、针对青年人等的技能培训、可持续投资、对地方基本公共服务投资和对包括非洲大陆在内的高增长潜力地区投资。

64. 我们重申反腐败决心，特别是通过适当完善国内法律更有效地查处腐败案件。我们致力于采取公共领域廉洁标准，推行私营企业廉洁标准，从而在全球范围营造更强烈的对腐败零容忍的氛围。我们将继续开展反腐败执法合作、在通过民事和行政等手段返还资产等领域进行努力。我们将充分利用金砖国家资产返还专家网络会议，在金砖国家间就资产返还加强经验交流和个案合作。我们将加强在《联合国反腐败公约》、二十国集团反腐工作组等多边框架下的交流，携手拒绝为腐败人员和资产提供避风港，从而促进犯罪所得的归还。

65. 我们认可第五次金砖国家环境部长会成果，此次会议主题为"城市环境管理对提高城市生活质量的贡献"。我们强调金砖国家环境合作倡议对改善我们城市生活质量的重要性，包括在废物管理、循环经济、可持续消费和生产、卫生和水质、城市空气质量和城市绿地等重要议题上分享知识和经验。我们欢迎俄罗斯关于将应对海洋垃圾纳入金砖国家清洁河流项目的提议。

66. 我们欢迎第九次金砖国家农业部长会取得的成果。作为世界领先的农产品生产国和人口大国，我们强调金砖国家农业合作的重要性。我们认识到以科学为支撑的农业以及为实现此目的将信息通信技术应用于农业的重要性。我们强调金砖国家需要通过增加农业产量和生产力、可持续管理自然资源和农业贸易，确保实现粮食安全、食品安全、解决营养不良、消除饥饿和贫困的目标。

67. 我们欢迎第五次金砖国家劳工和就业部长会成果，此次会议主题为"金砖国家：经济增长打造创新未来"。我们注意到全球化、技术创新、人口变化和其他现象驱动劳动力市场的转变及其带来的机遇和挑战。我们满意地注意到，金砖国家在未来工作、高质量和生产性就业、可持续社会保障体系，以及劳动力市场数据交换等领域合作取得的进展。我们强调，劳动力市场需要变得更具适应性和包容性。

68. 我们认识到文化合作对增进各国人民相互了解的重要作用。我们欢迎第四次金砖国家文化部长会成果，以及部长们为进一步加强五国文化交流作出的努力。我们期待在文化领域进一步开展合作，包括实施金砖国家合拍电影、电影制作等倡议。我们赞赏第四届金砖国家电影节的举行。

69. 我们重申金砖国家人文交流在增进五国人民相互了解、促进友谊与合作方面的重要性。我们对金砖国家在文化、治国理政、艺术、体育、媒体、电影、青年和学术交流等领域举行的一系列会议和活动表示满意。

70. 我们欢迎金砖国家议会间交流合作，满意地注意到10月在各国议会联盟大会期间举行的金砖国家议会论坛。我们认识到议会合作对加强金砖国家伙伴关系的重要性。

71. 我们注意到金砖国家司法高层论坛的举行。这有助于金砖国家就司法系统现代化改革的良好实践开展经验交流。

72. 俄罗斯、印度、中国和南非赞赏巴西担任 2019 年金砖国家主席国所做工作，对巴西政府和人民在巴西利亚主办金砖国家领导人第十一次会晤表示感谢。

73. 巴西、印度、中国和南非将全力支持俄罗斯 2020 年金砖国家主席国工作并在圣彼得堡主办金砖国家领导人第十二次会晤。